U0458461

该著作是宁波市城市文明研究院2022年度第一轮自设课题（编号：CSWM202207）的基础性研究成果，同时也是国家社科基金课题（编号：13BZZ008）的后续研究成果。

马克思民主观及对我国城市社区直选改革深入的启示

解红晖　著

上海三联书店

前　言

　　民主是人类政治文明发展的成果。如何建立和完善人民民主，是中国共产党始终不渝的奋斗目标，是中国特色社会主义根本政治目的之一。在中国共产党领导下的中华民族各族人民的革命、建设和改革的伟大实践中，始终坚定地高举民主的旗帜，并充分结合中国经济社会的基本国情，形成了具有鲜明中国特色的社会主义民主政治理论与实践。

　　中共十九大报告中，习近平总书记再次强调"人民民主是社会主义的生命，是全面建设社会主义现代化国家的应有之义。"[1]在推进中国特色社会主义的民主政治建设中，基层民主实践是最为广泛的和基础的政治实践，是对民主传统较为缺乏的中国基层民众"赋权"最为重要的民主实践启蒙。[2] 社区直选改革是我国城市基层民主建设和居民自治的基础，是中国特色社会主义民主政治建设的一个基础途径。从1998年青岛正式地拉开城市基层社区直接选举改革的历史性帷幕，至今已有25年，取得了较为丰硕的成果。基层群众在选举的民主训练中逐渐确立了在基层生活和管理中的主体意识，明确了自身的权利与利益需求。但毋庸讳言，我国社区直选改革深入

---

[1] 习近平. 高举中国特色社会主义伟大旗帜 为全面建设社会主义现代化国家而团结奋斗. 人民日报,2022 - 10 - 26(1).

[2] 林尚立. 基层民主:国家建构民主的中国实践. 江苏行政学院学报,2010(4):80—88.

仍面临着许多的问题。"十四五"时期是我国落实全面深化改革关键时期,今年是"十四五"规划的承前启后之年,迫切需要理论工作者加快探索与研究,以进一步推进新时代中国城市的基层民主政治建设。

民主观是马克思政治哲学思想重要的组成部分,见于马克思的多个重要理论著述之中,目前我国学术界关于马克思民主观的专著阐述尚不多。在中国特色社会主义民主政治的伟大实践不断向前推进的过程中,对民主的深入理解愈发显得迫切。本书立足于经典文本的研读,较为全面地梳理马克思民主观的思想渊源、发展的轨迹、主要内容、基本特征;在此基础上,深入探析马克思民主观对进一步完善我国城市社区直选实践的重要启示。该研究有助于深度挖掘马克思民主观的内在精髓,把握民主的本质,夯实马克思主义的指导思想地位;为完善和推动中国城市直选改革汲取新的思想理论养分,开拓了马克思民主观的实践应用研究,凸显马克思民主观的当代价值。

摘　要

　　马克思民主观是马克思思想体系中重要的组成部分,它蕴含了人类的追求和向往,推动着社会主义国家民主政治建设的发展。本书立足于马克思不同时期的文本,较为系统地梳理马克思的民主观,并以城市社区作为马克思民主观应用的研究领域,有助于推进新时代中国城市基层民主政治建设。

　　马克思民主观的理论来源主要有斯宾诺莎的民主政治思想、卢梭的人民主权学说、黑格尔的市民社会理论、托克维尔的权力制约思想及空想社会主义者的民主思想。马克思民主观的创建大体经历了四个阶段:初步萌芽、正式提出、逐渐成熟、深化发展阶段,其主要理论内容包括民主的实质、民主的特征、民主的实现条件、民主的表现形式、民主的价值等。马克思强调,民主的实质是"人民自己当自己的家",民主的主体是以无产阶级为主体的人民群众,民主的实现需要具备相应的经济、政治、主体、法律等条件,社会自治、混合参与和民主监督是民主的主要表现形式,民主的最高价值是人的自由全面发展。马克思民主观的基本特征有:鲜明阶级性与政治立场、革命性和科学性的统一、理想性与过程性的统一、特殊性与普遍性的统一等。这些特征使得马克思民主观与历史上的其他民主观根本地区别开来。中国共产党的百年发展历史,就是一部创造性地践行马克思民主观的伟大历史,全过程人民民主,是马克思民主观在中国共产党领导的社会主义民主政治实践过程中所作出的原创性贡献。

社区直选是我国城市基层民主政治建设的重要体现和城市居民自治的首要环节。社区直接选举改革实践已历经 25 年,取得了积极的社会效应:社区直接选举制度的规范化建设、城市社区直选实践模式逐渐形成、为社区居民权利自主搭建了平台、党内民主与社区自治的互动发展等,但仍存在着亟待解决的问题。正如学者指出,将马克思民主观运用到新的历史条件下,是考量和完善中国特色社会主义民主政治建设的出发点。① 马克思民主观对于我国城市社区进一步直选改革实践的重要启示主要体现在以下五个方面:把握和落实民主本质内容,不断完善城市社区直选制度;完善基层民主的实现条件,营建社区直选良好外部环境;构建和完善民主参与机制,提高城市居民的参与积极性;明晰社区直选的政府职能,加快理顺社区与政府的关系;提升基层民主的层次水平,稳步实施渐进式的发展策略。最后,文章指出中国城市社区直选改革中的大胆创新与出现的一些新情况,有助于深化对马克思民主观的认识。

---

① 邓纯东.民主政治建设思想研究.北京:人民日报出版社,2019:2.

目　录

第一章　绪　　论

一、选题目的及意义

(一) 选题目的

民主在现代国家政治生活中一直占据着突出的地位,是当今世界上绝大多数国家共同的社会理想与价值追求。民主是社会主义的生命,发展民主是新中国诸多政策中最为重要的一条,民主政治是中国特色社会主义政治发展道路的根本要求和应有之义。在党的二十大报告中习近平总书记再次强调:必须坚定不移走中国特色社会主义政治发展道路①。基层群众自治制度是当前我国民主政治建设和发展过程中的四大基本政治制度之一,城市社区直选改革是推进城市基层民主政治建设和居民自治的重要基础。我国城市社区直接选举改革实践已历经 25 年,是社区直选制度从无到有、从简单粗糙到趋向规范、从借鉴到创新的改革过程,并逐步发展成为我国基层民主政治改革的组成部分。调研显示,当前社区直选改革面临瓶颈,存在着亟待解决的问题(如动员性特征凸显、居民参与不足等)。"十四五"时期是我国落实全面深化改革关键时期,今年是"十四五"实施第

---

① 习近平. 高举中国特色社会主义伟大旗帜 为全面建设社会主义现代化国家而团结奋斗. 人民日报,2022 - 10 - 26(1).

三年,迫切需要加强民主理论研究,给城市社区直选改革的深入推进提供有力的理论支撑和正确的方向指引。习近平总书记在纪念马克思诞辰 200 周年大会上,以"耀眼的真理光芒"形象地说明了马克思学说的当代价值。① 在新时代的背景下,马克思民主观依然熠熠生辉。本书通过深入地挖掘马克思的文本著作,较为系统地阐析马克思的民主观,为进一步完善我国的城市社区直选改革汲取新的民主政治思想养分。因此,该研究对于增进人们对民主本质的理解、积极稳妥地深入推进我国城市社区的民主选举改革、坚定不移地走中国特色的社会主义政治改革和发展道路,有着重要的理论价值和现实意义。

(二) 研究意义

本书对马克思的民主观进行较为全面的文本挖掘和思想梳理,在此基础上提炼出马克思民主观对于推进我国城市社区直选改革深入的重要启示。本研究的学术价值和实践意义主要体现在:

第一,有助于丰富马克思民主理论的研究,增进对马克思思想理论的理解。法国著名学者雅克·德里达指出,不能没有马克思,必须反复阅读马克思主义;如果失去了马克思的宝贵思想遗产,将意味着失去将来。② 马克思思想理论仍然对当代社会发展起着重要的指引性作用。民主观是马克思思想理论中的重要内容,它散见于马克思的多个著作之中,目前关于马克思民主观的专著性阐述尚少。本书将系统地梳理马克思的民主观,探究其理论渊源、发展轨迹、主要内容、基本特征。这将有助于正确地把握马克思民主观的精神实质,丰富马克思民主思想的研究,深化对马克思思想理论的认识。

第二,有助于深化对民主本质的理解,确定真正民主的意义。在

---

① 习近平.纪念马克思诞辰 200 周年大会重要讲话.人民日报,2018 - 05 - 04(1).

② [法]德里达.马克思的幽灵.北京:中国人民大学出版社,1999:21.

对托马斯·卡莱尔《当代评论》的书评中,马克思指出,在民主已成为时代必不可避免的事实和趋势时,确定民主的本质和真正意义便成为应对所有问题的关键。① 可见,马克思对于民主问题的重视。民主是蕴含人类价值的普遍性问题,民主是社会主义的生命。把握民主的本质,有利于澄明中国特色社会主义民主政治实践的思想前提,明确其历史方位,从而为之提供宝贵的思想资源。

第三,有助于推进新时代中国特色的城市基层民主政治和社区自治的发展。本书较为全面地梳理了马克思的民主观,并基于马克思民主观的视域,探寻解决城市社区居委会直选问题的重要启示和实践策略。以马克思的民主观为理论指导,我们才能沿着正确的发展轨道把中国特色社会主义的民主政治建设推向前进。城市基层社区直选是当前我国民主政治建设的组成部分,是城市基层民主建设的内容体现和居民自治的首要环节。因此,该研究有助于推进城市直选改革的深化发展,彰显社区居民的民主权利,促进城市基层民主的良性运行,从而为全面建成小康社会和全面深化改革目标的顺利实现尽绵薄之力,并激发马克思民主观在中国特色社会主义民主政治实践中的无限生机活力。

二、国内外研究现状

通过检索与阅读,目前国内外还没有与本选题完全一致的研究成果。与此相关的学术文献主要包含两个方面:一是对马克思民主观的研究;二是对城市社区直选的研究。

(一) 国外研究现状

国外学者对马克思民主观进行专门研究的不多,主要见于现代

① 马克思恩格斯全集(第 10 卷).北京:人民出版社,1998:315.

西方民主思想和西方政治思想的著述和论文中,研究内容可概括为四个方面:

第一,关于马克思民主观的思想地位评析

法国著名哲学家雅克·泰克西埃在《马克思恩格斯的革命观和民主观》一书中突出强调民主原则在马克思思想体系中的重要地位。① 英国著名学者戴维·赫尔德在《民主的模式》中将马克思提出的民主列为民主古典模式中的第四种,这表明赫尔德对马克思民主观在当代西方民主思想史中的重要性的充分肯定。他指出,要真正理解马克思对民主、国家等的观点,就必须深刻把握马克思对个人在社会体系中的角色、财产的分配关系、资本主义的本质等问题的深刻分析和总体看法。② 赫尔德已努力地将马克思的民主观置于唯物主义历史观的框架上去阐析,但结论概括仍有失准确。将马克思民主观归类于古典意义上的民主模式,显然没有真正地把握住马克思民主观的后政治性特征。对此,美国著名政治哲学家汉娜·阿伦特指出,民主观是马克思政治哲学的重要组成部分,它贯穿马克思构建新世界观的始终和对资本主义批判的全过程。③ 因此,需要从西方政治思想文化传统中加以深入探究,才能深刻地体会马克思对西方政治思想文化传统的继承性超越。美国政治学家乔恩·埃尔斯特在《理解马克思》一书中评析马克思的政治社会理论时主要聚焦于国家理论的变迁。从还原主义的国家观点到退出政治的国家自主性观点,意味着马克思对西方资本主义代议制民主制立场的转变。马克思揭开了代议制民主制的所谓赋予公民充分政治权利和自由的虚伪面纱,代议制民主制实质是私人资本

---

① Maximilien Rubel. *Marx and American Democracy*, *in Marx and the Western World*. Ed. N. Lobkowic. z. Notre Dame, Ind.: Notre Dame University Press. 1967.

② [英]戴维·赫尔德. 民主的模式. 燕继荣等译. 北京:中央编译出版社,2008:113.

③ [德]汉娜·阿伦特. 马克思与西方政治思想传统. 孙传钊译. 南京:江苏人民出版社,2007.

对国家统治的附庸。① 艾伦·亨特则明确地论证了马克思民主观对资本主义代议制民主思想的超越性,以及民主观在马克思政治思想中的重要性。② 英国学者伯尔基则认为,马克思民主观从根本上讲应属于西方政治社会理论的一种主流传统。③

第二,关于马克思民主观形成理论渊源和方法论的研究

法国著名学者马克西米里安·吕贝尔依据大量的文献资料深入地阐析斯宾诺莎的政治思想在马克思民主观形成中的作用,认为马克思提出的"真正民主制"指向是共产主义。④ 意大利学者德拉·沃尔佩指出,卢梭的民主政治思想是马克思民主观的理论渊源之一,马克思继承并创新发展了卢梭的自由平等思想,在扎实的科学理论基础之上赋予了平等自由现实的指归,并不懈地探究民主实现的路径。⑤ 法兰克福学派的代表性人物哈贝马斯以交往行为理论作为分析工具深入研究了马克思与卢梭的政治思想,高度地认同德拉·沃尔佩等的看法。哈贝马斯在马克思人民主权思想基础上构建了以人类解放作为价值指归的社会交往理想范式。⑥ 英国富有影响力的学者卡尔·波普尔在其代表作《开放社会及其敌人》一书中坦言马克思对他的巨大影响,并盛誉马克思的阶级分析方法在民主问题研究和社会结构分析中的重要性。⑦ 波普尔触摸到了马克思对资产阶级民

① 〔美〕乔恩·埃尔斯特. 理解马克思. 何怀远等译. 北京:中国人民大学出版社,2008:378—403.
② Alan Hunt. *Marxism and Democracy*. London:Lawrence and Wishart Limited, 1980.
③ 〔英〕伯尔基. 马克思主义的起源. 伍庆等译. 上海:华东师范大学出版社,2007.
④ Maximilien Rubel. *Notes on Marx's Conception of Democracy*, New Politics I, 1962(2).
⑤ 〔意〕德拉·沃尔佩. 卢梭和马克思. 赵培杰译. 重庆:重庆出版社,1993:130—141.
⑥ 〔法〕洛克莫尔. 历史唯物主义:哈贝马斯的重建. 孟丹译. 北京:北京师范大学出版社,2009:121—140.
⑦ 〔英〕卡尔·波普尔. 开放社会及其敌人(第1卷). 郑一明等译. 北京:中国社会科学出版社,1999.

主批判的时代基础,但没能正确廓清马克思民主观的发展轨迹与哲学基础。英国政治学家杰弗里·托马斯在阐析和评价马克思的历史决定论、人类解放理论、历史唯物主义、国家观时,初步勾勒出马克思民主观的思想体系。他认为马克思在《法兰西内战》一文中对巴黎公社政治属性的揭示极富启发意义。① 西方马克思主义学者重要代表人物卢卡奇在《民主化的进程》一书中强调指出,基于社会现实生活来认识和研究民主问题,这一重要研究视域和方法是马克思提供的,并认同马克思对法国大革命在民主政治运动的价值评价。②

第三,关于马克思民主涵义和特征等研究

美籍奥地利著名学者熊彼特在《资本主义、社会主义和民主主义》一书中明确指出,马克思民主的基本涵义是人民统治的权利,社会主义与民主政治两者之间不可分割。③ 但熊彼特以其对人民统治的消极态度否定了马克思的民主理想。意大利的政治学家马斯泰罗内通过对《1844 年经济学哲学手稿》《哲学的贫困》《资本论》等诸多文本的研析得出,阶级思想是马克思民主观的不可或缺的内容,无产阶级的根本性决定了他们是民主实现的主体。马斯泰罗内认为,马克思强调公社的政治价值不仅是为了研究国家管理模式的转换,更多是为了探讨社会主义民主的实现途径和可能形式。马克思阶级思想与社会历史观的内在相关性,决定了无产阶级民主理想的实现具有不以人意志为转移的客观必然性。④ 英国学者密利本德着眼于马

---

① [英]杰弗里·托马斯. 政治哲学导论. 顾肃等译. 北京:中国人民大学出版社,2006.

② [匈]捷尔吉·卢卡奇. 民主化的进程. 张翼星等译. 北京:中国人民大学出版社,2015:34—40.

③ [美]约瑟夫·熊彼特. 资本主义、社会主义和民主主义. 吴良健译. 北京:商务印书馆,2007.

④ [意]萨尔沃·马斯泰罗内. 欧洲政治思想史——从十五世纪到二十世纪. 黄光华译. 北京:社会科学文献出版社,1992:386—389.

克思民主政治的自主性特征的研究,他认为社会主义民主可以在资本主义的国家机器和政治体制内部以和平改良的形式实现,和平改良的形式不影响该理论目标实现的革命性,归属于马克思提出的"不断革命"的基本范式。①

第四,马克思民主观的实现等相关性问题的研究

美国著名的政治理论家萨托利在其被誉为"代表西方民主思想最高成就"的《民主新论》中通过将马克思的民主观与西方自由主义民主思想进行比较性论述与评判,展现了其较为高明的论证技巧,但仍充满了对马克思民主观的误解和偏见。他认为马克思是无限自由主义者,追求的是不存在的权力问题、没有纵横结构和形式分歧的自治、不受限制的无国家的民主,共产主义究其实质是纯粹的无限的自由主义社会的极端样本。这种民主提供的是最原始和最简单的且弥漫着田园浪漫气息的管理方式。② 作为社会主义国家研究马克思民主思想的代表性人物罗莎·卢森堡在《社会改良还是革命?》一书中专门阐述了马克思的民主观,并深刻批判资本主义民主的虚伪性。她明确反对伯恩斯坦的改良主义,并强调无产阶级获得民主的唯一路径是革命斗争。③ 伟大的无产阶级革命导师列宁不仅结合文本对马克思民主观进行了系统论述,④还在社会主义革命和建设中推进了马克思民主观向现实的转向,将马克思民主观研究推进到了一个新的发展阶段。在该发展阶段中,南斯拉夫等国学者做出重要贡献。马克思主义理论家爱德华·卡德尔等学者侧重于探讨民主与社会主

---

① [英]拉尔夫·密利本德. 马克思主义与政治学. 黄子都译. 北京:商务印书馆,1984: 110—135.
② [美]乔万尼·萨托利. 民主新论. 冯克利,阎克文译. 上海:上海人民出版社,2015: 678—679.
③ [德]罗莎·卢森堡. 社会改良还是革命. 李淲等译. 北京:生活·读书·新知三联书店, 1958.
④ 列宁专题文集论社会主义. 北京:人民出版社,2009:20—30.

义两者之间的关系。① 结合南斯拉夫政治改革的社会背景,阿波利尔·卡特尔深入探讨了民主政治改革进程中党的角色的定位和特征等,②推进了对马克思民主观与社会主义民主模式等问题的研究。关于马克思民主思想与苏联模式的关联度,主要有两派迥异的观点。一种是阿历克斯·卡林尼克斯的歪曲论,即认为不能把斯大林主义的失败看作是马克思民主观的失败,斯大林主义与马克思主义、列宁主义之间有本质的区别,斯大林主义失败的主要原因是存在对马克思民主观的多重误解和极度歪曲。③ 另一种观点则是赫尔德的深层结构论。赫尔德认为,这种歪曲和误解应是经典马克思主义有关理论的有机组成部分,是嵌入其理论的深层结构中。④

目前国外的学者对我国的城市社区直选改革研究的成果较少。Read 较早开始关注中国的城市居委会的组织模式变化。他认为,随着中国城市社会的发展和房屋的私有化,街道层级的权力和基层组织居委会等之间的互动势必会引发学界的关注。⑤ 他还评估了中国的基层社区选举的政治民主化的意蕴,⑥Derleth 等则提供了更为激进的评论与展望。⑦ 他们研究使用的分析工具和研究路径虽有不同,但都倾向于把社区居委会直选改革导致的组织变迁与更大尺度的中国民主政治发展过程联系起来。此外,西方国家选举制度有着

① [南]爱德华·卡德尔. 民主与社会主义. 邱应觉,周兴宝译. 北京:人民出版社,1981.
② [南]阿波利尔·卡特尔. 南斯拉夫的政治改革. 范琦勇等译. 北京:春秋出版社,1988.
③ Alex Callonicos. *The Revenge of history: Marxism and the East European revolutions*. Cambridge,: Policy, 1991.
④ [英]戴维·赫尔德. 民主的模式. 燕继荣等译. 北京:中央编译出版社,2009.
⑤ Read L. Benjimin. *Revitalizing the state's Urban 'Verve Tips'*, The China Quarterly. 2001(9).
⑥ Read L. Benjimin. *Democrating the Neighborhood? New Private Housing and Homeowner Self-organization in Urban China*, The China Journal. 2003(1).
⑦ Derleth, J. William. Community Development in China: Harbinger of a Civil society. *Urban Affair Quarterly*. 2002(18).

悠久的发展历史,与选举有关的基础理论研究和制度体系建设较为成熟,有关城市社区的研究已经历了一个多世纪,这些研究成果无疑是中国城市社区直选研究中值得借鉴的重要内容。

(二) 国内研究现状

国内学界有关马克思民主观的探讨主要有以下几方面:

第一,多维度下的马克思民主观的研究。从西方政治学传统到西方哲学思潮,从当今世界政府理论的创新到经济全球化背景下的治理理论,国内学者们对马克思的民主理论进行了颇为深入的研究。李铁映在《论民主》中通过民主的关键概念的剖析,全面地展示马克思主义的民主品质,为研究马克思的民主观提供重要的方法论指导和坚实的思想基础。① 罗燕明系统地研究了马克思恩格斯早年思想,对研究马克思早年民主观提供了帮助。② 夏金梅认为,西方的政治文化传统是深入了解马克思民主观的切入点。③ 欧阳康等提出,历史、现实和未来的三个维度有助于准确地把握马克思民主观的理论体系及其核心内容。④ 尹昕提出从经济向度来研究马克思的民主思想,马克思所追求的人类解放的首要任务是通过经济民主消灭市民社会的分裂。⑤ 还有学者认为,马克思是在"后政治"语境、后资本主义时代、后全球化背景中构建新的民主模式,是"政治终结"后的民主,是人类解放终极价值目标的重要内容。郭丽兰着重阐析《资本论》文本中的民主观,提供了马克思民主观研究的经济学视阈,同时

---

① 李铁映. 论民主. 北京:人民出版社,2001.

② 罗燕明. 马克思恩格斯思想研究 1833—1844. 北京:中央编译出版社,2002.

③ 夏金梅. 西方政治传统视野中的马克思民主思想与当代中国民主建设. 中共四川省委党校学报,2011(1):15—20.

④ 欧阳康等. 马克思民主思想及对当前中国民主建设的启示. 马克思主义与现实,2009 (4):28—32.

⑤ 尹昕. 马克思民主思想的经济向度. 中共中央党校学报,2014(3):28—30.

显明了民主是《资本论》研究中一个不可或缺的政治学维度。① 王菲易则认为，应以"政治的终结"为分析框架，从革命打碎国家机器和重建国家机器的理论建构逻辑来提炼马克思的民主观。② 周志平以唯物史观作为理论指导，把马克思民主观与整个社会生产力的发展和社会关系的演变统一起来，从一般性和特殊性的视角研究马克思的民主观。③ 孙永芬从历史的维度对马克思的民主思想进行了分析，认为马克思民主观中对民主实质和民主目标的论述具有原则指导性，对未来的社会主义民主发展方向的预测具有前瞻性。④ 范冬云从哲学角度研究了马克思的民主观，认为无产阶级专政的思想是马克思对人类理想生存状态期待的主要体现，马克思是在对未来理想社会的构想中提出社会主义政权思想。⑤ 汪海燕基于建构逻辑的视阈重新审视马克思的民主观，得出马克思民主观的理论逻辑基础是市民社会决定国家，人民主权是贯穿马克思民主观的逻辑主线，全人类的自由解放是理论的逻辑归宿。⑥

第二，马克思民主观形成和内容的研究。著名学者俞可平认为，马克思在充分汲取民主政治和民主思想的历史养分的基础上，将民主理论立于人民当家作主的政治现实土壤之上，实现了民主理论范式的重大革命。⑦ 郭丽兰指出，马克思民主观的最初形成时期是克罗茨纳赫时期，"克罗茨纳赫笔记"提供了马克思民主观理论来源研

---

① 郭丽兰.马克思民主观的经济学视阈.武汉大学学报,2010(2):174—179.
② 王菲易.马克思的民主观:革命后社会的政体.理论与改革,2007(2):23—25.
③ 周志平.马克思民主思想研究.广州:中国出版集团,2019.
④ 孙永芬.历史地透析马克思恩格斯的民主思想.科学社会主义,2008(1):58—61.
⑤ 范冬云."最高哲学诉求"关怀下的马克思民主思想.河北理工大学学报,2006(1):5—7.
⑥ 汪海燕,刘宁宁.马克思民主思想的建构逻辑.辽宁大学学报(哲社版),2018(1):28—32.
⑦ 俞可平.马克思论民主的一般概念、普遍价值和共同形式.马克思主义与现实,2007(3):4—13.

究的重要线索。① 吴敏燕②等认为斯宾诺莎民主政治观是马克思政治哲学的重要理论来源,马克思的民主概念是对斯宾诺莎民主政治思想的继承并最终实现了革命性超越。王东等学者强调,自由主义、启蒙主义、人本主义、理性主义是马克思民主观形成过程中的四个基本色调,以自由主义为内核的多重思想底色推动了青年马克思的民主政治思想和世界观逐渐形成。③ 张越华指出,卢梭的人民主权观、黑格尔的民主政治思想、德法空想社会主义者的民主思想等是马克思民主思想的理论来源。④ 冯波基于巴黎公社与雅典城邦的比较性研究得出,亚里士多德的政治思想是马克思民主观的古典来源,这一古典来源为马克思批判现代资产阶级民主提供了历史支持。⑤ 王东认为,马克思的民主观形成可以划分为三个发展时期,包括初步探究民主基本概念和本质规定性的早期理论构建、运用政治经济学视角深层次探析民主的经济动因的中期理论成熟和对巴黎公社政权创造性进行深刻阐述的晚期理论完善。⑥ 蔡国兵指出,马克思民主思想体系包括民主思想的本体论、人民民主实现论及民主制度论。⑦ 王学先等认为马克思是从阶级、历史、现实、辩证等角度多维地审视民主,科学揭示了民主的本质及其发展规律,彰显民主思想的现实性。⑧ 郭丽兰指出,马克思科学确立了市民社会和政治国家的关系,并以此为基础逐步建构了新的民主理论体系。人民民主的主体、人

---

① 郭丽兰. 马克思民主观理论来源初探——以《克罗茨纳赫笔记》为例. 江汉论坛,2010 (2):49—52.

② 吴敏燕. 吕贝尔的马克思民主观评析. 江汉论坛,2010(2):57—59.

③ 王东,郭丽兰. 马克思民主观的发展轨迹. 马克思主义与现实,2008(1):63—68.

④ 张越华. 马克思民主理论生成理路. 前沿,2012(5):66—67.

⑤ 冯波. 雅典城邦与巴黎公社——试论亚里士多德与马克思的民主思想的关联. 马克思主义与现实,2014(5):69—75.

⑥ 王东,郭丽兰. 马克思民主观的发展轨迹. 马克思主义与现实,2008(1):63—68.

⑦ 蔡国兵,葛恒云. 马克思民主思想的理论体系初探. 科学社会主义,2012(1):84—87.

⑧ 王学先等. 论马克思对民主的多维审视. 社科纵横:新理论版,2012(1):13—14.

民民主的条件、人民民主的参与形式、民主监督机制等是新型民主理论体系的核心内容。① 郭佩惠则认为,民主主体的生成过程与马克思民主观的形成过程具有内在的一致性,马克思民主观的核心要义与社会理想是使个体成为自由的主体,②徐圣龙研究了青年马克思的民主观转向轨迹。从民主与自由的关系来阐释社会革命思想,并将民主嵌入革命的框架,由此凸显民主的革命内涵。③ 郑宇认为,民主思想贯穿于马克思的著述,对之进行系统梳理并深入研究,具有十分重大的现实意义。④ 马克思从人民权利、组织原则、政治制度、思想观念、社会管理等视角阐述民主的理念,不同层面的民主阐述展现了马克思民主观丰富的内在规定性。张涛认为,马克思民主观的理论逻辑起点是作为社会的存在物的人,马克思民主观始终关注的核心问题是劳动者的经济权利能否真正实现,其终极关怀是通过民主实现全人类解放、建立自由人的社会联合体。⑤ 孟雪静指出,马克思从历史唯物主义的科学角度指明民主的历史性。作为类概念的国家制度的民主是手段和目的的统一,民主需要专政的"在场"。⑥ 刘俊杰基于社会与国家两大组织空间中的民主制演进主线对马克思恩格斯民主制思想进行了重新阐释。⑦ 还有学者认为,马克思以历史唯物主义自由观作为理论逻辑起点深刻阐释民主的本质,马克思在民主形式论述中肯定了间接民主的合理性,并指出民主是具体和历史的,实质民主比程序民主更为重要。

第三,马克思民主观特征与思想价值的研究。俞可平指出,马克

---

① 郭丽兰. 马克思民主理论何以建构. 学术论坛,2010(1):26—30.
② 郭佩惠. 浅议马克思民主主体的生成. 云南行政学院学报,2014(2):31—33.
③ 徐圣龙,王国宏. 马克思民主思想及其当代价值. 探索与争鸣,2016(3):100—104.
④ 郑宇. 马克思民主思想发展历程研究. 理论界,2013(103):5—8.
⑤ 张涛. 马克思的民主观及其当代启示. 马克思主义研究,2008(5):60—66.
⑥ 孟雪静. 民主——马克思政治哲学的一种价值诉求. 国家行政学院学报,2016(2):51—54.
⑦ 刘俊杰. 马克思恩格斯民主制思想的再阐释. 中南大学学报(社科版),2018(6)34—40.

思的民主观实现了其普遍性和特殊性的根本统一，并从基本的涵义、普遍的价值、共同的形式等方面展开论证了马克思民主观的普遍性特征。① 杨春志等认为，从《莱茵报》时期到《德意志意识形态》《共产党宣言》时期，马克思民主观逐渐褪去了浪漫主义的色彩，实现了其理想主义与现实主义的内在统一。② 张凯强调，马克思民主观的鲜明理论特征主要表现为批判性与建构性的统一、形式和实质的统一等。③ 王国宏等认为，马克思民主思想有助于解决当代民主认知和实践之间的深刻矛盾，为当代社会主义国家民主政治建设设定了根本政治价值目标和基本发展方向。④ 张鼎良着重强调马克思的民主思想在克服当代政治民主观念混乱中的作用，这对于我们深入观察当代资本主义民主具有重要的理论指导意义。⑤ 马克思的民主观建构了整个马克思主义民主政治的理论框架与历史演进逻辑，其理论成就主要体现为民主理论逻辑的合理性、历史演进过程的合规律性、实践发展目标的合理性。熊光清指出，马克思恩格斯从阶级分析的理论视角揭示了民主的阶级属性，充分展现了民主本质，有助于无产阶级深刻掌握资产阶级国家制度的本质属性，也使无产阶级能够更深刻认识和担当自身的历史使命。⑥ 王一喆认为，马克思的民主政治思想实现了批判性和建构性的整合，批判形态存在的马克思民主观，其真正目的不是批判，而是要超越资产阶级，构建起为无产阶级

① 俞可平.马克思论民主的一般概念、普遍价值和共同形式.马克思主义与现实，2007（3）：4—13.

② 杨春志，胡明远.马克思民主思想：从浪漫主义到理想主义与现实主义的统一.社会科学战线，2009（9）：49—51.

③ 张凯.马克思民主理论及其现实意义.沈阳师范大学学报，2014（1）：44—46.

④ 王国宏.马克思民主思想及其当代价值.中共福建省委党校学报，2006（5）：6—10.

⑤ 张鼎良.马克思的民主理论是社会主义民主政治建设的理论指南.前沿，2011（4）：33—35.

⑥ 熊光清.马克思恩格斯的民主理论分析.福州大学学报（哲社版），2018（2）：5—9.

服务的民主政治理论,最终实现"真正的民主"。① 魏功祥指出,民主是马克思主义的重要组成部分,马克思民主思想研究推动着我国民主政治制度不断地改进和完善。②

第四,文本研究、比较研究等。林颐以《黑格尔法哲学批判》文本为研究立足点,深入解读马克思的民主观。真正的民主能够为主体充分参与国家社会公共事务提供有效的途径,并且民主能够有效调整个体同社会政治共同体、个体同其他特殊群体之间的关系,这是制度和运行机制层面上民主含义的解读。还有学者从《法兰西内战》入手探析马克思的民主政治思想。《法兰西内战》理论阐述了政体民主的实质,《共产党宣言》则侧重于民主的最高诉求,向世人宣告这是从本质上有别于以往一切资产阶级民主政治理论的新型民主观。郭丽兰基于不同时期的具有连续性的文本,较为系统全面地阐述了马克思民主观,勾勒出了马克思民主观的理论逻辑,从理论上论证了人民民主的基本思路,严厉驳斥了一些西方学者关于马克思民主政治观是"民主的敌人""专制主义的代表"的论断。③ 郁建兴在《马克思与自由主义民主》等系列论文中展开了马克思民主观念与资产阶级民主观念差异性的比较研究,并注重两者之间历史连贯性的阐析。④⑤

国内专家学者们关于中国城市社区直选相关问题的研究主要聚焦于以下三个方面:

第一,城市基层社区直选的意义与动力机制的探究。周清华⑥等主要强调社区直选对中国经济发展和民主政治建设进程的重要意义,并认为城市社区直选的开展会影响中国社区发展战略和城市社

① 王一喆. 论马克思从批判到建构的民主思想. 洛阳师范学院学报,2015(4):29—31.
② 魏功祥. 浅析马克思民主思想对中国的影响. 党史博采(理论版),2014(11):39—40.
③ 郭丽兰. 马克思民主观的文本研究. 北京:人民出版社,2014:23.
④ 郁建兴. 马克思与自由主义民主. 哲学研究,2002(2):3—11.
⑤ 郁建兴. 马克思国家理论与现时代. 河北学刊,2005(3):119—124.
⑥ 周清华. 社区直选:基层民主建设的历史性跨跃. 前沿,2005(5):224—226.

区自治的模式选择。辛人认为,热心服务社区的党员志愿者是社区居委会选举改革成功的关键因素。① 欧阳觅剑提出,政府推动的城市化进程催生了社区自治和社区直选的需要,社区居委会直选依循的是城市化逻辑。② 耿敬等从城市社区权力运作的具体实践层面分析得出,城市社区直选引发了行政权力生产与再生产方式的变化和调整。③ 社区中党的基层组织是推动社区直选改革顺利开展的主要动力和政治保障。④

第二,城市社区直选的相关理论与实践问题研究。李凡对中国城市社区选举改革早期状况进行了概括与分析,指出要借鉴农村经验、注重程序等,使全国城市社区自治发展实现突破。⑤ 社区选举民主化必须以民主程序的规范化和制度化建设为基础,规范化和制度化是任何一项制度能够得到持续贯彻实施的基本条件和内在需求。随着城市社区选举规范化的建设,直接选举制度应用的多元化过渡到城市社区直选模式的多样化,几个具有代表性的社区直选实践模式逐渐形成。⑥ 刘志昌等学者对社区选举中单位人是否应当享有社区选举权进行了学理上的探讨。⑦ 曹传柳认为城市社区服务与社区直选像两个车轮,两者之间的良好互动有利于社区直选。⑧ 毛满长则指出,城市社区治理结构中行为主体各种越位或缺位行为、社区治

---

① 辛人. 社区直选背后是什么. 社区,2004(2):20—21.
② 欧阳觅剑. 城市社区居委会直选的城市化逻辑. 南风窗,2006(8):21—23.
③ 耿敬等. 行政权力的生产与再生产——以上海市 J 居委会直选过程为个案. 社会学研究,2011(3):153—178.
④ 汪仲启. 互动与聚合:当代中国基层民主发展的动力与边界. 学术月刊,2019(3):82—94.
⑤ 李凡. 中国选举制度改革. 上海:上海交通大学出版社,2005.
⑥ 解红晖. 我国城市社区直选实践模式研究. 宁波大学学报(人文版),2013(1):118—123.
⑦ 刘志昌. 社区选举中单位人选举权的探讨. 社会主义研究,2005(4):91—93.
⑧ 曹传柳. 社区服务与社区直选的互动作用. 社区工作,2004(4):16—17.

理结构的非均衡性特征等直接影响了社区直选民主制度的绩效。①
社区是直选制度运行的空间场域,社会资本是民主制度有效运作的
关键因素。赵义就北京市九道湾社区直选的"幕后"探究后思考"政
府为公众的民主权利买单值不值"的问题,由此启动了政府在社区直
选中的角色定位的研究。② 姚华主要探究社区居委会直选改革的背
景,尤其是相关政策的制定过程。③

选举成本过高是制约我国城市社区直选改革深入推进的又一难
题,④吴猛认为,提高发育城市社区的邻里网络、提高城市居民参加
选举投票的积极性是有效降低社区直选成本的一个根本途径。⑤ 发
挥社区党建在增强社区居委会自治功能的积极作用,协调好党的领
导与社区自治,是我国社区居委会直接选举进程中的一个难题。许
义平⑥等提出,政府在社区直选改革中面临的困境是将本质上相冲
突的两类功能(基层控制与基层民主)融合于同一种的组织形式之
下。张涛等认为,中国城市社区直选改革面临着地区发展的不平衡
性,参与群体差异大、选举推进中政府主导与自治发展存在着冲突、
社区直选参与动力不足等问题。⑦ 陈文新认为,中国城市社区直接
选举的生成缘起于城市社区改革,今后必须在社区直选的规则充实
和细化、社区参与模式的转换等方面推进社区直接选举深入发展。⑧
总体上,我国城市社区选举仍处于"动员式"的选举形态,选民主动登

---

① 毛满长.社区治理结构与社区直选民主制度绩效.理论探讨,2008(5):14—17.

② 赵义.政府为公众的民主权利买单值不值.社区,2002(11):4—7.

③ 姚华.居委会直选的背景及政策的定型化.东方论坛,2010(2):113—118.

④ 陈伟东等.社区自组织与直选成本,当代世界社会主义问题,2005(2):11—18.

⑤ 吴猛.发育邻里网络:降低社区直选成本的根本途径.社会,2004(10):25—29.

⑥ 许义平等.现代社区制度实证研究.北京:社会科学出版社,2008.

⑦ 张涛等.中国城市基层直接选举研究.重庆:重庆出版社,2008.

⑧ 陈文新.中国城市社区居委会直接选举:发展历程与现实困境.学习与实践,2009(3):
77—83.

记方式对于提高选民参与居民委员会直选的积极性的实际作用有限。① 吴猛等重点分析了城市社区居委会选举失范问题,提出应通过以下三种方式推动社区居委会选举的规范化建设:城市管理体制的进一步改革、社区直选程序的完善、监督惩处机制的建立。② 马卫红则关注直选后的城市社区居委会的生存困境,并认为该困境主要源自政府对直选后居委会角色定位的模糊所致,未找到放与控的合宜尺度。③ 可通过主动吸纳业主委员会参与到社区直选活动,搭建城市社区群众利益表达的平台,实现将体制外的利益表达和参与诉求的有序释放。④

　　第三,城市直选的个案式研究　陈伟东等率先对广西武鸣县城厢镇 6 个社区居委会直选进行了较深入的调查,⑤之后多位学者总结了广西社区直选经验。周鸿陵对北京市首个城市社区居委会直选案例进行了生动的纪实性研究,⑥北京九道湾社区受到社会各界持续关注。尹冬华对无锡市汤巷社区换届选举的个案观察着重进行了社区直选程序演练的研究。⑦ 张文凤⑧等学者关注国内首个城市社区居委会全面实行直选的行政辖区——宁波海曙区,并探究了海曙直选的典型意义。在海曙直选经验推广过程中社区直选"宁波模式"逐渐形成⑨,

① 史卫民,郭巍青等.中国社区居民委员会选举研究.北京:中国社会科学出版社,2009:373.
② 吴猛等.城市社区居委会选举失范问题探析.北京行政学院学报,2011(5):14—18.
③ 马卫红.后选举时代城市居民委员会的生存困境及其原因分析.长春市委党校学报,2010(4):51—53.
④ 黄卫平.中国基层民主发展 40 年.社会科学研究,2018(6):13—27.
⑤ 陈伟东.直接选举:社区民主建设的新进展——广西武鸣县城厢镇 6 个社区居委会直选调查.中国民政,2001(10):36—37.
⑥ 周鸿陵.居民怎样拿选票圈点社区当家人.社区,2002(9):7—10.
⑦ 尹冬华.社区直选的程序演练.社区,2004(11):4—7.
⑧ 张文凤等.社区直选制度的探索——海曙直选的意义及启示.行政与法,2004(7):7—9.
⑨ 陈伟光.宁波:城市社区居委会全部直选.人民日报,2008 - 01 - 15.

并成为浙江基层民主建设中的优秀城市经验范例。① 宁波直选模式的形成推动了宁波城市社区治理改革创新,实现了民主选举与民主治理的双赢式共同发展。② 唐正芳走访南宁市的直选社区,发现单位人漠视社区直选,并分析了"选民登记"方式的利与弊。③ 2005 年深圳盐田社区率先进行了居委会换届直选方式改革,侯伊莎④等学者对盐田直选进行了深入调研。

(三) 研究述评

综上可见,学界对本选题相关的两个方面的研究内容已作出了许多有益的探索,取得了相当的研究成果,为本课题的研究提供了丰富的文献资料,奠定了扎实的研究基础。

1. 马克思民主观研究的特征和存在的问题

综观上述的研究成果,马克思的民主观是民主理论研究史中的一项重要内容。目前国外学术界对马克思民主观的研究已逐渐展开并趋向深入。马克思民主观的研究呈现出以下趋势:

第一,重视对经典文本析读。通过文献学、文本学的视角来研究马克思政治理论中存在的民主观;第二,关注研究立场的公正,即试图基于客观公正的研究立场。目前现代西方的学者多数能够站在客观公正的立场上正确看待马克思思想,一定程度上减少了意识形态的影响。第三,具备鲜明的时代特征。多数西方学者在研究马克思民主思想的过程中能够踞立时代高度,拥有时代眼光,既重视文本解读,又具备时代特征,理论与社会实际结合起来,但仍有一些西方民主理论家对马克思民主观有较深的误读和曲解,这种误读和曲解大

---

① 房宁. 浙江基层民主建设的典型经验. 人民论坛,2018(5):110.
② 任中平,张露露. 新时代基层民主选举与民主治理的均衡发展. 探索,2018(6):73—79.
③ 唐正芳. 有谁在乎社区直选. 社区,2004(8):12—14.
④ 侯伊莎. 盐田模式:社区从管理到治理体制. 重庆:重庆出版社,2006.

多是由于将马克思民主观与其产生的现实社会背景生硬地割裂开来所致。

国内马克思主义民主观和马克思本人民主观的研究已经取得了相当的理论成就,并开始重视学理分析,夯实理论阐述的经验基础,并注重与相关学科合作展开交叉研究,但从总体上看还处于转型阶段,创见性的研究少,抽象论证多,历史具体的分析少,主要有以下三个问题:

第一,原有认识框架有待拓展。阶级论是国内研究马克思民主观的各类文章和著述中重点论证和重复阐述的内容,这一认识框架应随着当代资本主义的新变化有所调整。第二,研究方法上有待创新。将马克思的民主观同其他学者的民主观的比较研究还不够,描述性成果偏多,批判性研究和反思性分析较少,仍有学者囿于"就马克思论马克思"研究思路。第三,现实价值探索缺乏。单纯的学术探讨和理论研究,缺少对现实问题的观照,无法发挥理论对现实的指导作用,更无法实现理论与实践的双向互动和共同发展。

2. 城市社区直选研究中存在的问题

城市社区直选的研究已成为国内学术界关注的热点之一,诸多学者认识到城市基层民主对中国民主政治建设和发展的方向性和全局性的意义,分别从理论和实践层面对中国城市社区直选进行了较为深入系统的研究,并对城市社区直选的良性运作提出很多有益的建议,为本研究奠定良好基础。但现有研究中尚存在不足,主要表现在:

第一,中国城市社区直选模式的系统梳理与比较研究欠缺,直接影响着城市直选的对策性研究水平;第二,针对社区直选制度的学理上的研究有待深入,直选模式、直选绩效、城市社区直选与城市基层人大代表直选关系等都需要给予明晰与准确的理论阐述。

本书将一方面注重基础理论研究,全面梳理马克思民主观的理论奠基和思想根源,总结马克思民主观的主要内容和理论特征;同时将特别注重马克思民主观的现实价值研究,对中国特色社会主义民主政治建设过程中城市社区直选改革深化的重要启示。对马克思民主思想的理解和把握很大程度上影响着当代中国社会主义民主政治建设的改革进程和实践水平。正如习近平总书记所指出的,马克思主义是实践的理论,指引着人民改造世界的行动,实践性是马克思主义理论最为显著的特征。① 基于此,本书通过对马克思民主观的系统梳理与研究,以此来指导我国城市社区居委会直选改革深入的现实实践。

三、研究思路和方法

(一) 研究思路

在深入研读马克思经典著作和基本概念厘定的基础上,首先对马克思的民主观进行理论探源性研究,梳理马克思民主观的形成过程。其次,较为全面地阐析马克思民主观的主要内容,并提炼出马克思民主观的基本特征。再次,对我国城市基层民主建设中社区直选改革历程进行了阶段性划分,总结社区直选改革取得的成就,并指出其中存在的问题。最后,尝试从马克思民主观中汲取诸多进一步完善城市社区直选的原则性启示,基于这些重要启示拟提出相应的实践策略,以期推进我国城市社区选举改革的进一步深入发展,彰显马克思民主观的当代价值。

(二) 研究方法

研究方法的正确选择,与研究对象的性质密不可分,科学的研究方法有助于获得对研究对象性质的正确认知。正如马克思所指出,

---

① 习近平. 纪念马克思诞辰 200 周年大会在京举行习近平发表重要讲话. 北京:人民日报, 2018－05－04(1).

探讨的结果和引向结果的路径都应当"合乎真理"①。本选题以辩证唯物主义与历史唯物主义作为研究的主要指导方法,具体研究方法有:

第一,文献分析法。通过查阅期刊网、报刊书籍等,广泛地检索和搜集本选题相关的文献资料,并对资料进行比较、遴选、归类和分析,夯实本选题的研究基础,其中马克思的经典文本尤为重要。

第二,比较分析法。对马克思民主观的形成与发展过程的探究,需要运用比较分析法阐述马克思民主观与西方政治文化传统的理论渊源关系,及在马克思主义发展史和人类民主理论的发展史中的地位。而且在将马克思民主观与其他思想家的民主思想,特别是资产阶级民主观念进行对比分析中,有助于阐析马克思民主观的鲜明特征,更准确地定位马克思民主观的思想价值。

第三,系统分析法。民主观是马克思政治思想中的一个重要组成部分,但马克思没有专门论述民主问题的著作,马克思的民主思想见于各个文献著作之中。全书写作中认真研读经典文献,深入分析总结,系统地梳理马克思的民主观,从而为第五章的原则性启示的提炼奠定扎实的基础。

第四,实证分析法。本书以当前中国城市社区直选改革为案例,展开马克思民主观的应用研究,有力彰显马克思民主观的当代价值。中国城市社区直选改革是一个实践问题,本书运用实证分析的方法梳理了中国城市社区选举改革的历程和存在的问题,在此基础上探析马克思民主观对中国城市社区选举改革深入发展的重要启示和相应的实践策略,具有较强的现实针对性。

本书始终以马克思主义的辩证唯物主义和历史唯物主义为方法论指导,采用定性与定量相结合的方法进行研究。在定性研究方面,综合运用文献资料法、比较分析法等方法;在定量研究方面,主要采

---

① 马克思恩格斯全集(第1卷).北京:人民出版社,1995:112—113.

用实证分析法、实地调研法等。总之,尝试运用多种方法深入开展本选题的研究。

四、研究重难点和创新点

(一)研究的重点

我国社会主义民主政治建设进程中仍有许多亟待解决的问题,迫切需要学者们深化马克思民主观的研究。城市社区直选是我国政治体制改革和中国特色社会主义民主建设的应有之义。因此,本书的研究重点是在全面总结马克思民主观主要内容的基础上,提炼出其对我国城市基层社区直选改革深入的重要启示,推进城市社区选举改革的实践创新探索。

(二)研究的难点

任何学说都是深扎于物质的社会现实中,但首先它必须从已有的思想材料和研究基础上出发。马克思民主观是在斯宾诺莎、卢梭、黑格尔、托克维尔等民主思想基础上的深化与突破。在马克思民主观的思想根源的探究中勾勒出马克思民主观发展的轨迹,这还将有助于体现民主理论发展的趋势,展示民主理论的嬗变。因此,深入地挖掘马克思民主观的理论奠基和思想根源,探究其内在的联系,是本书的研究难点。

(三)研究创新点

本书的创新点主要表现在:

1. 较为系统地梳理马克思的民主观。在解读马克思经典文本的基础上,深入探究马克思民主观的理论渊源、形成历程、主要内容和基本特征等,尝试提供一个马克思民主观的较为全面的研究成果。

2. 将规范研究与实证研究相结合,凸显理论与实践的内在契合性。本研究全面探究马克思的民主观,并与当代中国城市社区直选改革实践直接结合起来,视野新颖且具有较强的应用性,有助于彰显马克思民主观的当代价值。

3. 基于中国共产党对马克思民主观的探索实践,阐析"全过程人民民主"的原创性贡献,并尝试性探讨了马克思民主观在我国城市社区直选改革中的深化与发展。中国城市社区直选改革中的大胆创新与出现的一些新情况,拓宽对民主价值、党内民主与基层民主关系、选举民主与协商民主关系等相关认识,推动着马克思民主观的不断发展。

第二章 马克思民主观的理论渊源与形成过程

一、马克思民主观的主要理论来源

任何一种理论的产生有其现实背景和理论渊源,理论来源的探究有助于理解马克思民主观形成的深层思想机制。马克思民主观是在吸收了古希腊以来西方的哲学史、政治史、社会史的宝贵民主思想理论资源,尤其是对近代欧洲自由主义的民主政治思想①,并科学把握人类社会和民主政治发展基本规律的基础上创立和发展起来。马克思民主观的主要理论来源有斯宾诺莎的民主政治思想、卢梭的人民主权学说、黑格尔的市民社会与政治国家关系理论、托克维尔的权力制约思想及空想社会主义者的民主思想。

(一) 斯宾诺莎的民主政治思想:民主是最自然的政体

巴鲁赫·德·斯宾诺莎(Baruch de Spinoza)是西方近代学术思想中影响深远的人物,海涅曾声称许多学者在不自觉中透过斯宾诺莎磨制的眼镜去打量和研究世界。其中包括马克思。斯宾诺莎被公认为是西方最早开始信奉民主(embrace democracy)的近代政治理论家之一,斯宾诺莎的民主政治学说是马克思民主观较早的思想来源。

---

① 张玉书等编.海涅选集.马元德译.北京:人民文学出版社,1983:104.

　　斯宾诺莎始终关注的问题是政治的目的,并提出政治的真正目的应当是自由。① 斯宾诺莎在《神学政治论》一书中首次阐述他的民主政治理念。他认为,民主作为政体,具有其他政体(君主专制、贵族制)所没有的优势性特征。第一,民主政治在本质上是最自然的政体。在所有的政体之中,民主政体中的每一个体不会将自己的天赋之权交付给共同体而失去他在社会事务中发表意见的权利。② 因为这个共同体是包括自己在内的社会大多数人,共同体中的成员人人平等,无异于他们在自然状态中所拥有的平等权。第二,民主政体是与人的理性最相合的政体。民主政体的根本目的是让民众保有理智,拒斥非理性的需求。由具备足够判断力与理智力的个体组成共同体是和睦的团体,这个共同体能理性地判断任何一项政府出台的政策或命令,不会盲目地毫无置疑地接受任何一项不合理的政策和决定。国家存在的意义就是让民众拥有理性思维并以此指导自己的行为,能够真正享受自己的天赋之权。民主政府的最终目的,不是运用恐怖等手段强制使民众服从以实现统治;民主政府的最终目的应是让民众免除恐惧,民众生活和工作有保障,能自由地运用理智、没有憎恨、欺骗或嫉妒。他们身心都能得到良好的发展,社会趋向于公正美好。③ 第三,民主政体与个体自由结合是最紧密的政体。斯宾诺莎强调,自由的首先条件是人能遵循理智的指引,因为理性成熟的思考有助于帮助个体摆脱自身恣意情绪的控制和支配,始终坚定地遵守国家的相关法律,从而达致自由的精神状态。理智的和平属性正是基于每一位公民对国家法律的始终信奉与严格遵守。因此,自由国家法律体系的建构必须以公民理智为基石。在《神学政治论》之后的《伦理学》一书中,斯宾诺莎对民主政治的哲学思考日趋成熟。

---

① 谭鑫田. 政治的真正目的是自由——斯宾诺莎的政治哲学评析. 山东矿业学院学报, 1999(3):5—12.
② [西]斯宾诺莎. 神学政治论. 温锡增译. 北京:商务印书馆,1963:219.
③ [西]斯宾诺莎. 神学政治论. 温锡增译. 北京:商务印书馆,1963:272.

在《神学政治学》中斯宾诺莎对犹太教的评判性分析,使同样作为叛离犹太教的青年马克思深受启发,马克思在《论犹太人问题》中对犹太教的批判,被学界视为斯宾诺莎评论犹太教的简缩本。[①]《论犹太人问题》是马克思同青年黑格尔派代表性人物布鲁诺·鲍威尔之间的公开论战的成果,是马克思向唯物主义、共产主义转向的重要标志。斯宾诺莎在西方的政治思想史上第一次在犹太教与自由主义之间建立关联。犹太教侧重于教导人的行动,不干涉人的思想,允许个人谋取私利,犹太共和国常成为自由国家的效仿。斯宾诺莎认为,这些都表明犹太教具备自由的属性。同时,斯宾诺莎客观地指出了犹太教的缺陷性,其对犹太教旧约圣经的批判性阐释极大地动摇了犹太教会统治的基础。马克思在《论犹太人问题》一文中直言,基督教与犹太教并存的现状主要源于犹太教的自由属性,犹太教徒以颇为独特的自我隔离的方式寻求解放,并实现了在基督教统治的社会中的发展。无疑,马克思的这些论述明显有着斯宾诺莎的烙印。马克思还注意到了"犹太人的实际精神"对基督教国家人民的影响,并列举了北美洲多个确凿的现实证据来说明犹太精神对基督教世界统治形成的有力冲击。[②] 据此,马克思意识到,不能局限于宗教里阐释和解决犹太人的生存处境,犹太人解放问题的答案或谜底不在宗教领域里,而在现实社会的生活里。因为现代犹太人的本质具有"高度的经验本质。"[③]犹太教的世俗的现实基础是实际需要、自私自利。犹太人的社会解放,首先是社会从犹太精神中解放出来。斯宾诺莎认为,自由的国家和自由的人两者不能混为一谈,自由的国家不会自然而然地产生自由的公民,这一论断是马克思对布鲁诺·鲍威尔提出的政治解放进行批判的重要立论基础。政治解放是迄今为止的人

---

① Joel Schwartz. Liberalism and the Jewish Connection: A Study of Spinoza and the Young Marx, *Political Theory*, Vol. 1, 1985:58 - 84.
② 马克思恩格斯文集(第1卷). 北京:人民出版社,2009:54.
③ 马克思恩格斯文集(第1卷). 北京:人民出版社,2009:55.

类社会政治制度内的"人的解放的最后形式"①,但绝不是普遍的人的解放的最后形式,它只是资产阶级的民主解放,人类解放才是真正的民主解放。政治解放的局限性不仅在于其服务对象,还在于:国家摆脱了某种限制时,人却摆脱不了这种限制,自由国家里的人还不是自由的人。② 也正是在批判犹太教的过程中,马克思推翻了斯宾诺莎民主政治思想中诸多重要的自由假设,譬如政治与宗教、哲学的分离是实现人的自由的必要条件,悬置公共领域的活动在自由实现中的作用。马克思则坚决反对将公共领域与私人生活两者截然区分。他认为,两者可以也应该结合在一起,个人的自由、最大的幸福必须通过公共领域的公共行动才能真正实现。"自由状态的局限性和人类以何种方式来克服自由状态的局限性",是马克思与斯宾诺莎民主政治思想的根本分歧之所在。③

1842 年马克思在他的第一篇针对书报检查令的政论性文章中提到斯宾诺莎,并尊称斯宾诺莎为"道德领域的思想巨人"。我国著名学者吴恩裕认为,"物质的生存形态"在马克思思想系统中的地位,颇似于"自求生存的冲动"在斯宾诺莎政治思想体系中所处的地位,但仍存在不同,主要表现在:马克思强调人性是在社会现实中表现出来的特性,是通过可以观察到的感性的社会事实(特别是经济基础上的利益冲突)中表现出来,而不是斯宾诺莎所认为的人性是先天、自然和现成的产物。有资料显明,马克思读过斯宾诺莎的《伦理学》和《神学政治论》,并认真地做了笔记。④ 1841—1842 年马克思在柏林大学攻读博士学位期间的一个笔记本涵盖了有关《神学政治论》的摘录多达百余条,涉及理性、宗教、教学自由、共和国等多个主题。自由

---

① 马克思恩格斯文集(第 1 卷).北京:人民出版社,2009:32.
② 马克思恩格斯文集(第 1 卷).北京:人民出版社,2009:28.
③ 解红晖.斯宾诺莎的民主政治思想——基于马克思民主观的探源性研究.理论与改革,2015(2):20—23.
④ 吴恩裕.马克思的政治思想.北京:商务印书馆,2017:152—155.

在西方民主政治思想理论中占据相当重要的位置,自由的状态决定幸福的可能性,做自由的人是斯宾诺莎伦理学的核心要义,也是斯宾诺莎民主政治思想体系的价值目标。民主政治是最自然的政体,它与个人自由与理性最为紧密。国家的目的是维护人的自我保存的自由天性,避免个体之间彼此相互的侵害。马克思认同斯宾诺莎的这些观点,认为人类应不断努力地克服自身的局限性以达到自由的状态,获得真正意义上的幸福,这是个体权利追求与实现的过程,也是人类道德臻于完善和智力日趋提升的过程。于此,马克思将自由同民主勾连起来。斯宾诺莎对民主政治的坚定信念,深深触动了青年时代的马克思。它给予了马克思为自由、民主而战斗的充分理由和巨大勇气,并影响着马克思对民主概念的探究与厘定。

(二)卢梭的人民主权思想:人民主权是公意的代表

让·雅克·卢梭是18世纪法国大革命中最富有影响力的思想先驱、近代杰出的民主政论思想家,是欧洲启蒙运动的重要代表人物之一。二战后出现的"新实证主义的马克思主义"学派更是突出强调马克思民主政治理论与卢梭人民主权思想之间的深刻关联。①

1762年出版的《社会契约论》被誉为现代民主政治的奠基性作品,卢梭在该书中全面地阐释了他的人民主权思想。卢梭明确提出,国家主权归属于全体人民,主权的实质是公意的运用,政府是人民意志的具体体现。为了使公意得到体现,使个人的自由和平等权利在社会生活中得到保障,卢梭提出革命的人民主权论。人民主权有四大特征:第一,不可转让性。主权是全体人民公意的构成和运作。不同于其他可以委托或转让他人行使的权力,主权永远不可能被完全转让,因为意志不能听任于他人的支配。② 第二,不可分割性。卢梭

---

① [意]德拉-沃尔德. 卢梭和马克思. 赵培杰译. 重庆:重庆出版社,1993:136—137.
② [法]卢梭. 社会契约论. 李平沤译. 北京:商务印书馆,2011:29.

认为,意志包括两类,一是公意,即整个人民的意志;二是部分人的意志,即个别意志或行政部门统一的行为支配。① 主权者必须是拥有统一性的社会共同体,不是"由许多碎块拼凑而成的怪物"②,主权是作为全体人民统一意志的公意,它具有不可分割性,这也是主权权威的应有之义。卢梭指出,将主权进行分割的政治理论家还没有正确把握好主权权威的概念要义。第三,不可代表性。卢梭强调,主权的实质是公意,而统一体的意志是绝对不能由他人的意志代表。它要么是自己的意志,否则就是别人的意志,中间的意志是没有的。③ 据此,卢梭认为,真正有效的法律是由人民全体参与和共同制定而成。第四,不可侵犯性。接受公意指导下的权力即为主权。公意旨在维护共同体生存和实现公共幸福,具有"不可摧毁"性④。主权拥有支配全体成员的权力具有绝对性,卢梭强调了主权的至高无上和神圣不可侵犯性,明确指出创建政府的行为属于法律范畴,政府的职能和角色仅是主权者意志的执行,行政权力的受托者。政府人员不是"人民的主人,而是人民任命的官吏"⑤,人民可以基于自己的意愿委任或者撤换他们。承接相应的职务工作,是他们作为公民应尽的义务。因此,政府人员没有资格谈论任何条件。在强调主权绝对不可被其他人恣意侵犯的同时,卢梭注意到了主权的限度,即不可逾越公共约定的界限。社会公约是政治共同体得以存在的条件,而法律则是使共同体能运作的"带有普遍性的规定","一切权利都是由法律规定的"⑥。国家的立法权属于人民,法律面前人人平等。主权在民的民主必须建立在具有普遍性的法制基础上,法律是主权实现的重要保障,卢梭还曾

---

① [法]卢梭. 社会契约论. 李平沤译. 北京:商务印书馆,2011:30.
② [法]卢梭. 社会契约论. 李平沤译. 北京:商务印书馆,2011:31.
③ [法]卢梭. 社会契约论. 李平沤译. 北京:商务印书馆,2011:105.
④ [法]卢梭. 社会契约论. 李平沤译. 北京:商务印书馆,2011:115.
⑤ [法]卢梭. 社会契约论. 李平沤译. 北京:商务印书馆,2011:112—113.
⑥ [法]卢梭. 社会契约论. 李平沤译. 北京:商务印书馆,2011:41—42.

试图建立实现资产阶级民主的制度化和法律化体系。总之,卢梭对主权属于人民进行了较为系统全面的论证,在当时反对君主专制和封建特权的斗争中发挥了重要的革命作用,被法国大革命的多数领袖奉为圣经①,他的人民主权思想对后世产生了巨大影响。

公意是卢梭人民主权论中的核心概念。公意是指一切人的普遍意志,是人民主权合法化的基础。卢梭的"公意"启发了马克思在对人类解放的实现力量或实际可能性的探究时追问,是否有一个特殊阶级的个别利益能符合人类的"普遍意志",即与"普遍意志"具有一致性? 在《黑格尔法哲学批判》及其导言等文章中,马克思找到了该问题的答案,即无产阶级,②一个被戴上彻底锁链的阶级,他们遭受的普遍苦难铸成了一个具有普遍性质的领域。这个遭受普遍苦难的阶级不享有任何特殊的权利,不是为了自己阶级的狭隘利益而斗争的等级阶级。它代表了社会的普遍意志,标明一切等级的瓦解,宣告"世界制度的解体"。因此,无产阶级对私有财产的批判与否定,不过是社会原则、社会的否定结果通过这一特殊等级表现出来而已。③显然,马克思借鉴了卢梭的"公意"概念。无产阶级的性质和历史使命的深刻揭示,是马克思探究"真正民主制"的实现路径和主体力量过程中的重要成果。

卢梭的人民主权论中"政治人"的抽象概念启发了马克思对于"人的解放"等问题的思考。马克思在《论犹太人问题》一文中充分肯定了这一概念,并作如是的评价,"卢梭关于政治人这一抽象概念论述得很对"④,并整段引用了卢梭在《社会契约论》第二卷第七章中关于立法者的一段论述后指出,任何形式和任何性质的解放都是要求人的世界必须回归于人自身。政治解放只是资产阶级的民主解放,

————————————

① 王东等.从卢梭到马克思:政治哲学比较研究.教学与研究,2007(6):28—35.

② 郭丽兰.马克思民主观理论来源初探.江汉论坛,2010(2):49—52.

③ 马克思恩格斯文集(第1卷).北京:人民出版社,2009:17.

④ 马克思恩格斯文集(第1卷).北京:人民出版社,2009:46.

有其历史的局限性。因为在资本主义社会里,现实的人是利己的彼此之间没在关联的独立个体,他们还不能算是真正意义上的人,"真正的人只能以抽象的 citoyen(公民)形式才可予以承认"①。基于此,马克思得出,人的解放的真正完成,依赖于这样的认识:社会力量中有属于自身的"固有的力量",应有效地组织和汲取这一社会的力量,并注意避免"社会力量以政治力量的形式同自身分离"。可见,马克思在借卢梭的观点来为自己的论述服务。② 马克思在《论犹太人问题》一文中开始把真正民主制的实现与人类的解放联系了起来,明确了真正民主制度在人类解放中的意义。此外,作为科学社会主义重要文献的《法兰西内战》包含着丰富的民主政治思想,它标志着马克思民主思想的深化成熟。该文中马克思对巴黎公社实质的阐析、对巴黎公社所采取的各项措施,都有力地表明了卢梭的人民主权思想在马克思民主观形成中的作用,卢梭的人民主权思想是马克思民主观的重要理论来源。

马克思汲取了卢梭人民主权思想中的精粹,并对其加以创新性改造,最为突出的表现是赋予人民主权论以历史唯物主义的科学立论基础。卢梭人民主权论的理论基点是"没有战争、奴役、压迫的自由平等社会",即"自然状态"。"自然状态"下的人们通过订立社会的契约,形成了共和国或共同体。摈弃虚构的"自然状态"这一社会契约的立论基础,马克思从现实社会的人出发,论证了人民群众的历史作用,确立人民主权论的历史正当性和现实合理性。③ 这是近代以来人类政治意识形态史上一次重大的观念革命,由此超越了卢梭的简单激进的乌托邦式的民主政治思想,凸显出马克思民主观鲜明的科学性特征。

---

① 马克思恩格斯文集(第1卷).北京:人民出版社,2009:46.
② 曾枝盛.卢梭及其在马克思主义中的地位.马克思主义与现实,2012(3):11—17.
③ 郭丽兰.继承与超越:马克思与卢梭民主观比较研究.广东行政学院学报,2013(6):50—54.

(三) 黑格尔的国家与社会理论:市民社会与政治国家的分离

马克思深受黑格尔的影响,正如著名学者萨托利在《民主新论》中所言:回到黑格尔,去解释和理解马克思,是一件绝不会出差池的研究路径的选择。① 从马克思民主观的形成历程来看,黑格尔的影响主要体现在:马克思从黑格尔市民社会理论中得到启发,在批判性继承的基础上确定社会和国家的关系,奠定了民主观的哲学基础。

《法哲学批判》是市民社会研究领域的重要学术著作,在该书中黑格尔深刻地探析了国家与市民社会的关系,否定了社会契约国家起源学说。黑格尔关于"市民社会与国家"的相关论述,还见于《精神现象学》《逻辑学》等诸多著作中。黑格尔的国家与社会关系理论堪为恢宏壮观的思辨理论,彰显了辩证法独特的思维魅力。第一,市民社会概念的提出。黑格尔认为,市民社会是具有独立性的个体组成的联合,这种联合是基于成员的需要,并通过一系列保障他们人身和财产的法律制度和维护他们特殊利益、公共利益的外部秩序而建立起来。② 它包括私人生活领域及其外部的保障,具有利己主义、个人主义等特征。③ 市民社会的实际运作遵循两大基本原则:特殊性原则和依赖性原则。特殊性原则是指市民社会中具体个体的独立性和自利性,"具体的人作为特殊的人本身就是目的"④,他们以满足自己特殊的欲望和要求为目的。依赖性原则是指市民社会中人与人关系的依赖性。市民社会里,为了实现个体的特殊欲望,促使了人与人依赖关系的形成,并由此建立相应的制度体系,即市场制度。这一具有现代意义上的市民社会概念,是黑格尔首次明确的提出。第二,市民

---

① [美]乔万尼·萨托利. 民主新论. 冯克利,阎克文译. 上海:上海人民出版社,2015:678—679.
② [德]黑格尔. 法哲学原理. 范扬等译. 北京:商务印书馆,1961:174.
③ 何增科. 市民社会概念的历史演变. 中国社会科学,1994(5):67—81.
④ [德]黑格尔. 法哲学原理. 范扬等译. 北京:商务印书馆,1961:197.

社会与国家的关系。在市民社会中,个体的特殊性欲望的无节制性和扩张性,必然导致社会无限度的恶、匮乏和贫困等。如何克服市民社会的内在缺陷,黑格尔给出的答案是"国家"。他认为,国家是具有调和特殊性与伦理性的强大力量的共同体。在《法哲学原理》的伦理篇中,黑格尔集中阐述了国家概念,并将伦理发展进行阶段划分。家庭是直接伦理精神,市民社会是特殊性的伦理精神,国家是绝对的具有普遍性伦理的自在自为的东西,是家庭和市民社会的目的和基础。国家统摄和主宰着市民社会中所有人的意向与活动,从而结合成为"政治国家"。家庭、市民社会和国家分别代表普遍性、特殊性、普遍性和特殊性的统一。家庭和市民社会,两者本质上从属于国家,是"政治国家"得以形成的中介,国家高于家庭和市民社会。至此,黑格尔明确区分了市民社会与国家,指出国家是蕴含着"普遍实体性与个体独立性"的内在统一性的伦理和精神①,由此建构起"市民社会与国家"之间的新的关系框架,开启了这一领域的学术先河。资产阶级的政治革命的意义在于,一方面确保了市民社会的独立性,财产、家庭、劳动不再受政治国家的直接控制与干预;另一方面则是有助于汇集原先与市民社会相混合的处于分散孤立状态的诸多政治要素,最终形成具有现代意义的统一的政治社会共同体。

黑格尔关于国家与市民社会的睿智论述,展现了其高超的辩证思维,马克思予以高度的评价,誉之为是德国理论界关于国家和法的哲学思考的最终的也是最系统的阐述,认为黑格尔哲学是德国唯一的能够与"当代现实保持在同等水平"②的领域。黑格尔明确将市民社会与政治国家区分开来,马克思则敏锐地把握到市民社会和政治国家分离背后的民主政治价值。第一,这种"分离"为个人自由提供了可能性。政治制度的真正发展依赖于私人领域的独立性。商业和

① ［德］黑格尔.法哲学原理.范扬等译.北京:商务印书馆,1961:63.
② 马克思恩格斯文集(第1卷).北京:人民出版社,2009:9—10.

地产的不自由、不独立的社会里不会有政治制度的建立和发展,所以中世纪的民主制是不自由的民主制,"私人生活的抽象""国家本身的抽象"是近现代社会的特点①。第二,这种"分离"促使了等级制向代表制的转变,权力的分立、公民权基本原则的确立。市民社会中建立的市场制度改变着人与人之间关系的性质,通过资产阶级政治革命获得的市民社会的独立性,不仅奠立了代议制民主的现实基础,而且人的目的性得到了具体体现并获得法律的保障。马克思强调,明确区分市民社会与政治国家并将两者的分离看作是矛盾运动的必然产物,是黑格尔思想深刻的地方。同时,马克思也指出黑格尔法哲学中的致命缺陷,一是将分离开来的政治国家和市民社会视作两个永久的一直存在的对立面,而事实上这两者的分离是资产阶级革命、政治解放、"现代国家"的产物;二是将政治国家和市民社会的分离视作是理念发展的必然结果,理念发展的性质决定了国家的伦理性质。马克思认为黑格尔是"只从表面上解决这种矛盾,并把这种表面当作事情的本质"②,最终颠倒了家庭、市民社会与国家的关系。理解和解决这些矛盾的产生根源性和必然性,应关注和把握它们的特殊意义,这种理解不是去试图寻找黑格尔所想象的"逻辑概念的规定",而是要"把握特有对象的特有逻辑"③。这种被黑格尔忽略的"特殊对象的特殊逻辑"是家庭和市民社会产生了国家,家庭和市民社会是国家的基础和原动力,市民社会决定国家。国家的本质嵌入在市民社会生活中,社会矛盾运动规律决定着国家的性质。马克思主张应将由社会供养的国家的一切力量"归还给社会有机体"④,让社会控制和制约国家的各种权力,最终马克思以历史唯物主义作为最有力的思想武器彻底"颠倒"了黑格尔唯心主义的国家社会观,标志着马克思

---

① 马克思恩格斯全集(第3卷).北京:人民出版社,2002:42.
② 马克思恩格斯全集(第3卷).北京:人民出版社,2002:94.
③ 马克思恩格斯全集(第3卷).北京:人民出版社,2002:114.
④ 马克思恩格斯选集(第3卷).北京:人民出版社,1995:57.

民主政治思想的重要转折。无疑,马克思对黑格尔法哲学的批判,显明了两者民主思想的重要关联,是马克思民主观的黑格尔起源的有力印证。

　　总之,正是遵循着黑格尔的市民社会和政治国家相分离的思路,马克思形成了对国家和社会关系的全新理解,这一理解为马克思民主观的建立奠定了哲学基础。马克思从社会决定国家观出发进一步阐发了唯物史观的系列观点,唯物史观的重大发现又进一步夯实了社会决定国家的哲学基础。

　　(四) 托克维尔的民主政治思想:以社会制约公共权力

　　夏尔·阿列克西·德·托克维尔是 19 世纪西方政治学界富有影响力的民主理论家,他在其代表作《论美国的民主》中冷静分析民主的利与弊,揭示出“民主的自由”还是“民主的专制”的艰难选择的人类境遇。如何调和民主与自由? 人民主权原则下自由价值如何实现? 这些是托克维尔一生致力解决的课题。[①]《论美国的民主》是第一部正式论述民主制度的专著,它奠定了托克维尔在西方政治学史上的重要地位。[②] 马克思在《论犹太人问题》一文中聚焦实现了政治解放的国家如何对待宗教等问题时,[③]正面地引用了《论美国的民主》中宗教和国家关系的相关观点,并将之作为文章的关键性佐证。[④] 共同置身于 1848 年革命不断上演的欧洲社会,马克思与托克维尔对 1848 年法国革命爆发都给予了持续关注并进行了系统的分

---

① [法]雷蒙·阿隆等.托克维尔与民主精神.陆象淦等译.北京:社会科学文献出版社,2008:15—18.
② 刘舒杨,王浦劬.不同的民主观——托克维尔民主思想研究.政治思想史,2019,33(1):135—155.
③ 马克思恩格斯文集(第 1 卷).北京:人民出版社,2009:27.
④ 崔之无.1848 年的马克思、托克维尔和蒲鲁东.二十一世纪,2018,(6):135—155.

析,这也使得两人的民主政治思想有了进一步的关联。①

托克维尔敏锐地意识到民主是其所处时代社会发展的趋势和主流。他在《论美国的民主》的开篇就颇为激动地指出,身份平等的发展的不可阻挡,是"天意使然"的社会发展趋势。② 这种发展呈现出一些重要的特征:普遍性、持久性、能时刻摆脱各种阻碍,并总能获得几乎所有的事和所有的人的帮助和支持,从而不可遏止地向前发展。身处社会大动荡大转型的时代,托克维尔前瞻性地预见民主发展的势不可挡,并认为民主必将在全世界范围内普遍地到来,这是人类的新际遇。为了迎接人类新际遇,构建一个新的世界,需要建立新的政治科学,包括民主基本原则的确立。托克维尔强调指出,民主的基本原则不存在于政治体制的历史比较分析中,而应当从当前的具体的现实条件中去寻求、总结和解释。出于对人类未来命运的深切关注,托克维尔不囿于寻找民主形象本身的特质,如原则、倾向、激情、偏见等,他更为关注民主的发展会给人的自由构成怎样的威胁、民主的发展会给人类社会带来怎样的恐惧和希望。

托克维尔启动了人民主权原则下的暴政及其后果的研究。在系统阐述美国社会从民主政府体制中获得的诸多好处的过程中,托克维尔深刻地指出人民主权原则下的不可避免的暴政倾向。在平等的政治社会中会出现两种倾向,一是人民各自享受独立自主权后的无政府状态,二是人们不自觉地陷入被奴役支配的状态。由于对大多数人的才能和智力的至上优越性和无限权威性的笃信与依赖,人们倾向于认为,由大多数人意愿组成的政府来管理和决定所有事务,是对"人民主权原则"的严格遵循;第一种倾向往往因易被察觉而受到人们的及时抵制;第二种倾向即人民主权原则下的多数暴政倾向,它

① 罗涛涛.马克思与托克维尔——基于1848年法国革命的比较分析.内蒙古大学学报:哲学社会科学版,2019,51(1):69—74.
② [法]托克维尔.论美国的民主.董果良译.北京:商务印书馆,2013:8.

的隐性特征使得人们往往识辨不清而误入歧途,造成严重恶果。多数人的不受约束的无限权威为"多数暴政"埋下了隐患。因此,需要特别警惕第二种倾向的存在。① 托克维尔反对"能够决定一切"的无限的统治权威,无论这个权威的实际拥有者是个人、少数人、亦或是多数人,都会"给暴政播下种子"。② 托克维尔甚至认为,多数的统治转为了专制,在美国已成为必然的趋势。个人想要挣脱多数人做出的规定或决议的代价是某些公民权利,甚至做人的本色。③ 多数的无限权威对个人自由的压迫具有强制性,其道义的外衣往往使这种压迫又具有隐蔽性。托克维尔明确指出,如果没有防范多数暴政、制约无限权力的相应的有效措施,民主国家对个人自由的威胁将不啻于甚至超过君主制、贵族制对个人自由的威胁。因此,必须限制最高主权的专制行动,缓和"多数暴政"的问题,保护人民的自主性和自由权利。

　　托克维尔强调社会力量在公共权力制约中的重要作用,凸显公民社会在民主政治建设中的监督职能,开启了"以社会制约权力"的民主研究新思路。这一思路推进了马克思对社会与国家关系问题的深入思考,对马克思民主观的形成产生不可忽视的影响。如何制约民主社会中多数人的无限权力? 如何避免"多数的暴政"? 托克维尔认为,"三权分立"的制约方式无法从根源上解决"多数暴政"问题。托克维尔以乡镇、平等、暴政、自由作为研究的四大支点,遵循从现实具体到理论抽象、从社会到政治的分析逻辑,托克维尔着手构建新的民主政治理论。新英格兰乡镇和平等分别作为事实基础和社会基础,抵制民主政治的第二倾向(即暴政)的唯一路径只能是自由。托克维尔指出,民主必须以自由为保障,通过自由的公民社会中蕴含的

---

① ［法］托克维尔. 论美国的民主. 董果良译. 北京:商务印书馆,2013:838.
② ［法］托克维尔. 论美国的民主. 董果良译. 北京:商务印书馆,2013:318.
③ ［法］托克维尔. 论美国的民主. 董果良译. 北京:商务印书馆,2013:326.

社会力量来制约权力,以防民主沦为专制。① 托克维尔强调了社会
力量在民主政治建设中的重要性,开辟了民主理论研究的新思路。
自由的公民社会的建构和运作是抵制暴政和捍卫民主的唯一路径,
"拥有一定自主权的多元化社会"②是保障民主的最为强劲的最后一
道屏障。公民社会中存在着私域,留给私人的空间较大,个人的自由
能够得到保护。自由公民社会的相对独立性,使它能够胜任监督国
家的角色,有效防止公共权力的滥用,夯实治者对被治者负责的社会
基础。

　　马克思在对黑格尔法哲学批判、勾勒"真正民主制"理想的过程
中明确指出,国家从属于市民社会。市民社会位于第一性的位置,国
家权力具有派生性,处于第二位。自此,"社会决定国家"成为马克思
在社会与国家的关系问题上始终依循的立场,托克维尔的社会制约
权力的民主思想是对这一立场的有力支持。最后,必须指出,两者之
间仍存在着不同。托克维尔提出"以社会制约权力"、发展市民社会
来抗衡和牵制国家、加强社会力量在民主政治建设作用的思想,是为
了规避因身份平等而可能导致的"多数的暴政"倾向,是探究能够统
摄民主与自由两大价值目标的新的民主制度的一次尝试。与托克
维尔不同的是,马克思提出"社会决定国家""社会收回国家"不仅
仅在于形成一个可以与国家相制衡、相博弈的社会力量,而是为了
揭开资本主义民主的形式性和虚伪性,实现真正的全面的民主,最
终由社会收回国家的权力,这是马克思民主理念上超越于托克维
尔的地方。

---

① 张茗. 从美国民主到法国革命——托克维尔及其著作. 上海:上海社会科学出版社,
　　2006:72.
② 潘小军. 从托克维尔到哈贝马斯:探寻法治的社会基础研究. 法学论坛,2015,(3):
　　134—140.

（五）空想社会主义的民主思想：公社成员大会是最高权力机关等思想

空想社会主义与资本主义生产关系相伴随而产生，空想社会主义者在对资本主义无情批判的同时积极构想未来理想的社会，他们的民主思想理论随着资本主义社会矛盾的激化、无产阶级运动的掀起而不断发展。19世纪初空想社会主义发展到最高的阶段，是马克思恩格斯创立的科学社会主义理论的直接思想来源。空想社会主义者在对资产阶级统治自发的抗议和批判的理论阐述中闪耀着"天才思想"的光芒，马克思恩格斯给予了多次肯定和赞许。莱茵报时期马克思经历了一次重大的思想转变，即向唯物主义、共产主义立场的转变。1859年马克思在《政治经济学批判》序言中坦言，他在莱茵报时期已经清晰地聆听到法国社会主义和共产主义的哲学色彩的回声，空想社会主义中包含着极为丰富的民主思想，是马克思民主观得以孕育、形成的重要滋养。空想社会主义的民主思想主要体现在三个方面[①]：

1. 丰富的人民主权思想

托马斯·闵采尔是16世纪的德国农民战争的杰出领袖，是西方空想社会主义的先驱者之一。闵采尔设想的理想社会是"千年太平王国"，"千年太平王国"里实行人民主权的政治制度，社会的一切权力完全属于人民。政府机构成员由人民选举产生，他们不得违反人民的意志。人民通过民主投票和选举等方式共同参与国家事务的管理，并享有国家的福利和成果。闵采尔注意增进起义农民、平民同工人之间的联系。随着底层民众革命激情的高涨，闵采尔的政治思想越来越犀利和果敢。闵采尔的"千年太平王国"思想在早期空想社会主义者具有代表性，他所代表的阶级处于刚刚形成的阶段，还不完全

---

① 王国宏. 马克思民主思想研究. 北京：中共中央党校，2007.

具备管理和改造整个社会的能力。闵采尔所提出的政治纲领远远超过当时的社会政治条件，①但闪烁着可贵的共产主义光芒，映照着马克思民主观的形成之路。

18 世纪法国空想社会主义者马布利强烈地主张废除封建世袭制，提出在法国建立一个"人人平等，人人自由，人人是兄弟"的自由民主的共和国。马布利高度重视法律在国家政治生活中的基础性作用，是第一位用法典形式表达政治主张的空想社会主义者。马布利认为，法治是社会改造的重要途径。法律由人民制定，管理者要服从法律，人民是法律权威的掌握者，人民是政治权力的来源。马布利不仅从法律权威的拥有者角度来提高人民的地位，他还对人的本质、政治目的等进行了新的界定。② 19 世纪法国著名的空想社会主义者埃蒂耶纳·卡贝在《伊加利亚旅行记》中描绘了未来的理想社会。未来社会的政治总原则包括人民是真正的主权者、实现全面的民治民享等。理想社会状态中的人民应有权通过法律等来对与他们自身密切有关的行动、财产、工作、教育等事项做出规定，并强调这些法律是人民主权意志的体现。③ 卡贝热忱投身于共产主义宣传活动，为其赢得很高的声望。他基于理性主义和人性论上建立空想社会主义的伦理思想，认为构建未来理想社会的决定力量是人的观念和向善的能力。

英国著名的空想社会主义者欧文的理想社会——公社中，全体公社成员大会是最高权力机关，负责讨论和决定公社的所有重大问题。常设机构总理事会要向公社大会汇报对内和对外的所有工作并接受大会的审查与质询。公社每位成员有充分的权利和自由对公社的事务提出意见和建议，30 到 40 岁之间的社员都有权参与总理事会

---

① 马克思恩格斯文集(第 2 卷).北京：人民出版社,2009:248.

② ［法］马布利.马布利选集.何清新译.北京：商务印书馆,1983.

③ ［法］埃蒂耶纳·卡贝.伊加利亚旅行记(第 1 卷).李雄飞译.北京：商务印书馆,1982.

的有关生产和分配等内部事务的管理。无疑,人民主权的思想在欧文的公社里得到最为充分的体现。

2. 主张平等的共和思想

空想社会主义者通过设想和勾画理想社会、批判封建专制制度,表达平等共和的思想。空想社会主义的创始人托马斯·莫尔在其代表作《乌托邦》中借用虚构人物拉斐尔·希斯拉德之口生动地描绘了未来美好社会,居住在乌托邦海岛上的人们共同劳动共同消费,最高权力机构是全岛民众大会和议事会,管理者的产生实行选举和轮换制度。① 莫尔通过对乌托邦理想共和国生活的生动勾画,鞭挞英国都铎王朝的封建专制,并揭露了资本原始积累的肮脏与罪恶。托马斯·康帕内拉在《太阳城》中揭露封建统治机构中的极端丑陋的现象,机构中的成员不学无术、专营私利、腐败堕落。因此,这种腐朽落后的制度必须被推翻,建立没有私有财产、没有人剥削人的新型理想社会。人人平等,共同劳动,社会统一安排生产和分配,国家在抚养和教育儿童方面扮演着重要角色。② 康帕内拉强调指出,新型理想社会制度的建构原则的提出和完善,必须依赖于人类的理智,而不能乞求某个神的启示。

17 世纪著名的空想社会主义者杰拉德·温斯坦莱在《自由法》一书中以规范的法律条文形式详细地阐述未来社会的政治体制,即议会共和国体制。国家各级权力机构的公职人员均是通过民主选举产生,议会是国家最高的权力机关。③ 温斯坦莱在该书中还拟定了有助于共和国良性运行的一系列法律,并对各类公职人员的职责作了明确规定,尝试构建共和国的管理体系,并强调应有效监督公职人员,以防他们蜕化变质,压迫平民。温斯坦莱指出,新型社会的建立

---

① [英]托马斯·莫尔.乌托邦.戴馏玲译.北京:商务印书馆,2011.
② [意]托马斯·康帕内拉.太阳城.陈大维等译.北京:商务印书馆,1980.
③ [英]温斯坦莱.温斯坦莱文选.任国栋译.北京:商务印书馆,1979.

是为了让长期处于压迫地位的平民能够拥有土地并享有平等的自由。摩莱里在《自然法典》书中从人的感觉和需求的共同性这一角度出发,批判了私有制,并论证了人的社会地位和政治权利的平等性。在他的社会理想中,没有私有制,人们共同劳动,共同使用土地资源,共享劳动成果。① 埃蒂耶纳·卡贝设想的未来社会是人们自愿联合建立的"伊加利亚共和国"。"伊加利亚共和国"里,人人平等,没有经济剥削,生产资料实行社会共同所有制,消费品实行按需分配制。共和国最高权力机关是全国人民代表大会,并主张立法权与行政权两者的分离,行政权应从属于立法权。② 圣西门认为,资本主义社会的政治机体是病态的,未来社会必须建立一个平等和谐的实业制度,那里没有剥削和压迫,引导生产、制定生产计划是政府部门的主要职责。恩格斯认为,圣西门能够在工业基础上设想未来的社会,并洞察到法国大革命中包含的无产阶级斗争的因素,这种观点在当时是极为天才的发现。③

3. 对资产阶级民主的批判

与资本主义生产关系相伴产生的空想社会主义者已经敏锐地意识到资产阶级统治的局限性,尝试从不同角度揭露资产阶级政治统治的隐蔽性、专制制度的实质性和政治民主的虚伪性,将批判的矛头指向当时尚处在上升态势的资产阶级。

托马斯·莫尔在批判封建专制制度的同时展开了对新生的资本主义生产关系的审视。英国的圈地运动让原本温驯的绵羊变得贪婪凶蛮,甚至吃人。"羊吃人"是莫尔对资本主义原始积累期间的粗暴野蛮罪恶的方式最生动的也是最有影响力的描绘。④ 杰拉德·温斯坦莱直言,在推翻王权已成为一些人的自觉义务和真实行动的现实

---

① [法]摩莱里.自然法典.黄建华等译.北京:商务印书馆,1979.
② [法]埃蒂耶纳·卡贝.伊加利亚旅行记(第1卷).李雄飞译.北京:商务印书馆,1982.
③ 马克思恩格斯文集(第3卷).北京:人民出版社,2009:530.
④ [英]托马斯·莫尔.乌托邦.戴镏玲译.北京:商务印书馆,2011.

社会中王权却是推而不倒,王权仍然存在,如法律诉讼程序中明显的王权痕迹;用法文和拉丁文表述法律条文,根本无视被压迫穷人的法律诉求。温斯坦莱认为,资本主义国家不过是恢复了的君主制,资产阶级民主具有明显的虚伪性。人民无权的状况根本没有得到改善,甚至变得更为贫困。① 摩莱里则认为,资本主义社会的立法、行政、司法的"三权分立"能够给予不幸居民的只是高声喊冤的一丝可悲可怜的慰籍而已,它丝毫不能改变他们所遭受的深重痛苦。② 巴黎公社领导人布朗基强烈地抨击资产阶级民主政治的虚伪性和欺诈性,基于共同利益结合的一小撮特权阶级掌握了国家的主要权力。③ 布朗基出色的工人运动活动家,其社会政治思想是在实际革命运动斗争中形成的,马克思恩格斯曾高度赞誉布朗基的英勇斗争精神。圣西门认为,法国社会的世袭权利制度导致政府臃肿,管理费额异常地庞大,法国人民深受其苦。与圣西门齐名的夏尔·傅立叶对资本主义社会丑恶现象的揭示和批判超过同时代任何一位思想家。傅立叶充满愤懑尖锐地指出,资本主义所谓的文明制度不过是掠夺穷人的更为巧妙高超的艺术而已,资产阶级法律只是保证"坐在黄金上的阶级"饕餮幸福,却使底层民众贫困永世长存。④ 欧文进一步指出,资产阶级政府机关的职能就是依靠武装暴力和欺骗手段对平民实施无情的压迫,从而维护资产阶级的统治。所谓美德是严重的缺德,所谓的善行实质是粗暴的不义和高明的欺骗。⑤

　　可见,空想社会主义者对资本主义民主政治制度展开了批判、设想未来美好社会、提出要消灭私有制、建立共和国。他们分析政治问题的思想高度,丰富的主权在民思想,对马克思民主观的创立提供了

---

① [英]温斯坦莱. 温斯坦莱文选. 任国栋译. 北京:商务印书馆,1979.
② [法]摩莱里. 自然法典. 黄建华等译. 北京:商务印书馆,1979.
③ [法]布朗基. 布朗基文选. 许渊冲译. 北京:商务印书馆,1979.
④ [法]傅立叶. 傅立叶选集(第一卷). 汪耀三等译. 北京:商务印书馆,1979.
⑤ [英]欧文. 欧文选集(第 2 卷). 柯象峰译. 北京:商务印书馆,1982.

极为丰富的思想材料，对马克思民主观的形成具有重要的启示性意义。

二、马克思民主观的形成过程

马克思民主观的创立经历了一个孕育萌芽、初步提出、正式确立、深化发展四个阶段。通过对马克思民主观发展轨迹的梳理，有助于从整体上把握和理解马克思民主观的思想全貌和基本特征。

（一）马克思民主观的孕育萌芽阶段（1841—1842）

19世纪初，普法战争的失败促使普鲁士实施改革，首相施泰因奏请国王威廉三世发布"十月赦令"。这次改革促使了普鲁士资本主义经济的发展，资产阶级与封建王权之间矛盾日益尖锐。40年代，普鲁士王国威廉四世即位，拒绝自由派的立宪要求，旨在维护和加强专制制度。普鲁士在封建专制主义阴影密布的笼罩下，君主官僚统治控制着社会生活的各个领域。

马克思的故乡是德国莱茵省的特利尔城。莱茵省经济较为发达，德法战争期间曾一度被法国管理，受到法国大革命的影响。因此，莱茵省有着其他地区所没有的浓郁的自由民主氛围，市民享有较为充分的言论自由和立宪自由。马克思的父亲是高级律师，是一位理性主义者，接受法国启蒙思想家的自由民主思想，尤其高度赞誉卢梭、伏尔泰的民主思想。在家乡环境的熏陶和父亲的濡染下，少年的马克思身上洋溢着超乎年龄的自由主义光芒。

1841年马克思获得哲学博士学位，博士论文是研究古希腊哲学史的经典学术著作，主题是关于德谟克利特和伊壁鸠鲁的自然哲学的比较分析研究。论文写作是在深入研究西方古代哲学史（特别是伊壁鸠鲁主义、斯多葛主义的哲学思想）和近代著名哲学家斯宾诺莎、莱布尼茨等人著述的基础上完成。在博士论文里，马克思指出德谟克利特和伊壁鸠鲁两者的物理学之间存在着共认的联系,但两者之间存在着本质的差别,这种本质差别贯穿理论体系,直至最细微之处,譬如对于科学是否具有可靠性和科学对象是否具有真实性,德谟克利特和伊壁鸠鲁见解的差别就体现在他们各自的科学活动和实践过程中。马克思详细阐析了伊壁鸠鲁自然哲学对德谟克利特自然哲学实现了创新性发展。伊壁鸠鲁认为,虚空中的原子运动有三种,包括直线式的下落运动、原子间相互排斥引起的运动和原子偏离直线的运动。① 原子的直线运动表征原子的物质性规定,原子的偏斜式运动满足了原子的形式规定。原子的物质性规定和形式性规定之间存在着直接对立的运动。马克思强调,原子脱离直线进行偏斜式运动不是伊壁鸠鲁物理学中的特殊规定,原子偏斜运动的规律"贯穿于整个伊壁鸠鲁哲学",该规律出现时的规定性则由它被应用的范围所决定。原子可以脱离既定的直线作偏斜运动,具有自由运动的属性,这一观点是伊壁鸠鲁和德谟克利特原子观之间的本质区别。原子脱离直线,意味着偏离的直线从自己的相对性存在中,即从直线中获得自己的解放。"整个伊壁鸠鲁哲学在抽象的个别性概念,即独立性和对同他物的一切关系的否定,应该在它的存在中予以表述的地方,到处都脱离了限制性的定在。"②马克思认为,原子的自由运动的属性是个人的意志自由和个人独立性的自然和物质基础。文中,马克思还尝试对之进行较为开阔的历史与现实的观照。他认为古希腊城邦民主制、权力的公共性和城邦公民的休闲方式是未来美好社会的某种历史溯源,完全不同于 19 世纪初德国学界提出的"人是国家的忠实臣民"的哲学观。在博士论文中,马克思尝试用个别自我意识的原则来改造黑格尔的绝对唯心主义体系,立足于时代精神的高度,提出了历史中的主体与客体关系的问题。但马克思所强调的不是仅象征

---

① 马克思恩格斯全集(第 1 卷).北京:人民出版社,1995:30.
② 马克思恩格斯全集(第 1 卷).北京:人民出版社,1995:35.

自我意识的"抽象的个别性",而是"经验的个别性",即现实的个人。在哲学与现实的关系上,马克思主张哲学应以批判的形式转向自身,也转向世界,尽管此时马克思的批判愿望远超出其理论能力。"一种实践哲学的轮廓已展现在人们的眼前;这种哲学同时希望在对社会现实的批判中,检验和考验它特有的原则,从而摆脱单纯从远处作反映的状况,以便对具体现实采取积极的立场"①。

　　基于古希腊的自由观与政治观,马克思展开了对德国的封建统治和宗教神学的批判。当时的德国在封建专制主义阴影密布的笼罩下,君主官僚统治控制着社会政治经济生活的各个领域,人们被迫远离政治生活,对于自由、权利等政治概念是一种完全无知的状态。马克思强调,人民追求自由的心理是民主国家得以建立的必不可少的心理基础,并痛惜这种心理已经和希腊人一同杳然远逝,消失得不见踪影;若有的话,也只存在于基督教的统治下的天国幻境之中。因此,"必须唤醒这些人的自尊心,即对自由的要求。"②马克思将民主与自由、尊严联系了起来,提出要用民主国家取代没有自由、没有尊严的等级制度的国家。总之,这篇关于自然观的博士论文中,充满了斗争的激情和行动的渴望,马克思较为曲谨艰深地表述了自由与民主的思想元素。

　　大学毕业后,马克思到《莱茵报》工作,最初撰写文稿,之后担任报刊的副主编。《莱茵报》是由新兴资产阶级人士资助的工商业日报性质的报纸,青年马克思以充沛的热忱与出众的能力对《莱茵报》进行了改造,将其办成了针砭时事、反对政府的具有革命民主主义立场的报纸。针对书报检查令、出版自由、林木盗窃法等社会问题,马克思撰写了多篇颇有影响力的政论性文章,开始侧重于从法律角度研究国家问题。第一篇政论文章《评普鲁士最近的书报检查令》就初步

---

① 孙伯鍨,张一兵. 走进马克思. 南京:江苏人民出版社,2020:7.
② 马克思恩格斯全集(第1卷). 北京:人民出版社,1956:409.

展现出了马克思思想的深刻、文风的犀利,表明了其与封建专制绝不
妥协的政治立场和革命态度。该文中,马克思列举了书报检查令第2
条规定的内容,即不得阻挠人们围绕真理问题开展的严肃而谦逊的
探讨、作者不得受到无理约束、书籍在市场可以自由流通等,但检查
令同时又要求书报中针对政府发表见解的倾向必须是善良的,检查
官要根据出版作品的形式和语调来判断其政治倾向是否有害,从而
决定是否禁止发表该作品中。对此,马克思一矢中的地指出"严肃和
谦逊的探讨"等规定内容的含糊性及其实质的伪善性。在探讨社会
问题时常要担心自己的结论是否属于"谦逊的探讨"的结果,这将会
使作者感到"寸步难行"。这一规定是"害怕真理的标志",因为"真理
像光一样,它很难谦逊"①。书报检查令限制作品的风格、形式和语
调,就如同强行指定人的表情,让人"强颜欢笑",公民探求真理和新
闻出版自由受到严格限制,书报检查让自由成为一件"多余的东
西"②,阻碍了新闻出版业的发展。这种拙劣的"移花接木的做法"、
不得人心的"辩解",表明限制新闻出版是时势的要求,法令是不信任
新闻出版界的产物。法令条款里反宗教的观点与法令的目的背道而
驰,"这种把宗教的一般原则同它的实际内容和规定性分割开来的做
法,正是同宗教的一般原则相抵触的。"③法令不允许作者怀疑某个
人或某个阶级的思想,剥夺了新闻出版界批评的权利,却让批评成为
政府批评家理所当然的日常责任。"指望增强民族感情,但它本身却
是建立在玷辱民族的观点之上"④。整篇文章中,马克思援引书报检
查令的多个条款,敏锐地指出书报检查条例的矛盾性、法令词句的伪
善性、巧妙手法的玩弄性。书报检查令是没有客观标准的法令,是思
想自由的桎梏。以辛辣讽刺的笔触,马克思生动地勾勒出书报检查

---

① 马克思恩格斯全集(第1卷).北京:人民出版社,1995:110.
② 马克思恩格斯全集(第1卷).北京:人民出版社,1995:114.
③ 马克思恩格斯全集(第1卷).北京:人民出版社,1995:116.
④ 马克思恩格斯全集(第1卷).北京:人民出版社,1995:123.

制度的专横面目和普鲁士政府文化专制主义的形象。通过猛烈抨击普鲁士书报检查制度,马克思明确思想自由的重要性,提出废除书报检查制度是争取思想自由的关键。马克思将书报检查制度与君主专制制度联系起来,敏锐地揭露出书报检查令的实质,批判矛头直指封建专制制度。

1842 年 4 月,针对莱茵省议会会议上的关于出版自由的辩论,马克思写了一组文章,其中第一篇近四万字的长文《关于出版自由和公布等级会议记录的辩论》。该文中,马克思在强调《评普鲁士最近的书报检查令》中观点的同时,开始尝试从政治权利、人的本性、精神自由等角度论证出版自由的合法性,促进了马克思民主政治思想的孕育。

马克思从精神自由角度来阐述出版自由问题。他指出,没有一种动物是戴着镣铐来到世间,有思想的理性的人就更不可能戴着镣铐出世,而是拥有着精神自由。自由是每个人与生俱来所拥有的本质属性,自由是"全部精神存在的类的本质"①。自由所拥有的刚毅、理性、道德的本质,决定了自由报刊的本质。受检查的报刊充分暴露了"不自由所固有的怯懦的丑恶本质",它沦为了文明社会中的怪物,如同洒上香水的畸形儿。自由报刊彰显人的自由本性,马克思将自由报刊形象地比喻成人民精神的"慧眼",它体现为人民的自我信赖,是人民得以观察和省视自己的精神镜子,是人民同外部世界(如国家)联结起来的不可或缺的有声纽带,推动着物质斗争向精神斗争的升华,即剔除斗争的"粗糙物质形式",使其观念化,成为"一种获得体现的文化"。自由报刊是一种国家精神,是观念的世界,它可谓是无所不及,无处不在,无所不知。它从现实世界中不断蓬勃涌现,又作为日益丰富的精神召唤起更多新的生机,并最终流回现实的世界。

---

① 马克思恩格斯全集(第 1 卷).北京:人民出版社,1995:171.

"新闻出版就是人类自由的实现"。① 为此,马克思呼吁人们要为自由而勇敢战斗,这种战斗绝不是可怜无力的哀诉与低声下气的乞求,它们毫无效果且丧失尊严,应该用矛头和斧头去捍卫自由。马克思还分析了法律与自由的关系。法律应当是自由的肯定性存在,法律约束与自由存在如影相随。人的自由的无意识上升为"有意识的国家法律"时,它才能成为真正的法律,实际的真正的法律是"人的实际的自由存在",是人的行为本身所必备的条件。当人不再依循自由的自然规律行动时,自由的自然规律才作为国家法律才会发挥作用,强迫人成为自由的人。法律不能预防人的行为,它"是人的行为本身的内在的生命规律"②,它是人的生活的自觉反映。新闻出版法是在法律上认可新闻出版自由,即使它没有被完全采纳,它也必须存在。但有些制度(如书报检查制度)即便是无数次作为法律而执行,它如农奴制一样永远不能成为合法的制度。简言之,"新闻出版法是一种法,而书报检查法则是一种非法"③,书报检查法充其量是拙劣的检查手段,废除书报检查制度是争取思想自由的关键。

马克思还注意到,不同社会等级对新闻出版自由问题所表现出来的反应和态度的巨大差异,由此触及到了德国的社会结构和辩论背后隐藏的利益分化。马克思指出,这场关于新闻出版自由的辩论中,有诸侯等级的论战、有骑士等级的论战,还有城市等级的论战。一般自由的反对派中,特定领域的观念精神、特殊等级的利益诉求、特定群体品格的先天片面性表现得淋漓尽致,强烈而明显,露出的是一副副狰狞凶恶的面孔。马克思一针见血:"在这里论战的不是个别的人,而是等级"④。关于新闻出版的辩论如同一面镜子,清晰映射

---

① 马克思恩格斯全集(第1卷).北京:人民出版社,1995:179.
② 马克思恩格斯全集(第1卷).北京:人民出版社,1995:176.
③ 马克思恩格斯全集(第1卷).北京:人民出版社,1995:178.
④ 马克思恩格斯全集(第1卷).北京:人民出版社,1995:146.

出省议会的内在特性和阶级等级。莱茵省议会拙劣模仿了代议制，仍是贵族控制的落后腐朽的封建等级机构。马克思高度赞赏了农民代表在维护出版自由时对普遍利益的捍卫，强调人民性是自由报刊的内在要求。马克思开始与广大的人民群众站在一起，维护他们的利益，痛斥那些反对出版自由的诸侯贵族。由此，马克思将批判的矛头不仅指向普鲁士专制制度，而且还指向专制制度的社会基础，即贵族统治和等级特权。但此时的马克思的世界观仍是以黑格尔唯心主义为主导，提出哲学在世界化的过程中变成了"文化的活的灵魂"①，并辩证地看待"反对自由"。自由是人类本性的美好的装饰品。如果有人反对自由，"最多也只是反对别人的自由"②。自由的反对者在反对自由的现实的过程中实现着自己的自由，他们将自由作为自己独有的珍贵装饰品。自由向来就是存在的，只不过自由有时表现为某些人的特殊权利，有时表现为人类的普遍权利。马克思在批判宗教是国家的自然基础的神权政治观时肯定了黑格尔的国家观，认为"国家是合乎理性的公共的存在"③。马克思从黑格尔的政治哲学中找到自由民主的思想依据，他对言论自由的热情追求，对普鲁士专制政府的犀利批判，字里行间充满着对理性主义的崇拜，其昂扬且彻底的战斗精神和革命民主主义精神，令人动容。但需要指出的是，与资产阶级在反对封建制度中宣扬的出版自由不同的是，马克思不是为了争取某个阶级的特有权利，而是为了争取广大人民的自由权利和正当利益。这是马克思与资产阶级自由主义者和民主主义者的民主追求目标的显著区别，体现了马克思的革命民主思想内核，是马克思一以贯之所追求的为全人类幸福而工作的伟大事业的组成部分。在为编辑部《评〈汉诺威自由主义反对派的失误〉》文章所加的按语中，

---

① 马克思恩格斯全集(第 1 卷). 北京：人民出版社，1995：220.
② 马克思恩格斯全集(第 1 卷). 北京：人民出版社，1995：167.
③ 马克思恩格斯全集(第 1 卷). 北京：人民出版社，1995：217.

马克思提出,真正的自由主义不是仅着眼于维护 1833 年国家基本法,更不是退守 1819 年的法律,而是要面对未来,积极地争取建立与人民意识相适应的、代表人民利益的更为完善、更为自由的深刻的"崭新的国家形式"①。这一新的国家形式里,法律和制度真正成为人民意志的自觉表现。针对《莱比锡总汇报》被查禁,马克思发表了自己的意见。尽管《莱比锡总汇报》被指摘的一些问题并不是纯粹的捏造诬陷,但当局应该允许报刊有一个发展的过程,容许它在发展过程中产生的一些缺点。人民报刊作为一个有机整体,包括许多不同的报纸。这些报纸具有各自不同的具有互补性的特征。他们独立自主地发展,都能圆满完成自己的使命,充分体现真正的道德精神,正如同玫瑰的每一片花瓣都散发出迷人的芬芳。"好的"人民报刊,就是"和谐地融合了人民精神的一切真正要素"②的报刊。

　　马克思在争取言论出版自由的过程中,受到当时社会主义和共产主义思想的影响,开始对社会现实问题产生浓厚兴趣。在主动地深入了解现实社会生活的过程中,马克思震惊于底层农民贫苦的生活状况,并寄予深深的同情。从 1826 年起到 1836 年,普鲁士王国中有高达十五万的"私伐林木"案件,占整个刑事案件的 77%。在英国肇始的工业革命席卷整个欧洲的浪潮中,普鲁士迎来经济迅速发展时期。但普鲁士王国经济的不断增长,却没有给作为社会主体的农民带来生活的改善。生活成本的增加,大量农民生活窘迫,处于破产的边缘,不得不通过私伐林木等手段解决基本生存问题。面对所谓的日益严重的林木盗窃问题,普鲁士当政者不是从社会制度层面寻找这一问题的根源,而是出台更为严苛的惩罚措施。依据新的林木盗窃法令,农民们到森林中拣拾枯枝或采摘野果将会被定为林木盗窃罪。马克思认为,这是普鲁士贵族地主在利用国家法律对农民进

---

① 马克思恩格斯全集(第 1 卷).北京:人民出版社,1995:306.
② 马克思恩格斯全集(第 1 卷).北京:人民出版社,1995:397.

行残酷的剥夺和无情的镇压。为此,马克思写了一组系列的政论文章,对普鲁士国家和法律进行了有力的抨击。《关于林木盗窃法的辩论》是这组政论文章中的第三篇。

在《关于林木盗窃法的辩论》一文中,马克思运用其法学专业知识,以习惯法权利为切入点为穷苦大众辩护。马克思公开申明要维护他们的利益同时呼吁学者们不能满足于学识渊博,而要为贫苦穷人要求习惯法权利,而不是甘做政府的、温顺听话的奴才。马克思强调,这个习惯法不属于某一个地方,而应是"一切国家的穷人的习惯法"①,其本质是属于政治上和社会上一无所有的底层群众的权利,而不是特权者阶层的权力。贫苦大众的习惯浸润着合乎本能的法的意识,"这些习惯的根源是实际和合法的"②,但在目前的国家制度范围内却没有应有的立锥之地。相反,特权者阶层的习惯是和法相抵触的习惯。这些习惯产生的时期,可以追溯到人类史还是自然史的一部分的时期,如在古老的埃及传说中,所有的神灵是以动物形象出现的时期,人类就被分成为若干个特定的动物种属,这些特定动物种属之间不是平等的关系,而是不平等的关系,之后这种不平等在人类史进化过程中由法律确定下来。从最广泛的意义上讲,封建制度是被分裂的不平等的人类世界,是神话中动物王国的精神形式。在实行等级制度的国家里,人类的分类是抽屉式的,正如同将伟大圣者的彼此有机联系的高贵肢体强行拆卸,让它们彼此割裂与相互隔绝。据此,马克思揭露出贵族的习惯法与普遍性法律的明显相背离,即与通用性和必然性的法律形式相对立,是属于"习惯的不法行为"③,应该把它们视作为同法律相对立和冲突的东西加以废除与丢弃。在梳理习惯法和特权关系的历史过程中,马克思觉察到物质利益的差别

---

① 马克思恩格斯全集(第1卷).北京:人民出版社,1995:248.
② 马克思恩格斯全集(第1卷).北京:人民出版社,1995:253.
③ 马克思恩格斯全集(第1卷).北京:人民出版社,1995:249.

决定着社会等级的划分，以及社会贫富差距背后的阶级对立。林木私有者的最为狭隘和空虚的形态上升为"国家活动的范围和准则"①，国家权威沦为林木私有者的奴仆，国家制度成为维护有产者利益的工具。马克思认为，真正的法应是自由的体现，国家的本质应是体现如同自然规律的人类理性，代表着整个社会的利益，应当遵从惯例反对不正当的掠夺。封建专制社会的立法是将贵族的特权或独占权正当化和合法化，国家法律屈从于有产者的物质利益。莱茵省议会为了保护林木所有者的利益，无视农民到森林捡拾枯枝的习惯性权利，将捡拾枯枝列为盗窃罪，损害了底层穷苦大众的利益，议会与政府沦为了维护有产者的机构，成为林木所有者利益的化身。

《关于林木盗窃法的辩论》一文，是马克思第一次正式研究贫苦农民的生活状况，关注社会物质利益问题，开始区分不同阶层的利益差别，并坚定地为底层穷苦大众辩护，公开表明捍卫他们的利益，标志着马克思思想发展过程中的一个重要转折：从关注思想自由、历史转向对社会经济现实问题的关注。在之后的《〈政治经济学批判〉序言》中，马克思特别提到，林木盗窃法事件对他研究重点发生转向的意义，是促使他研究经济问题的最初动因之一。在"林木的利益"和"法的原则"之间进行表决，莱茵省议会的结果是"利益所得票数超过了法的票数"②，利益占了法的上风。正是对现实社会问题的关注，发现了物质实际利益对国家和法律的决定性作用，马克思开始脱离唯心主义的精神世界，最终超越黑格尔的国家观。

《关于林木盗窃法的辩论》中马克思关注的是摩泽尔河沿岸地区的底层农民的柴荒问题，《摩泽尔记者的辩护》中，马克思关注的是摩泽尔河沿岸地区的葡萄酒农的破产问题。马克思多次对摩泽尔河地区进行实地考察，收集了大量素材，写出由五部分组成的系列文章。

---

① 马克思恩格斯全集(第 1 卷).北京：人民出版社,1995：261.
② 马克思恩格斯全集(第 1 卷).北京：人民出版社,1995：288.

马克思依据公开的官方和葡萄种植业促进协会理事会之间的答复文件指出,不能将摩泽尔河沿岸地区的贫困状况视作为单个的"简单的状况"①。摩泽尔河沿岸地区位于国境之内,这个地区的贫困状况必然与国家管理机构有关,该地区的现实状况是私人状况和国家状况相互作用的结果。莱茵省总督冯·楚卡尔马里奥在发言中拒绝承认摩泽尔河沿岸地区贫困状况的普遍性,而且也没有表示要消除该地区贫困状况的意愿。马克思对之愤怒谴责,摩泽尔河沿岸地区经常性的贫困状况映射着管理工作的贫困状况,"体现了现实和管理原则之间的矛盾"②,但如果现实和管理原则之间出现经常性的冲突,问题就不仅仅存在于管理机体内部,还存在管理机体身处其中的官僚关系即国家制度。同时,马克思指出,在研究国家现实状况时要避免陷入歧途,即只依据当事人的意愿来诠释一切国家现象,罔视各种社会关系所固有的客观本性。在国家生活中存在着这样的一些像呼吸一样不以人意志为转移的关系,这些关系不仅决定着个人的行为,也决定着行政机构的行为。只要人们起初就基于客观的立场,"就不会违反常规地以这一方或那一方的善意或恶意为前提,而会在初看起来似乎只有人在起作用的地方看到这些关系在起作用"③。只要明确了这些关系能产生某个事物或现象,人们就能确定该事物或现象会在何种外在条件下必定会在现实社会中发生。马克思认为,政府当局以敌对的方式阻挠关于摩泽尔河沿岸地区状况的公开讨论、报刊和社会舆论所遭遇的普遍境况,甚至占统治地位的政治理念及其制度体系,都是这种客观关系所具有普遍、隐蔽的强制力量的实际和鲜明的体现。决定国家管理原则和国家制度的不是个人的意志,而是由某种具有客观本性的关系所决定。马克思强调了分析国家问

---

① 马克思恩格斯全集(第 1 卷).北京:人民出版社,1995:364.

② 马克思恩格斯全集(第 1 卷).北京:人民出版社,1995:376.

③ 马克思恩格斯全集(第 1 卷).北京:人民出版社,1995:363.

题的客观立场,并认为持着这一客观立场的人们不会轻易地陷入到怨恨的片面性的情绪之中。于此,马克思初步触及到支配人们行动的客观因素,但马克思对客观关系的界定还处于抽象和原则性层面。《摩泽尔记者的辩护》系列文章中有两篇在《莱茵报》上发表,《莱茵报》的反政府倾向招致统治当局严惩,1843 年 4 月 1 日《莱茵报》被查禁。

总之,《莱茵报》期间,马克思开始政治新闻写作,直接参与政治论战,并自觉地实践他所主张的哲学与政治的结盟,推动其政治思想的新的飞跃。马克思敏锐地发现了理性主义的信念与物质利益的权力之间存在着尖锐对立,物质利益总是处于上风。这些推动了马克思思想发展历程中的第一个重大转变——从唯心主义向唯物主义的转变。这一阶段的马克思在无情批判普鲁士政府及其代议机构的过程中逐渐选择底层广大民众的立场,开始突破实现某个阶级的自由和民主的狭隘性,追求属于全体人民的自由和民主。这些为马克思民主观的形成奠定了坚实的基础,马克思民主观开始萌芽。

(二) 马克思民主观的初步提出阶段(1843—1844)

《莱茵报》刊物遭到普鲁士政府当局的查禁,马克思选择暂时"退回书房"。从德国科伦来到克罗纳茨赫,马克思着手梳理在《莱茵报》期间碰到的诸多社会现实的问题,批判性地吸收费尔巴哈的唯物主义哲学,同时广泛地阅读政治学、历史学著作等,并作了大量笔记。基于此,马克思开始运用哲学唯物主义原则审视黑格尔国家学说,与青年黑格尔派代表人物 B.鲍威尔就犹太人解放等问题进行公开的论战,包括《克罗茨纳赫笔记》《黑格尔法哲学批判》《论犹太人问题》等。在自觉地将唯物主义运用到社会历史理论的批判过程中,马克思开辟了一条新唯物主义的路线,实现了对费尔巴哈哲学直观性和狭隘性的超越。马克思以费尔巴哈的宗教批判作为前提,直接进入到现实的政治批判,提出当前的"历史任务"是"确立此岸世界的真理"①。在这一阶段中,马克思第一次提出"真正民主制"的概念,初步探究实现这一社会理想的途径与主体力量,标志着马克思民主观的初步形成。

1."真正的民主制"的提出

黑格尔是马克思思想发展历程中的第一个重大坐标性的人物。当马克思宣称"我现在走上了通向黑格尔主义的阳光大道",标志着马克思告别了一般唯心主义、浪漫主义、宗教等西欧文化传统,走向黑格尔的客观唯心主义。②走出唯心主义,逐渐抛弃这一哲学立场是在马克思思想理论逻辑的递进过程中完成。1843年在《黑格尔法哲学批判》文稿中,马克思对黑格尔《法哲学原理》中有关国家法的内容的批判性分析占了较大的篇幅,并明确否定了黑格尔的逻辑泛神论的神秘主义。黑格尔抽象地反思到市民社会和政治社会两者的对立性,并将市民社会和政治社会的分离视作"一种矛盾"运动,并对抽象的国家形式进行了证明等,这是马克思深度认同和赞赏的地方。在此基础上,马克思指出,市民社会和政治社会的分离是现代国家的产物,是资产阶级革命的成果。因为,"政治制度本身只有在私人领域达到独立存在的地方才能发展。"③在商业和地产不自由、处于不独立状态的地方不可能有真正的政治制度。在存在农奴、封建庄园、手工业行会的中世纪里是"不自由的民主制"。在中世纪里,国家的形式规定着国家的物质内容,财产、商业、社会团体和每一个人都有政治的烙印。一切私人领域都是政治领域,政治是私人领域的特性,而政治制度就是私有财产的制度。个人的生活与国家的生活具有同一性,"抽象的反思的对立性只是在现代世界才产生的。"④而在亚洲的专制制度下,政治国家如同完全没有自由的奴隶,只是表现为"一

---

① 马克思恩格斯文集(第1卷).北京:人民出版社,2009:4.
② 孙伯鍨,张一兵.走进马克思.南京:江苏人民出版社,2020:72.
③ 马克思恩格斯全集(第3卷).北京:人民出版社,2002:42.
④ 马克思恩格斯全集(第3卷).北京:人民出版社,2002:43.

个人的独断独行",人民与国家之间具有实体性的统一,不存在所谓的政治社会。

马克思肯定了市民社会和政治社会二元分离的历史意义,并认为黑格尔将两者的分离视作矛盾运动的结果是其思想深刻的地方。马克思强烈的批判态度针对的是黑格尔提供的解决这一矛盾的方式的表面性与抽象性。① 黑格尔从国家出发,最终"把人变成主体化的国家"②。马克思明确指出,"理念"不能成为独立的主体,正如同不是宗教创造了人、创造了社会,而是人创造了宗教,社会创造了宗教。国家制度不会创造人民,而是人民亲手创造了国家制度。家庭和市民社会是政治国家的基础,它们是真正的活动者,是国家产生和发展的"原动力"和"必要条件","民主制"是将政治国家和市民社会联结起来的中介和桥梁,黑格尔的思辨思维却将这一切"头足倒置"③。在对黑格尔国家观的批判性分析中马克思对民主制的实质、民主制与国家制度的关系、民主的主体等进行了初步的论述。

马克思认为,只要在考察家庭、市民社会、国家等时,把人的社会形式的存在视为人的本质的实现,就会得出家庭等社会组织是主体内部所固有的质,"人永远是这一切社会组织的本质"④,社会组织则表现人的现实的普遍性,是现实的经验的人的实现,而黑格尔将家庭、市民社会、国家等作为理念的各种规定,社会团体、家庭等是包含抽象人格因素的现实的人。马克思强调,真正的民主制立足点是人,是从人出发,是要"把国家变成客体化的人"。抽象的国家不再成为统治因素,所谓君主制与共和制之间的争论归根到底是抽象的国家范围内的争论,"政治的共和制是抽象的国家形式的民主制"⑤。国

---

① 马克思恩格斯全集(第 3 卷).北京:人民出版社,2002:94.
② 马克思恩格斯全集(第 3 卷).北京:人民出版社,2002:40.
③ 马克思恩格斯全集(第 1 卷).北京:人民出版社,1956:551.
④ 马克思恩格斯全集(第 1 卷).北京:人民出版社,1956:293.
⑤ 马克思恩格斯全集(第 3 卷).北京:人民出版社,2002:41.

家制度的面纱被掀开,露出本来的面目,"即人的自由产物",并成为人民存在的环节。马克思以基督教与其他宗教的关系来形象地类比性说明民主与其他一切国家制度之间的关系,都是类与其各个种的关系。民主制是一切国家制度的实质,是"作为国家制度特殊形式的社会化了的人。"①"真正的民主制"解决的是政治国家从社会生活剥离和抽象出来的"假象"问题,解决的是市民社会与政治国家二元分离的问题。在这一解决过程中,人的存在的二重性得到克服,各种异化现象得到消解,自由的现实的社会化的人民成为政治过程中的唯一主体。在真正民主制中,法律为人而存在,保障人的自由。民主制中人的存在就是法律,在非民主制的国家中,人仅仅是法律所规定的存在。法律的产生也不是凭借某种主观的理念,它是社会历史发展的产物,有着现实的社会物质根源。在真正的民主制中,作为统治因素的不是某种抽象的国家,法律、国家制度甚至国家本身都不再作为统治的因素,国家从物质上贯穿于其他非政治的领域,成为"人民的自我规定和特定内容"②,国家也不再是区别于其他内容的特定内容。马克思预见,在真正的民主制中政治国家将不复存在,因为政治国家作为国家制度已不再是一个整体。民主制实现了内容与形式、普遍与特殊的真正统一,而君主制中的民主只是徒有形式,其内容是纯属伪造。

针对黑格尔的关于君主主权与人民主权具有统一性的论证,马克思斥之为荒唐观念,明确指出,如果主权存在于君主,那与之对立的人民方面的主权的提出就是"蠢笨"的提法,而且所谓集中于君主身上的"主权"纯粹是一种幻想。主权概念的双重性存在,或与自身相互对立的存在,都是不可能的。③ 黑格尔将君主规定为国家的人

---

① 马克思恩格斯全集(第3卷).北京:人民出版社,2002:40.

② 马克思恩格斯全集(第3卷).北京:人民出版社,2002:41.

③ 马克思恩格斯全集(第3卷).北京:人民出版社,2002:38.

格,认为君主可以使国家得到自我的确信,作为"人格化的主权"的君
主是国家意识的充分体现。马克思一针见血地指出,这是将国家意
识体现在一个"单一的理念人"的身上,而将其他一切有经验的现实
的人排除在外的错误的做法。退而言之,如果君主可以主宰国家的
一切,正是因为他代表了"人民的统一性",他代表和象征了人民主
权。可见,认为人民主权从君主主权中派生出来的观点是完全错误
的。① 于此,马克思鲜明地提出体现人民意志、彰显人民主权的新的
国家制度,即真正的民主制。

在对黑格尔国家学说的批判的过程中已有社会经济的考量,马
克思开始注意到了生产关系对政治、法律等的支配和决定作用,迈上
了历史唯物主义形成的大道上。在《黑格尔法哲学批判》文稿中,马
克思还从直接民主和扩大选举权、被选举权等多个角度考察了未来
社会中人民民主的实现形式并明确指出,纯粹抽象的民主政治理论
充其量只能实现形式意义上的政治解放,不可能实现真正的彻底的
人类解放。1843 年马克思移居巴黎,在那里留下了著名的《1844 年
经济学哲学手稿》,该手稿被后人誉为通向《资本论》的光辉起点。在
对黑格尔国家学说批判性思考的过程中,马克思认识到:不是国家决
定市民社会,而是市民社会决定国家。这个与国家相对立的市民社
会的主要内容是世俗的经济生活,马克思要对之进行解剖式的分析。
《1844 年经济学哲学手稿》中,马克思坦言,费尔巴哈在实证的人道
主义的和自然主义的批判中的发现,是他对国民经济学进行实证性
批判的理论基础。费尔巴哈的发现,有助于他对黑格尔的辩证法乃
至整个西方哲学进行批判性剖析与继承。② 总之,《1844 年经济学哲
学手稿》中,马克思以费尔巴哈为基础,即以抽象的人的本质为出发
点的思辨逻辑,批判地吸收了黑格尔的否定辩证法,形成独特的异化

① 马克思恩格斯全集(第 3 卷).北京:人民出版社,2002:37.
② 马克思恩格斯文集(第 1 卷).北京:人民出版社,2009:112.

史观。马克思认为,整个世界史就是人通过人的劳动而诞生和发展的历史进程,是自然界的人化过程。他敏锐地意识到,在人的"类本质"的生成过程中,私有财产运动是不可或缺的媒介。由此,马克思发现,工业的历史和工业中已经产生的"对象性存在",是一本打开了的关于人的本质力量的书。将工业历史与人的本质进行关联性研究,表明马克思已逐渐突破纯粹思辨逻辑的局限,开始迈入从社会历史中的物质因素和经济现实出发的科学逻辑之路。诚然,此时的马克思还不能完全消除经济学所面对的"片面的事实"与哲学所追寻的"完整的人"之间存在的对立,但坚定了市民社会决定国家的观点。

2. 民主主体的提出

在《黑格尔法哲学批判》中,马克思运用唯物主义观点对黑格尔《法哲学原理》中阐述的国家问题做了全面的批判性分析,随后马克思从克罗茨纳赫来到巴黎。当时的巴黎是无产阶级和资产阶级斗争最为激烈的地方。马克思深入考察法国的工人运动,吸取法国人民政治斗争的经验,并积极地与正义者同盟、法国秘密工人社团的领袖们交往,参加工人集会,最终写就《〈黑格尔法哲学批判〉导言》,该导言在 1844 年《德法年鉴》上发表。在《〈黑格尔法哲学批判〉导言》一文中马克思阐述了无产阶级的这一特殊等级的历史使命,提出批判只是作为一种手段,"批判已经不再是目的本身","它不是要驳倒这个敌人,而是要消灭这个敌人"[①],无产阶级是实现人的解放的主体。马克思明确表明了无产阶级革命的立场,确立了人民主权的主体,是马克思民主观初步形成的标志。

政治国家与市民社会的分离,是现代国家的产物。被国家夺去普遍性和共同性的市民社会的成员,沦为了无限制追求私利的利己的个人。如何使人的政治生活复归,如何克服分离,恢复人性,是马克思始终关注的课题。马克思在《黑格尔法哲学批判》中从理论上论

---

① 马克思恩格斯文集(第 1 卷).北京:人民出版社,2009:6.

证,真正民主制的建立,有助于克服市民社会与政治国家二元分离的缺陷。在《〈黑格尔法哲学批判〉导言》中,马克思指出,实现政治社会中人的复归,只有依靠现实的人,依靠在市民社会内部感性的活动的人来完成,能够完成这一历史使命的是作为特殊等级的无产阶级。

　　马克思认为,尽管各国革命斗争的样式、手段会有较大差异,斗争最后的目的必定是普遍的人的解放。即便在可被列为"当代政治的缺陷"的德国,实现彻底的革命和普遍的人的解放也不是一个遥远的乌托邦的梦想。[①] 德国社会任何"部分解放"依赖于普遍解放的实现。没有实际内容的精神生活、没有精神活力的实际生活,使得德国市民社会中任何一个阶级都不具备普遍解放的迫切需求和实际能力,除非这个阶级的直接地位、物质需求或所扛锁链迫使它担负普遍解放的使命。[②] 马克思指出,德国解放的实际可能性在于,已经形成了一个被戴上"彻底的锁链"的阶级,即无产阶级这个特殊阶级。这个特殊的阶级是伴随着兴起的工业运动而形成,其组成成员是社会急剧解体下人为造成的大量贫民。这个阶级的特殊性体现在:它能够表明一切等级的解体,它所形成的领域在社会中具有普遍性质。这个阶级丧失了一切生产资料和生活资料,遭受着巨大深重的苦难。"他们彻底失去自由,表明人的完全丧失"[③],是自我异化的完全体现。他们所遭受的不公正和不合理,不是某个领域的特殊状况,而是一般的普遍的不公正,这意味着他们只有通过人的完全恢复才能实现自身的恢复。无产阶级在资本主义社会中的生活条件、经济状况和社会地位,同无产阶级作为人的本性是完全对立的。无产阶级已经丧失了合乎人性的东西,只有重新占有自己的本质,占有人的本质,才能获得人的彻底解放。

---

① 马克思恩格斯文集(第1卷).北京:人民出版社,2009:14.

② 马克思恩格斯文集(第1卷).北京:人民出版社,2009:16.

③ 马克思恩格斯文集(第1卷).北京:人民出版社,2009:17.

这个阶级与德国国家制度的前提处于完全的不相容的对立,宣告当前所处"世界制度的解体",从而揭示出自己存在的秘密和担当的使命。只有无产阶级能承担这一艰巨的彻底革命的历史任务,因为他们这个领域"不要求享有任何特殊的权利",他们求助的是作为普遍的人的权利。这个领域只有在其他一切社会领域得到解放后自身才能得到解放。① 这个阶级是市民社会中的一个等级,却因其组成成员作为人的"完全丧失"而不能成为真正的市民社会阶级,处于市民社会之外,是市民社会内部矛盾的体现。这个阶级丧失财产,是直接劳动的即具体劳动的等级,却是市民社会其他各集团赖以安身和活动的基础,也意味着市民社会一切等级的解体。马克思已开始把直接社会劳动的等级,视作为市民社会得以存在和发展的现实基础,发现了无产阶级的历史作用,标明着马克思民主观中关于民主主体思想的突破。1844 年 6 月,德国西里西来纺织工人起义验证了马克思关于无产阶级历史使命,并推动马克思去研究德国无产阶级在社会解放中的重要作用。② 总之,马克思通过考察宗教批判与政治批判的关系,深入到市民社会之中,从市民社会的批判中找到了实现市民社会批判的物质力量,即将德国解放的任务寄予在工业无产阶级身上,并指出:德国的实际可能的解放必须以人是"人的最高本质"作为理论支点,德国革命的完成、德国"复活日"的来临,依赖于革命的彻底性和根本性,必须消灭一切奴役制。"德国人的解放就是人的解放。这个解放的头脑是哲学,它的心脏是无产阶级。"③德国实现彻底解放的两个基本前提,即彻底革命的理论与彻底革命的社会阶级,实现"批判的武器"与"武器的批判"的完美结合。无产阶级解放旨在消灭一切对抗阶级,是普遍人的解放的前提。无产阶级的自身

① 马克思恩格斯选集(第 1 卷).北京:人民出版社,2012:14—15.
② 郭丽兰.马克思民主观的文本研究.北京:人民出版社,2014:83.
③ 马克思恩格斯文集(第 1 卷).北京:人民出版社,2009:18.

解放与社会的自身解放、人类的普遍解放具有完全的一致性。资产
阶级民主革命只是摆脱了野蛮缺陷,并未摆脱文明缺陷。在德国,无
产阶级的解放是对双重缺陷的克服,既是对德国野蛮缺陷的否定和
克服,也是对现实社会文明缺陷的否定和克服。基于此,马克思得
出,无产阶级是克服市民社会的人的自我异化状态的担当者,是实现
人的解放的主体,只有人类解放才能实现真正的民主。

马克思明确地把真正民主制实现的现实路径和现实力量指向了
无产阶级,《黑格尔法哲学批判》中"真正民主制"已不仅仅停留在某
个抽象的概念里。无产阶级这一范畴的提出,标志着马克思在世界
观上已处于从民主主义者向共产主义的转变过程中,也标志着马克
思对现存社会的批判扩展到对未来社会的探讨,表明了马克思就站
在比青年黑格尔派更高的层次上展开对现存社会的批判。[①] 但此时
的马克思在现实社会中寻找实现真正民主制的现实的主体力量,主
要仍是从人性异化的角度来论述,没有从社会阶级关系和生产关系
方面进行系统全面的分析,论证显得还不够。总之,马克思明确地把
人类解放的现实路径和现实力量赋予了无产阶级这一特殊的阶级,
由此确定了真正民主制的现实主体力量。

3. 论人类解放与民主制

1844 年发表在《德法年鉴》上《论犹太人问题》是马克思同青年
黑格尔派代表性人物鲍威尔公开论战的文章,推动着马克思对黑格
尔法哲学批判的深入。从理论上,《论犹太人问题》《〈黑格尔法哲学
批判〉导言》都是马克思对《黑格尔法哲学批判》中提出的市民社会决
定国家这一观点的深化与发展。在《论犹太人问题》一文中,马克思
以市民社会与政治国家的分离为论证的切入点,正式提出政治解放
的概念,阐析政治解放与人类解放之间的关系,并把实现真正的民主
制与人的解放联系起来。

---

① 何萍. 马克思主义哲学史教程(上). 北京:人民出版社,2009:56—60.

马克思通过深入的历史考察指出,资产阶级革命是市民社会与政治国家的得以分离的最直接的现实背景,资产阶级革命推翻了封建专制制度,实现了政治解放。政治解放意指着为人民所排斥和所憎恨的"专制权力所依靠的旧社会的解体"。政治革命是市民社会的革命,旧市民社会的性质是"封建主义"。旧市民社会中市民生活的要素(如财产、家庭等)都以领主权、等级等形式上升为国家生活中的组成要素,使得市民社会的生活机能与生活条件具有政治性,即封建意义上的政治性。国家统一体则表现为"一个同人民相脱离的统治者及其仆从的特殊事务"①。政治革命推翻的正是这种统治者的特权,将国家事务提升为人民的事务。它在摧毁旧社会的等级、行会和特权的过程中使人民与政治共同体脱离开来。政治革命"消灭了市民社会的政治性质",将市民社会分割为简单的、分散的组成部分。个体成为单纯的市民社会的存在,市民社会只具有个人的意义,不存在"个体对国家整体的普遍关系",公共事务湮灭为每一个体的普遍事务。政治解放将市民社会从政治国家中解放出来,实现了市民社会中每一个体的人权,政治国家的建立与市民社会中个体独立性实现的过程具有一致性。封建社会土崩瓦解,保留下来的是以"利己的人"作为其真正的基础。"利己的人"是市民社会的组成成员,是政治国家的基础与前提,他们在国家层面通过人权得到承认。马克思认为,市民社会的成员虽然拥有信仰宗教的自由、取得占有财产和经营的自由,却没有能够摆脱宗教、消除经营的利己主义。市民社会的成员,表现出来的是自然人,不是政治人。他们具有"直接的确定性",是已经瓦解的社会的消极结果。政治革命将市民生活分解成若干个部分,但对这些组成部分却没有加以批判和变革。它将需要、劳动、私人利益、私人权利等看作是无须论证的现代社会得以持续存在的

---

① 马克思恩格斯文集(第1卷).北京:人民出版社,2009:44.

"自然基础"①。政治国家的建立与市民社会分解为孤立的单个个体是通过同一种行为得以完成。

　　通过对法、美两国宪法的仔细考察，马克思认为，鲍威尔批判的只是国家的基督教化，而不是针对国家本身的批判。犹太人的宗教的社会基础是"实际需要"和"利己主义"②，这些也是市民社会的原则。这一原则在基于市民社会自身产生出来的政治国家里以赤裸裸的方式显现出来，市民社会的内部也会源源不断地产生犹太人。犹太教能够"保持与基督教同时存在"③的现实，究其原因，一是从宗教起源等方面展开对基督教的质疑和批判；二是犹太人的实际精神在基督教社会中始终保持着甚至日益提升的地位，犹太人的实际精神已成为基督教各国人民的实际精神。犹太人成为市民社会中的特殊成员，成为鲍威尔批判的对象，他们只是市民社会的犹太精神的特殊表现而已。人类从"犹太精神"中解放出来，是"犹太人解放"的终极指归。马克思指出，应当到现实社会中的犹太人那里探寻犹太教的秘密，而不是到犹太人的宗教里去探寻犹太人的秘密。宗教缺陷的根源要深入到国家本质中去寻找，消除世俗的局限性才能最终消除宗教的局限性。神学的问题必须转化为世俗的现实的问题，必须用社会历史来解释迷信、解释宗教的问题。在这一过程中，政治国家的世俗结构的缺陷、政治解放的局限性显现了出来。鲍威尔正是没有洞察到政治解放的本质和局限性，因此造成了对犹太人问题的片面理解和不彻底的批判。借政治解放实现的人权，仅仅是局限于市民社会个体成员的利己主义的权利，这一权利是不具备人的本质内容、是与社会共同体相分离的孤立的权利。它不是基于人与人之间的相互依赖、相互结合，仅是"作为孤立的、自我封闭的单子"似的那类人

————————

①　马克思恩格斯文集(第1卷).北京:人民出版社,2009:46.

②　马克思恩格斯文集(第1卷).北京:人民出版社,2009:52.

③　马克思恩格斯文集(第1卷).北京:人民出版社,2009:51.

的自由和权利,具有鲜明的分隔性、自利性和狭隘性,私有财产权是这一权利在现实社会中的唯一的实际应用和具体表现。① 马克思指出,资产阶级革命实现的政治解放只是资产阶级的民主解放,资产阶级民主还不具有真正民主的实质内涵。政治解放的限度的首要表现是,自由国家里的人还不是自由的人,譬如对于某种限制,国家可以摆脱,但个人还不能真正摆脱。② 进言之,获得政治解放后的人仍然是拥有私有财产权的不自由的个体,政治解放还不具备担当实现真正民主制这一任务的资格。政治解放不是普遍意义上的人的解放的最后形式,人类解放是对政治解放的超越。据此,马克思展开了对政治解放的批判,提出人类解放的构想,深入地阐析政治解放与人类解放之间的关系,明确两者是两个层次不同的目标。马克思认为,对政治解放进行批判,将犹太人问题提升为"当代普遍问题",才是对犹太人问题的最终批判,③才能真正回应和解决犹太人的问题。真正的彻底的人的解放意味着,现实的人不囿于利己的感性直接的独立的个体形式,不是以抽象的公民形式存在。无论是在感性的经验生活、个体的劳动、个体关系之间,他们都能作为类存在物的真正的人。作为类存在物的人现实的个人能够意识到社会的力量是自身"固有的力量",不是与自身疏离、无关的政治力量,并有能力组织这些社会力量,将人的世界回归于人的自身。④

可见,马克思明确地将人的解放与真正民主制的理想结合起来,认为只有实现彻底全面的人类解放才能真正实现将人的世界回归于人自身的真正的民主,"政治国家就消失了",国家政治制度最终呈现出它作为人的自由解放产物的本来面目。

---

① 马克思恩格斯文集(第1卷).北京:人民出版社,2009:41.
② 马克思恩格斯文集(第1卷).北京:人民出版社,2009:28.
③ 马克思恩格斯文集(第1卷).北京:人民出版社,2009:25.
④ 马克思恩格斯文集(第1卷).北京:人民出版社,2009:46.

（三）马克思民主观的日趋成熟阶段（1845—1852）

马克思在革命实践和学术研究中逐渐认识到，要想超越政治解放从而实现人的彻底解放，建立真正的民主制，必须深刻理解和把握人类历史的发展过程。于是，马克思潜心研究市民社会，认真地阅读《国富论》《政治经济学及赋税原理》《政治经济学的国民体系》《政治经济学原理》《论政治经济学的产生、成就、个别问题和意义》等经济学著作，将研究的重点转到了政治经济学即市民社会的科学。这一阶段马克思对人民主权论的唯物史观分析、对资产阶级民主的批判和对无产阶级专政学说的阐述，标志着马克思民主观的日趋成熟。

1. 人民主权论的唯物史观分析

如前所述，1844 年马克思在《政治经济学手稿》中深入剖析资本主义经济制度、提出异化劳动理论的过程中，注重探析无产阶级与资产阶级对立的社会根源，坚定了市民社会决定国家的观点。与此同时，马克思审视到了费尔巴哈学说的不足。在《政治经济学手稿》中，马克思借助费尔巴哈而又越过了他，开始从社会历史中的物质因素和经济现实出发进行社会科学研究。1845 年 3 月，在《评弗里德里希的著作〈政治经济学的国民体系〉》书中，马克思摈弃李斯特的阶级立场和关于生产力的唯心主义阐释，肯定其将工业进程中展现的物质力量视为人类力量的结论。马克思进一步指出，将物质财富变为交换价值，并实现物质财富增殖，是现代社会中发达的私有制社会商品经济的结果。在现存的社会组织范围内，工业被资产阶级当作追逐无限交换价值的手段而已。资本主义工业创造出无产阶级，资产者将"由无产阶级所体现的新的社会制度的力量归功于自己"的看法是荒谬的。也正是在这种工业活动中，人第一次占有他自己的和自己的力量，使自己对象化，从而为自己创造生活的条件。"工业意识不到的并违反工业的意志而存在于工业中的力量，这种力量消灭工业并为人的生存奠定基础"①。资本主义工业唤起的物质力量,实质是"资产者的奴隶"即无产阶级改造自然界过程中创造物质财富的过程。可以看出,马克思开始突破资产阶级政治经济学狭隘的视界,从人类历史发展的广阔眼界来打量资本主义工业,得出结论:工业中所孕育出的巨大的如"符咒招引出来"的物质力量是人类社会历史发展的动力。

《神圣家族》是马克思和恩格斯合写的第一部著作,1845 年 2 月在美因河畔法兰克福出版。马克思在写作时充分利用了他在《1844年经济学哲学手稿》中的研究发现,以及在阅读 18 世纪末法国资产阶级革命历史著作的反思心得等。在该书中,马克思驳斥了青年黑格尔派鲍威尔等人的批判哲学和唯心史观,阐述了唯物史观的一些重要思想。马克思认为,绝对的批判把我们身外的既现实又客观的链条转变成纯粹观念、纯粹主观的、处于我们身内的链条,这种转变直接把一切外在的感性的斗争和冲突都转变成纯粹的抽象的"思想斗争"。② 绝对的批判主观臆造出绝对的不容质疑的"一开始"和抽象的永远不变的群众,这只能表明他们批判的天真性和抽象性。绝对的批判总是面向"心灵的深处",对于现实社会中"经验的人"③却是视而不见。所谓的真理,总是完完全全、不折不扣地在人的唯心主义的肠道中"蠕动",却从不去接触和了解住在英国地下室深层或住在法国屋顶楼阁里的那些人的粗糙的躯体。在布鲁诺先生他们那里,真理与历史一样的命运,不是超凡脱俗、高高在上的脱离物质群众的主体,就是变成某个特殊的人物,即形而上学的主体。16 世纪的群众与 19 世纪的群众没有任何差别,他们所有的任务和活动都被历史规定。马克思质问:"难道批判的批判以为,只要它把人对自然

---

① 马克思恩格斯全集(第 42 卷).北京:人民出版社,1979:257.

② 马克思恩格斯文集(第 1 卷).北京:人民出版社,2009:288.

③ 马克思恩格斯文集(第 1 卷).北京:人民出版社,2009:285.

界的理论关系和实践关系,把自然科学和工业排除在历史运动之外,它就能达到,哪怕只是初步达到对历史现实的认识吗? 难道批判的批判以为,它不把比如说某一历史时期的工业,即生活本身的直接的生产方式认识清楚,它就能真正地认清这个历史时期吗? 确实,唯灵论的、神学的批判的批判仅仅知道(至少它在自己的想象中知道)历史上的政治、文学和神学方面的重大事件。"①批判的批判将历史同自然科学、工业分开,认为历史的产生地是"在天上的云兴雾聚之处",与地上的粗糙的物质生产没有任何关系。马克思指出,在历史发展进程中起决定作用的是物质生产而不是自我意识,必须从社会物质生产来观察和理解历史的诞生和进程。无疑,此时的马克思研究视野已进入工业领域,明确物质生产是历史的发源地。在《神圣家族》中,马克思还针对鲍威尔对 18 世纪法国唯物主义的攻击,梳理了法国唯物主义抨击现在政治制度、批判宗教神学的斗争历史,并对这一斗争历史的积极意义给予了高度评价。在此基础上,马克思较为系统地研究了唯物主义与社会主义、共产主义的理论和实践的关系,认为"成熟的共产主义直接起源于法国唯物主义"②,肯定了唯物主义学说是"现实的人道主义学说和共产主义的逻辑基础"。

　　1845 年马克思在《关于费尔巴哈的提纲》一文中对费尔巴哈唯物主义正式展开了批判,指出它的不彻底性、消极性和形而上学性等致命性缺陷,明确与唯心主义、旧唯物主义划清界限。《关于费尔巴哈的提纲》是马克思在 1845 年春在布鲁塞尔写的笔记,马克思生前没有发表,1888 年恩格斯在出版《路德维希·费尔巴哈和德国古典哲学的终结》一书时将这篇笔记作为附录首次发表。恩格斯在该书序言中作如是说:这是马克思匆匆写成的供以后研究用的笔记,他根本没有打算付印,但是这十一条关于费尔巴哈的提纲包含着"新世界

---

① 马克思恩格斯文集(第 1 卷).北京:人民出版社,2009:350.
② 马克思恩格斯文集(第 1 卷).北京:人民出版社,2009:335.

的天才萌芽的第一个文献"①。恩格斯认为,这个文献非常宝贵。文章开篇,马克思指出,从前的一切唯物主义(包括费尔巴哈的唯物主义)的主要缺点表现在:从客体的或者直观的形式去理解现实的世界(被称为对象、现实或感性),忽视了现实世界存在和发展中主体方面的因素,忽视实践的作用,它们至多达到"对单个人和市民社会的直观"。与之相反,唯心主义不知道现实的、感性的对象性活动本身,仅仅将主体能动的方面作了抽象的发展。实践范畴的首要和基本的内容,是人对自然界的能动关系展现中的物质生产活动。之后,在整个马克思历史哲学的理论框架中,实践范畴都是指一定社会关系形式下的人和物、主体和客体相统一的能动的生产过程。马克思在《关于费尔巴哈的提纲》中对实践本身的规定性,始终以历史的、现实和特定的社会情境为背景。② 马克思还论述了实践是检验真理的标准的思想,指出人应该在实践中证明自己思维的真理性、自己思维的现实性、自己思维的此岸性。"人的思维是否具有客观的真理性,这不是一个理论的问题,而是一个实践的问题"③,说明"全部社会生活在本质上是实践的"。文章的最后,马克思指出:"哲学家们只是用不同的方式解释世界,问题在于改变世界。"④总之,在《关于费尔巴哈的提纲》中,马克思以警句式精炼论纲,高度概括了新唯物主义的理论逻辑构架,其中的核心是以唯物主义的实践概念为基点,推翻旧有的人本主义异化史观,为新的世界观建立夯牢了基础,标志新唯物主义开始成熟,哲学史上的革命性变革由此拉开了帷幕。

之后,在与恩格斯共同撰写的《德意志意识形态》一文中,马克思进一步发展了市民社会决定政治国家的观点,强调社会生活本质的

① 马克思恩格斯文集(第1卷).北京:人民出版社,2009:266.
② 孙伯鍨,张一兵.走进马克思.南京:江苏人民出版社,2020:20.
③ 马克思恩格斯文集(第1卷).北京:人民出版社,2009:500.
④ 马克思恩格斯文集(第1卷).北京:人民出版社,2009:502.

实践性,系统阐述了唯物史观。这部著作分为两卷,第一卷批判了路·费尔巴哈、布·鲍威尔和麦·施蒂纳的唯心史观,阐发了唯物史观,论述了共产主义和无产阶级革命的理论;第二卷批判了当时在德国流行的所谓的"真正社会主义"或"德国社会主义",揭示了这种社会主义的哲学基础、社会根源和阶级本质。马克思全面展开了《关于费尔巴哈的提纲》中所包含的丰富内容,阐发了以实践为基础的新唯物主义的历史观,标志着马克思的第一个伟大发现的完成,并从根本上取消了旧的唯物主义形而上学本体论在历史观上的合法性。该书中,马克思开宗明义地将新历史观看作是德国唯心主义哲学的直接对立面,指出这种历史观与没有前提的德国旧哲学的不同之处在于新历史观有明确的前提。在《德意志意识形态》第一卷第一章中,马克思阐明了社会存在决定社会意识并将之作为唯物史观的出发点,提出真正的科学的历史观就在于:以直接生活的物质生产出发作为考察和研究社会历史的前提,并把其与该生产过程相联系的、它所产生的交往形式,即各个不同阶段上的市民社会,理解为整个社会历史的基础。"受到迄今为止一切历史阶段的生产力制约同时又反过来制约生产力的交往形式,就是市民社会。"①因此,必须在国家生活的范畴内描述市民社会的生活,从市民社会出发来阐明各种不同的理论产物与意识形态,如宗教、哲学、道德等,并在这个基础上追溯它们的形成过程和发展特征。国家的权力和制度都是从人们的社会生产和交往活动产生出来,是人们从事共同的社会生产活动、维护共同利益的需要。国家不过是"统治阶级的各个人借以实现其共同利益的形式,是该时代的整个市民社会获得集中表现的形式"②。概言之,马克思论述了物质生产在人类历史发展过程中的决定性作用、生产力与交往方式的矛盾运动,指出人类第一个历史活动是物质资料的

① 马克思恩格斯文集(第1卷).北京:人民出版社,2009:540.
② 马克思恩格斯文集(第1卷).北京:人民出版社,2009:584.

生产,即物质生活本身的生产;生产力制约着交往形式的性质、内容和变化。从生产力与交往方式的矛盾运动中,马克思揭示了人类历史发展的一般规律,论证了共产主义战胜资本主义的历史必然性,提出无产阶级夺取政权、消灭所有制、建设新的社会并在斗争实践中改造自己的历史使命。①

唯物史观为马克思民主观提供了科学的世界观和方法论基础,马克思强调了劳动实践在人类社会文明史中的伟大意义。劳动作为一种有意识的生命活动形式,创造了人类社会的全部物质财富和精神财富。人们在现实的社会生产和交往活动中建立了国家及相应的权力制度,人通过劳动创造了世界历史。通过揭示资本主义社会中存在着资本与劳动之间不可调和的矛盾,马克思得出,私有财产必然导致异化的劳动,私有制是自然共同体解体的产物。扬弃现实的私有财产和私有制,必须有现实的革命的共产主义行动。共产主义不同于其他运动的地方在于,这一运动是要摧毁和推翻一切旧的生产和交往关系的基础,联合起来的个人是现实的物质前提。② 社会决定国家的思想是理解马克思民主观的关键。马克思从现实社会的人出发对国家问题进行深入的思考,指出国家的产生是公共利益与单个利益(单个人利益或单个家庭利益)、特殊利益和共同利益之间矛盾运动的结果。资本主义国家作为普遍利益代表的独立形式,它与实际的单个利益和全体利益相脱离,表现为虚幻的共同体形式,虚幻的形式下不同阶级时刻进行着真正的斗争。国家表面上代表的是全社会的利益,其实质上是为其中的部分阶级服务,国家成为统治阶级的各个人借以维护和实现其共同利益的现实的形式。③ 运用唯物史观的科学方法论,马克思深入阐析了无产阶级与资产阶级之间的对

---

① 马克思恩格斯文集(第1卷).北京:人民出版社,2009:806.
② 马克思恩格斯选集(第1卷).北京:人民出版社,2012:202.
③ 马克思恩格斯选集(第1卷).北京:人民出版社,2012:212.

抗性矛盾及矛盾的内部结构和基本特征,有力论证了无产阶级在人类社会历史中革命性作用,分析了人类解放与无产阶级历史作用的关系,再次明确无产阶级是实现民主的现实的主体力量。劳动实践是政治国家发展的主要动力,劳动人民作为社会实践主体,是社会历史的真正创造者,是国家权力和民主政治生活的真正主体。

2. 对实现无产阶级民主的相关论证

马克思对国家问题的深入探讨,促进着新的唯物主义历史观的创建。生产物质生活是人类生存的前提,也是一切历史的前提,在生产和交换中建立起来的各类社会组织构成了国家的基础。人类的一切经验和理性都是基于最直接和最真实的现实前提,即物质生产、物质条件以及由此产生的各种现实的交往形式,它们在不断地相互作用中铸就了整个真实的历史。不断发展的生产力,一方面决定了新旧制度的更替,任何一种现实成为历史是必然的趋势;另一方面决定了"现实的人"的发展生成,狭隘地域的人逐渐被真正自由的社会化的人取代。无产阶级是现代大工业的产物,是资产阶级在奇迹般地创造比以往所有时代创造的生产力总和还要多的生产力的过程中产生。在这一过程中无产阶级人数日趋增加,并建立越来越扩大的联合,在阶级反抗运动中展现出了不可忽视的现实力量。

1848 年《共产党宣言》作为无产阶级的行动纲领公布于世,引起较大的社会反响。《共产党宣言》是马克思与恩格斯为共产主义同盟起草的纲领性文件。它既是马克思主义哲学在革命实践中的第一次运用,也是对科学历史观的精辟阐述。在《共产党宣言》第一章中,马克思用一段话扼要总结了《德意志意识形态》第一卷的结论:阶级矛盾、阶级对立简单化,是现今时代即资本主义社会的一个特点,社会分裂为资产阶级与无产阶级两大阵营,现代资产阶级私有制是最终也是最完备地表现了阶级对立、少数人对多数人剥削的所有制。共产主义革命将不同于以往的一切革命,它旨在与传统的所有制关系作最为彻底和根本的决裂。文章用历史唯物主义观点阐明了原始土地公有制以来的全部历史都是阶级斗争的历史,对资本主义作了深刻而系统的分析,揭示了资本主义的内在矛盾,指出资本主义生产关系已不适应社会发展的要求,容纳不了它本身所造成的巨大财富,成为生产力进一步发展的桎梏。资产阶级所有制与生产力之间的尖锐矛盾导致空前激化的阶级斗争,"一切阶级斗争都是政治斗争"①,推翻旧世界的社会革命必将来临。基于现代大工业的发展,马克思分析了资本主义社会各阶级的动态关系,论述了无产阶级的社会地位和历史地位,明确了无产阶级作为资本主义掘墓人的伟大历史使命与建立共产主义新社会的奋斗目标。马克思指出,资产阶级始终处于不断的斗争中,从最初与贵族,到与工业进步存在利害冲突的那部分资产阶级和一切外国的资产阶级。在这些斗争中,资产阶级往往寻求无产阶级的援助。在这一过程中,无产阶级得到了教育因素,获得了反抗资产阶级的重要武器,旧社会内部存在的所有冲突从多方面促进着无产阶级力量的壮大。在所有与资产阶级对立的一切阶级中,作为大工业本身产物的无产阶级是"真正革命的阶级"②,其余的阶级都在大工业发展进程中趋于没落,甚至消亡。《共产党宣言》批判了当时流行的各种社会主义流派,划清了科学社会主义与这些流派的界限,提出了"全世界无产者,联合起来"的战斗口号,为无产阶级自身解放提供了科学指导,是马克思主义与工人运动相结合的典范。

该文章篇幅不长,但对于当时正在进行艰苦斗争的广大无产阶级是巨大的鼓舞和推动。列宁赞其以天才般透彻而鲜明的语言阐述了新的世界观,新的世界观是辩证唯物的自然观与社会历史观相统一的彻底的唯物主义。③ 当代马克思主义史学大师霍布斯鲍姆认

---

① 马克思恩格斯文集(第2卷).北京:人民出版社,2009:40.

② 马克思恩格斯文集(第2卷).北京:人民出版社,2009:41.

③ 列宁全集(第26卷).北京:人民出版社,1990:50.

为,《共产党宣言》中蕴含的激情洋溢的信念、精炼简洁的语言、思想
风格的鲜明,俘虏了众多的读者。《共产党宣言》的力量来源于两个
方面:一是它是在资本主义胜利之初就具备着广阔视野,在以简洁笔
调生动描述资本主义所改造的世界、赞扬其惊人成就和活力时指出,
资本主义生产方式不是永恒不变地始终处于稳定的状态。二是它认
识到资本主义发展中的一些必然的历史趋势。① 资本主义的发展必
然造就出它的反对力量,并且这支力量通过斗争的锻炼,已不再是分
散的以自发斗争为主的群体,而是有组织有意识的队伍,即无产阶
级。据此,《共产党宣言》得出结论:在大工业发展的过程中,"资产阶
级赖以生产和占有产品的基础本身也就从它的脚下被挖掉了。它首
先生产的是它自身的掘墓人。资产阶级的灭亡和无产阶级的胜利是
同样不可避免的"②。总之,《共产党宣言》以纲领形式概括地阐明了
马克思政治学说的基本内容,是马克思民主观形成的标志。运用唯
物史观的原理,马克思深刻地阐明无产阶级的历史作用、国家权力的
主体等问题,科学论证了无产阶级是真正民主制理想实现的现实社
会力量。

　　《共产党宣言》问世不久,一场席卷欧洲的革命风暴来临。这场
革命风暴,既是欧洲国家诸多矛盾积累和激化的结果,也是对《共产
党宣言》所阐述的原理和预警的现实证明。马克思亲自参加了这场
革命斗争,并对这次革命经验进行了深刻的理论总结。1848 年 3 月
18 日,普鲁士首都柏林的人民举行武装起义。经过数小时的激战,
起义军击败了政府军,之后资产阶级自由派内阁成立。针对德国三
月革命在维也纳和柏林取得了初步胜利,马克思十分冷静地看到:这
次胜利付出了巨大的牺牲代价,它仅仅是一个开端。革命的主要任

---

① 埃里克·霍布斯鲍姆. 如何改变世界:马克思与马克思主义的传奇. 吕增奎译. 北京:中
　央编译出版社,2018:104—106.

② 马克思恩格斯文集(第 2 卷). 北京:人民出版社,2009:43.

务是推翻封建统治,建立一个统一的德意志共和国。资产阶级自由派内阁的成立,表明德国三月革命大多落入大资产阶级手中。为了给革命运动指明前进的目标和方向,使人民群众消除对资产阶级内阁抱有的幻想,马克思和恩格斯共同拟定了一个行动纲领,即《共产党在德国的要求》。该纲领开篇即提出德国要建立的是一个统一的、不可分割的共和国。为了实现这一目标所必需采取的措施包括:凡年满 21 岁的合法的德国人都有不受限制的选举权和被选举权;人民代表享有薪金,德国工人也有权利出席德国人民的国会;武装全体人民以便能压倒反革命,军队不仅是消费者,同时也是劳动大军;彻底改革教育制度和法律制度,以保证每个德国人都能享有受教育的机会,并在法律面前人人平等;必须无偿地废除一切封建义务,将领地和矿山等地产收归国家所有,一切运输工具也收归国有,以铲除封建专制制度赖以存在的经济基础。建立国家工厂,所有的工人都有生活资料。该纲领的最后部分呼吁:"为了德国无产阶级、小资产阶级和小农的利益,必须尽力争取实现上述各项措施。因为只有实现了这些措施,一直受少数人剥削,并且今后还有可能受少数人压迫的德国千百万人民,才能争得自己的权利和作为一切财富的生产者所应有的政权。"[①]无疑,该纲领是《共产党宣言》中的原则在德国的具体应用。这些要求是彻底消灭德国封建主义的宣言,并把矛头指向德国大资产阶级。它表明,共产党人是真正的民主主义者,它既关注工人阶级的长远利益,也关注全体人民的利益,将工人阶级的斗争与全体人民的解放紧紧联系在一起。为了更有效地指导和引导革命群众,更好地宣传《共产党在德国的要求》的精神,消除小资产阶级民主派和宗派主义思想的影响,以推动革命运动的目的,马克思积极筹办革命报纸。1848 年 5 月《新莱茵报》创刊号出版,副标题为"民主派机关报",马克思担任总编辑,威廉·沃尔弗担任秘书。《新莱茵报》不

---

① 马克思恩格斯全集(第 5 卷).北京:人民出版社,1958:4.

仅是"民主派机关报",还是共产主义同盟的领导和组织中心。《新莱茵报》强调:应将资产阶级民主革命进行到底,彻底粉碎普鲁士王国和奥地利王国的封建反动堡垒,反对德国大资产阶级的妥协行为,发挥无产阶级在革命中的独特作用。《新莱茵报》是无产阶级的第一家日报,是在科学社会主义基础上创办的报纸。它教育了广大工人群众,推动了各地工人组织、工人工会的建立,推动了无产阶级政党的形成。①

在《1848年至1850年的法兰西阶级斗争》一文中,马克思运用唯物史观总结了法国二月革命和六月革命等经验,剖析了法国的阶级结构以及各阶级的经济状况和政治态度,阐明了无产阶级革命斗争的理论和策略,并首次提出了"工人阶级专政"②,将之确定为无产阶级革命的大胆而响亮的战斗口号的内容。马克思认为,六月起义是巴黎无产阶级在资产阶级逼迫下发动的,资产阶级共和国的诞生地成了无产阶级的葬身地。无产阶级虽然遍体鳞伤,却决不妥协。无产阶级是不可战胜的阶级,它的存在是资产阶级得以生存的条件。资本主义社会小资产阶级和农民阶级等中间阶层,也必然会随着他们生存境况的恶化而越来越紧密地靠拢无产阶级。"只要法国发生任何一次新的无产阶级起义,都必然会引起世界战争"③。针对当时盛行的资产阶级社会主义、小资产阶级社会主义、无政府主义派,马克思指出,这些都属于空论的乌托邦式的社会主义,是学究们的头脑活动。他们企图求助于可怜的小花招和澎湃的感伤情怀来消弭或取代无产阶级的革命斗争,其实质将现代社会完全理想化,呈现的是一幅没有阴暗面、没有阶级冲突的美好画面,是"不顾这个社会的现实而力求实现自己的理想"。空论社会主义所要求的"劳动权"从六月

① 靳辉明.思想巨人马克思.北京:中国社会科学出版社,2018:397.
② 马克思恩格斯文集(第2卷).北京:人民出版社,2009:104.
③ 马克思恩格斯文集(第2卷).北京:人民出版社,2009:105.

起义前无产阶级的革命要求退步为"享受社会救济权",这完全是在资产阶级意义上可怜的善良愿望。马克思强调,真正的劳动权是"支配资本的权力",是占有生产资料的权利,是"使生产资料受联合起来的工人阶级支配",从而在根本上消灭阶级剥削,"消灭雇佣劳动、资本及其相互间的关系"①。总之,这些空论的社会主义属于小资产阶级,无产阶级选择的是革命的社会主义,无产阶级专政是革命的社会主义的主要内容。因为"这种社会主义就是宣布不断革命,就是无产阶级的阶级专政,这种专政是达到消灭一切阶级差别,达到消灭这些差别所由产生的一切生产关系,达到消灭和这些生产关系相适应的一切社会关系,达到改变由这些社会关系产生出来的一切观念的必然的过渡阶段"②。该文中,马克思还分析了无产阶级专政的历史作用,认为无产阶级专政是消灭一切阶级差别的必经的过渡阶段,提出了"革命是历史的火车头"的著名论断,并初步阐述了工农联盟的思想。马克思指出,农民和工业无产阶级他们所受的剥削只是形式上存在不同,他们面对的是同一个剥削者,即资本者。单个资本家通过抵押和高利贷等形式来剥削农民,国家赋税是资本家集团联合剥削农民阶级。不同于拿破仑统治时期,当前农民的利益不再与资本、资产阶级利益相一致,而是处于相互对立的状态。农民地位真正得到提高,依赖于资本的瓦解。城市无产阶级担负着推翻资产阶级制度的历史使命。因此,农民将无产阶级视作自己天然的盟友与领导者。反对资本主义的无产阶级专政和政府,才能真正解决农民经济贫困和社会地位低下的问题,未来的"红色共和国是农民的同盟者的专政"③。1852年,马克思透彻冷峻地分析了资产阶级国家的本质,明确提出无产阶级必须打破旧的资产阶级国家机器、建立工农联盟。④

---

① 马克思恩格斯文集(第2卷).北京:人民出版社,2009:113.
② 马克思恩格斯文集(第2卷).北京:人民出版社,2009:166.
③ 马克思恩格斯文集(第2卷).北京:人民出版社,2009:161.
④ 马克思恩格斯选集(第4卷).北京:人民出版社,2012:766.

这是真正的人民革命的先决条件，是实现无产阶级民主的必经阶段。六月起义者为资产阶级共和国的成立奠定了基础，"共和国还是君主国"不再是欧洲争论的问题，但资产阶级共和国明晃晃呈现的是"一个阶级对其他阶级实行无限制的专制统治"①。一切阶级和党派都空前的团结形成所谓的维护秩序的党来反对无产阶级。历来的所有资产阶级革命不仅没有动摇和摧毁在专制君主时代形成的军事和官僚机器，反而将这个庞大的国家机器视为主要的战利品，所有的变革都是使这个机器趋于完善。无论是专制君主时代，还是第一次革命时期、拿破仑统治时期，国家官僚机器都是统治阶级的工具。无产阶级的革命是彻底的革命，它必须"集中自己的一切破坏力量来反对行政权"②。

《马克思致约瑟夫·魏德迈》是马克思回应好友魏德迈的论战文章所写的一封信。约瑟夫·魏德迈是马克思和恩格斯的好朋友。他是共产主义者同盟的重要成员、第一国际美国支部的组织者和领导者，创办了美国第一个马克思主义刊物《革命》，促进了马克思主义在美国的传播和发展。为了驳斥海因岑否认阶级斗争的错误观点，1852年1月魏德迈在《纽约体育报》发表了关于无产阶级专政的文章，引用了《共产党宣言》中关于工人阶级取得统治的相关论述。3月5日马克思在信中赞扬魏德迈这篇文章写得很好，文风泼辣又细腻，可谓是"名副其实的论战"。马克思认为：海因岑类的愚蠢就在于：他们不能全面地看待资本主义制度，不"懂得资产阶级制度本身的伟大和暂时存在的必然性"③，才会得出资本主义社会条件是历史的最终产物、是历史发展的极限的错误结论，最终他们露出令人作呕的奴才相。同时，马克思在信中还指出，美国的资产阶级社会还很不成熟，阶级斗争还没有发展到显而易见的地步，并坦言自己的贡献不

---

① 马克思恩格斯文集(第2卷).北京:人民出版社,2009:479.

② 马克思恩格斯文集(第2卷).北京:人民出版社,2009:564.

③ 马克思恩格斯全集(第28卷).北京:人民出版社,1973:509.

在于揭示出现代社会中存在着阶级和阶级斗争。资产阶级历史学家在之前已阐述过阶级斗争的历史发展,资产阶级经济学家也对各个阶级作过经济层面上的分析。马克思认为他所作的新贡献包括三个方面:一是阶级的产生同一定历史阶段的生产发展的紧密关联;二是阶级斗争导致无产阶级专政的必然性;三是无产阶级专政是消灭一切阶级、进入无阶级社会的一种过渡。于此,马克思明确了无产阶级专政的历史性的作用。因为"消灭一切阶级和进入无阶级社会",意味着《共产党宣言》中的那个"代替那存在着阶级和阶级对立的资产阶级旧社会的"的新联合体的形成,个人与社会实现了高度融合和共同发展,"每个人的自由发展是一切人的自由发展的条件"①,意味着马克思的民主理想的实现。可见,马克思提出的无产阶级专政是由资本主义向共产主义转变过程中的过渡性的国家形态。无产阶级专政的历史任务是利用国家政权彻底改造资本主义社会,最终消灭资本主义私有制、消灭阶级和国家,实现共产主义,实现每个人的全面自由的发展。无产阶级专政是一种临时性存在的无产阶级居于统治地位的国家,是无产阶级作为整体的阶级专政,是无产阶级的政治统治。它仅仅存在于无产阶级革命后由资本主义向共产主义转变的革命时期。在这个转变时期,无产阶级作为整体掌握国家政权用以改造旧社会、改造自然环境以及人自身,以实现没有阶级对立、无阶级的共产主义社会。总之,在这封信中马克思重申了阶级存在的社会生产发展背景,阐述了无产阶级专政的必然性、无产阶级专政的历史作用,指明了实现真正民主理想的方式和路径。② 马克思在论述无产阶级专政的必要性和历史任务时,始终坚持无产阶级专政的过渡性和手段性,它将会随着共产主义的实现而消亡。③

① 马克思恩格斯文集(第2卷).北京:人民出版社,2009:53.
② 马克思恩格斯全集(第28卷).北京:人民出版社,1973:509.
③ 刘洪刚.马克思无产阶级专政与民主之关系新论.北京:中国社会科学出版社,2016:208—209.

3. 对资产阶级民主本质虚伪性的批判

如前所述,1848 年欧洲大陆掀起一场革命运动的风潮,资产阶级共和国的阶级内容、政治民主的本质在这场革命性风潮中暴露无遗。为了彻底地戳穿资产阶级民主政治的假象,消除底层民众对资产阶级民主的残存幻想,马克思在理论上对资产阶级民主制度的虚伪本质进行了无情的批判与揭露。

在恩格斯誉为"一部天才著作"①的《路易·波拿巴的雾月十八日》和《1848 年至 1850 年的法兰西阶级斗争》等论著,是马克思总结 1848 年法国革命和评论路易·波拿巴政变的重要著作。路易·波拿巴是拿破仑的侄子,他于 1851 年 12 月 2 日在法国发动政变,当上总统,解散立法议会,许多议员被逮捕,社会党和共和党的领导人被驱逐出境。随后,路易·波拿巴通过制定新的宪法将一切权利归于总统,最终恢复帝制"黄袍加身",法国革命不可思议的局势和结局震惊了世人。马克思在《路易·波拿巴的雾月十八日》开篇引用了黑格尔在《历史哲学》中的一句话:一切伟大的世界历史事变和人物,可以说都出现两次。马克思对之进行补充,如果第一次是以悲剧呈现给观众,那么第二次是以笑剧呈现给观众,并以犀利的对比嘲讽了波拿巴这个"平庸而可笑"的人物。接着马克思明确指出:"人们自己创造自己的历史,但是他们并不是随心所欲地创造,并不是在他们自己选定的条件下创造,而是在直接碰到的、既定的、从过去承继下来的条件下创造。"②任何阶级、阶层或党派都不可能超越现有的历史条件或脱离历史发展规律来创造历史,法国革命也不例外。二月革命发生的是政府的大量负债和金融危机,国家赤字和公债给金融贵族提供了难得的盘剥底层民众的好机会。七月王朝就是剥削法国国民财富的大型股份公司,公司的红利则是在内阁大臣、银行家、24 万选民

---

① 马克思恩格斯选集(第 1 卷).北京:人民出版社,2012:666.

② 马克思恩格斯文集(第 2 卷).北京:人民出版社,2009:470—471.

和他们的走卒之间瓜分。闹剧般的"普选"和波拿巴复辟,都是在时代背景下发生,是法国历史发展的产物。

马克思通过对法国普选的具体进程分析,揭示资产阶级民主制的实质。1848 年 12 月 10 日波拿巴通过"人民的选举"上台,他的胜利当然不是拿破仑的神话。普选的结果,反映了法国阶级之间的现实力量对抗。法国人数最多的阶级——小农,成为推动波拿巴上台的重要基础,其余阶级则帮助完成了这次选举的胜利。这场革命剧中的活跃主角——小农高呼的口号是"打倒富人、取消捐税、打倒共和国",他们想推翻的是富人共和国。无产阶级想通过撤掉卡芬雅克和推翻制宪议会来取消资产阶级的共和国。小资产阶级想实现"债务人对债权人的统治"的目的,而对于大资产阶级中多数人来说,则要与他们曾利用来应付革命的那个集团的决裂。无论是小农、无产阶级或小资产阶级、大资产阶级,选举波拿巴是自身利益的考量所作出的选择,最终使得"一个最平庸的人获得了最多方面的意义"①。普选不是解决问题的灵丹妙药,当以普选权为基础的共和国露出本来的面目,法国社会各阶层很快遭遇巨大的失望。当资产阶级发现新政权危及到自身统治的社会基础,新宪法将他们塞进所谓的民主主义的筐子,"而这个筐子时时刻刻都在帮助敌对阶级取得胜利,并危及资产阶级社会的基础本身。宪法要求一方不要从政治的解放前进到社会的解放,要求另一方不要从社会的复辟后退到政治的复辟"②,当这种选举权不再归结为资产阶级的统治的时候,宪法对于他们就变得毫无价值,成为一纸空文。他们势必对此进行干预和调整,通过调整甚至废除普选权来阻止整个社会的解放,以合乎资产阶级的利益和统治。于是在 1850 年 3 月 10 日之后,资产阶级就毫不犹豫地抛弃曾用来掩饰自己汲取无限权力的普选权,公开地承认:

---

① 马克思恩格斯文集(第 2 卷).北京:人民出版社,2009:117.
② 马克思恩格斯文集(第 2 卷).北京:人民出版社,2009:115.

"我们的专政以前是依靠人民意志而存在的,现在它却必须违背人民意志而使自己巩固起来"①。1850 年新产生的选举法公然要求:选举人必须在他们所在的选区内居住 3 年以上,工人在选区的居住年限应由他们的雇主来做证。新选举法直接导致 31.4% 的选民不符合条件,从根本上剥夺了无产阶级参政的权利,甚至取消了他们接近战场的权利。新选举法使工人们回到了二月革命之前所处的卑贱的底层民众的地位。总之波拿巴政权是资产阶级在政治统治危机时的产物,是资产阶级由民主转向反革命的象征。在 1852 年发表的《宪章派》一文中,马克思还抨击了英国议会选举对于选民财产资格的限制。一个男子如果想享有不列颠议会的选举权,如果在城市选举区,他就得在缴纳济贫捐外还拥有不少于十英镑的房产;如果是住在各郡,他就必须是一名年收入不少于四十先令的自由农;如果是土地租佃者,他就得每一年缴纳不少于五十英镑的地租。根据这一财产资格要求,意味着在宪章派中参与选举斗争的工人中只有极少数的人可以享有不列颠议会的选举权力。② 在 19 世纪上半叶,英国议会议员选举资格的财产要求将广大的工人阶级和底层民众全部排除在外,广大的工人阶级和底层民众被剥夺了政治民主的权利。资本主义代议制民主并不如他们所宣传和鼓吹的那样,是所有人自由与平等的实现,而是充满了虚假性和欺骗性。普选权的提出和追求,曾在资产阶级革命中起着重大的推动作用,但究其本质仍是资产阶级用来实现其政治统治的一种手段,是巩固和完善资产阶级国家机器的政治工具。只要一旦影响到其切身利益,选举的内容和形式随之发生相应改变。阶级的局限性决定了资产阶级不可能真正按照民主的真实含义——人民当家作主来设计国家制度。③

---

① 马克思恩格斯文集(第 2 卷).北京:人民出版社,2009:171.
② 马克思恩格斯全集(第 8 卷).北京:人民出版社,1961:391.
③ 郭丽兰.马克思民主观的文本研究.北京:人民出版社,2014:128—130.

马克思对资产阶级民主制度虚伪性的批判还体现在他对法国革命的全面分析。马克思将法国革命从 1848 年 2 月到 1851 年 12 月所经过的阶段分为三个时期:二月时期、共和国建立时期和立宪共和国时期。在共和国建立时期(1848 年 5 月 4 日至 1849 年 5 月 28 日),资产阶级共和国以制宪国民议会声明的方式堂而皇之地将"革命的成果降低到资产阶级的水平"①,巴黎工人的六月起义是对这一无耻声明的反抗性"回答"。六月起义惨遭失败,资产阶级共和国取得胜利。资产阶级和各种封建专制的残余势力相互勾结,联手对无产阶级进行了残酷的镇压。3000 多名起义者被屠杀,15000 多人被非法放逐,流亡到世界各地,即"六月屠杀"。马克思一针见血地指出,资产阶级一旦感到必要,就会毫不含糊地用"步兵,骑兵,炮兵!"口号来替代共和国的"自由,平等,博爱"格言②。六月起义的失败,一方面表明,资产阶级共和国奠基工作已顺利无阻地完成;另一方面表明,有关共和国还是君主国的争论,已不是欧洲的真正问题。欧洲的真正问题是资产阶级共和国最终露出的真实且无耻的面孔,即"一个阶级对其他阶级实施无限制的专制统治"。它表明:在传统观念已融合在其精神意识中的旧文明国家里,即便是拥有现代先进的生产条件,"共和国一般只是资产阶级社会的政治变革形式,而不是资产阶级社会的保守的存在形式"③。六月革命撕碎了蒙在共和国头上的面纱,制宪国民议会所谓的"伟大的根本性工作"不过是将固定、无责任的世袭王权改成可以变更、有责任的、由选举产生的王权,将卡芬雅克专政变成法定的事实。六月革命是"分裂现代社会的两个阶级之间的第一次大规模的战斗"④,有着鲜明的无产阶级革命的色彩,它涉及资产阶级制度的保存还是消灭的问题。六月革命被资产

---

① 马克思恩格斯文集(第 2 卷).北京:人民出版社,2009:429—431.

② 马克思恩格斯文集(第 2 卷).北京:人民出版社,2009:509.

③ 马克思恩格斯文集(第 2 卷).北京:人民出版社,2009:479.

④ 马克思恩格斯文集(第 2 卷).北京:人民出版社,2009:101.

阶级镇压了,但却暴露出资产阶级共和国的虚伪本质,马克思呼吁民众必须要看清资产阶级共和国的真实面目。

"六月屠杀"是当时欧洲战史上最大的一次事变和惨案,彻底暴露了资产阶级民主的虚伪本质。此后,迫害无产阶级和革命民众的活动并没有停止,发生在科伦的共产党人案件就是反革命势力迫害革命人士、迫害无产阶级的典型表现。1850 年 11 月,共产主义者同盟科伦中央委员会特使彼·诺特荣克离开科伦去柏林,途中在参加当地一些政治活动时被捕,之后导致普鲁士政府对共产主义者同盟的大规模搜捕。为了揭露科伦共产党人案件的真相和普鲁士政府的卑劣,马克思写了《揭露科伦共产党人案件》《科伦案件》《针对科伦案件结束发表的申明》等,详尽分析了案件的整个过程,揭露出普鲁士政府、法庭、警官为了迫害无产阶级和革命群众所使用的卑劣的阴谋手段,科伦共产党人案件实际是普鲁士政府对 1848 年革命参加者的报复。①

针对资产阶级共和国的民主政治原则及其议会体制,马克思作了深刻的批判。马克思指出,议会和政府是资本主义国家本质集中体现的两大机构。在议会中,将国民普遍意志提升为法律的原则要求成为空谈,实际是"将统治阶级的法律提升为国民的普遍意志"②,议会是"以社会自身的权力自居的阶级统治形式",政府则是"以凌驾于社会之上的权力自居的阶级统治形式",而且这两种形式是互为补充的关系。资产阶级政府总是以社会普遍利益形式出现,但其实质是市民社会的"国家普遍主义"。国民在行政权面前丧失了应有的意志和权利,任受他人意志和权威的指挥与支配。行政权完全地表现为"国民的他治",而不是国民的自治。现代工业的迅速发展在促使资本和劳动之间的阶级对立不断深化和扩大的同时,国家政权越来

---

① 靳辉明. 思想巨人马克思. 北京:中国社会科学出版社,2018:429—431.

② 马克思恩格斯文集(第 2 卷). 北京:人民出版社,2009:563.

越变成了资本借以压迫和剥削劳动的全国性权力,变成了为顺利进行社会奴役而组织起来的庞大社会力量,变成了"阶级专制的机器"①。

1848 年 11 月 4 日法国通过新宪法,马克思对新宪法的条款中存在的矛盾进行了逐条的无情揭露。新宪法第二章涉及权利保障,马克思对之进行嘲讽:法兰西宪法保障自由是有条件的,总是会"附带着一些法律已经规定的或者可能另行规定的例外情况"②。这些例外情况包括在拿破仑皇帝复辟时期和路易-菲力浦时期就规定的例外情况。1848 年新宪法里不仅将这些例外情况原封不动地保留,还大大增加新的例外情况,如关于戒严状态的法律规定等。新宪法中处处存在的矛盾有力地证明了:"资产阶级口头上标榜是民主阶级,而实际上并不想成为民主阶级,它承认原则的正确性,但是从来不在实践中实现这种原则,法国真正的'宪法'不应当在我们所叙述的文件中寻找,而应当在根据这个文件通过的我们已经向读者简要地介绍过的组织法中寻找。这个宪法里包含了原则,——细节留待将来再说,而在这些细节里重新恢复了无耻的暴政!"③马克思还通过列举一些专门对付工人而采取的限制,说明法国的专制统治的"多猖狂",揭穿波拿巴的阴谋:从最初利用人民反对资产阶级,到后来的利用资产阶级反对人民,"最后利用军队反对这两者"。④ 马克思尖锐地指出新宪法是虚伪的宪法,徒有冠冕堂皇的闪烁其词的总纲。新宪法条款里到处充斥着矛盾,除了直接对付波拿巴的两项条款(第 45条和第 111 条)。宪法里反复强调保护人民权利和自由的基本原则,但这一原则要由组织法规定对之做相应的调整和限制,最终"'组织法'用取消自由的办法来'规定'被允诺的自由"⑤。资产阶级只是口

---

① 马克思恩格斯文集(第 3 卷).北京:人民出版社,2009:152.
② 马克思恩格斯全集(第 7 卷).北京:人民出版社,1959:579.
③ 马克思恩格斯全集(第 7 卷).北京:人民出版社,1959:589.
④ 马克思恩格斯全集(第 7 卷).北京:人民出版社,1959:591—592.
⑤ 马克思恩格斯全集(第 7 卷).北京:人民出版社,1959:589.

头上标榜的民主阶级,他们从来不在真正践行宪法中允诺的人民的权利与自由。宪法的每一条款本身都含有自己的对立面,一般词句中明确标榜的自由,在附带条件中总会轻易地将其废除和消解。[①]

马克思敏锐地洞察到尚处于发展初期的代议制民主制度的阶级性,深入剖析代议制民主制度内在的缺陷和难以克服的弊端。作为现代国家政权组织的代议制民主,实际是虚幻的民主普遍形式和实在的资产阶级特殊性的统一。代议制民主在社会中实践的范围非常小,根本没有实现其所宣称的民主目标。民主政治发展较早的英国在 1688 年建立议会主权的立宪君主政治体制,但在 1832 年的议会改革后资产阶级才正式获得参政权利并逐步成为统治阶级,广大无产阶级和底层民众由于财产限制没有获得选举权。1867 年的议会改革之后,城市小资产阶级、富有农民和上层工人才获得选举权,广大工人和社会底层仍没有选举权。1884 年议会通过人民代表法案,规定年满 21 岁的男性公民拥有选举权。在代议制度较为完善的美国,广大的黑人和印第安人没有选举权和投票权。即便是在南北战争后,黑人获得了人身自由和选举权,但仍没有获得平等的政治权利。19 世纪的法国总是在共和和独裁之间来回交替,民主在革命和反革命的对抗中显得格外脆弱,直至 1875 年第三共和国的成立,民主制度才最终在法国确定下来。[②]

总之,在转向政治经济学研究的过程中,马克思实现了对黑格尔、费尔巴哈哲学的超越,建立了科学的世界观即辩证唯物主义与历史唯物主义,并运用其中的相关原理阐析无产阶级历史使命、人民主权论等。在参与欧洲工人运动的实践和对现实政治事件的深入探讨中揭示出资产阶级民主制的本质和无产阶级专政的历史作用。马克

---

① 马克思恩格斯选集(第 1 卷). 北京:人民出版社,2012:682.
② 刘洪刚. 马克思无产阶级专政与民主之关系新论. 北京:中国社会科学出版社,2016:70—72.

思民主观有了更为扎实的理论根基、更为丰富的理论内涵,马克思的民主观趋向于成熟。

(四)马克思民主观的深化发展阶段(1853—1883)

19世纪五六十年代欧洲工人运动陷入低潮,马克思的精力较多地投入到理论工作,深化政治经济学的研究,马克思民主观在经济学上得到论证。1871年巴黎公社革命实践总结、人类学新成果等极大地丰富了马克思的民主观。

1. 从经济学视域阐析民主思想

在工人运动处于低潮的时期,马克思开始将注意力转向已搁置一段时间的政治经济学研究。1857年12月9日马克思在伦敦给恩格斯的信中,说到近期工作量非常大,多数时候要工作到凌晨四点钟,这些工作包括写完《政治经济学原理》。马克思特别强调政治经济学研究的重要性,"这项工作非常必要,它可以使公众认清事物的本质"[1]。马克思聚焦于资本如何夺取剩余价值、如何造成经济上的统治和不平等的问题,自觉地将经济学的讨论与广泛的政治主题联系在一起,包括个人和社会、劳动的性质、自动化的社会影响、资本主义的革命性质及其固有的普遍问题。[2] 马克思认为,资本主义经济是权力压迫、社会不平等问题产生的中心场域,在政治思想上第一次提出了"经济的政治问题",由此赋予了民主思想的经济学视域。劳动是马克思分析经济问题的基本范畴,也是其探讨民主政治的理论出发点,其中劳动二重性是马克思政治思想的重要哲学支点。劳动的二重性理论,是马克思在《1857—1858年经济学手稿》中提出的,该手稿是马克思转向资本主义政治认识新体系的重要标志。劳动二重性指的是,任何劳动都同时具有特殊性和一般性的二重属性,即具

---

① 马克思恩格斯文集(第10卷).北京:人民出版社,2009:141.
② [英]戴维·麦克莱伦.马克思传.王珍译.北京:中国人民大学出版社,2008:279.

有特殊劳动形式的具体劳动,同时具有人类一般劳动形式的抽象共性,即以某种方式反映人类无差别的一般劳动的一般性,任何劳动都是这两种属性的有机统一。在人类社会交往过程中,劳动二重性就成为具有独立个体和社会成员之间的集结与矛盾的聚合。当该二重属性在社会共同体中不平衡发展时,矛盾便会产生,平等与民主的要求是其在政治上的集中表现。资本主义经济体制的内在矛盾必然激化劳动的二重性分离。如何化解这一矛盾,实现必然向自由的转化,就要从劳动本身、从主体的物化入手,去寻找解决问题的答案。马克思指出,资本主义社会存在具有历史性和暂时性,是历史地变化着的现实。正是在这一历史的现实中资本主义商品生产和市场经济产生一个多重的颠倒性复杂结构,表现为本质被假象遮蔽,主体物化为客体,客体转化为主体。文中,马克思对未来理想社会的劳动形态进行了生动的描述。① "劳动会成为吸引人的劳动,成为人的自我实现。"②当然,这种劳动不是纯粹的娱乐和消遣。真正自由的劳动,同时也是一件非常严肃和紧张的事情。在为《1857—1858 年经济学手稿》写的导言中,马克思明确了一种政治哲学内化于经济学研究过程中的思想实验,强调经济对于政治的决定性作用。在导言中,马克思依次分析了生产、个人、生产总体及生产的基础地位和政治经济学的方法论问题。

　　《〈政治经济学批判〉序言》是马克思为刚完成的《政治经济学批判第一分册》所写的序言。《政治经济学批判第一分册》的出版是马克思主义政治经济学创立过程中的一个重要标志性事件。马克思在这部著作之前,进行了 15 年的经济学研究,研读和分析了大量经济文献和社会文献,奠定了自己经济学说的基础。该序言于 1859 年 6月 4 日发表于伦敦德文报纸《人民日报》第 5 期。在序言中,马克思

---

① 郭丽兰. 马克思民主观的文本研究. 北京:人民出版社,2014:145—147.
② 马克思恩格斯文集(第 8 卷). 北京:人民出版社,2009:174.

介绍了自己研究政治经济学的起因和过程,并系统阐明了社会决定国家的思想,消退了《黑格尔法哲学批判》中对社会决定国家观点表述的纯粹哲学思辨和思维推演的色彩,马克思 15 年的经济学研究成果为社会决定国家、国家最终收回的思想奠定了基础。文中,马克思经典表述了唯物史观的基本原理:生产力决定生产关系、经济基础决定上层建筑、人们的社会存在决定人们的社会意识等,揭示出人类社会发展的一般规律和经济社会形态演进的一般进程,科学论证了旧的社会形态为新的社会形态所取代的历史必然性。"人们在自己生活的社会生产中发生一定的、必然的、不以他们的意志为转移的关系,即同他们的物质生产力的一定发展阶段相适合的生产关系。这些生产关系的总和构成社会的经济结构,即有法律的和政治的上层建筑树立其上并有一定的社会意识形式与之相适应的现实基础。物质生活的生产方式制约着整个社会生活、政治生活和精神生活的过程。不是人们的意识决定人们的存在,相反,是人们的社会存在决定人们的意识。社会的物质生产力发展到一定阶段,便同它们一直在其中运动的现存生产关系或财产关系(这只是生产关系的法律用语)发生矛盾。于是这些关系便由生产力的发展形式变成生产力的桎梏。那时社会革命的时代就到来了。随着经济基础的变更,全部庞大的上层建筑也或慢或快地发生变革。"[①]该论述不仅是唯物史观的核心观点,也是马克思主义政治经济学的基础。

劳动是马克思的新的资本主义政治认识体系构建的起点,资本则是新的资本主义政治认识体系中最为核心的概念。马克思摈弃了以前的经济学家对资本的经济实证主义的理解,运用思维的抽象力,从资本主义最简单的细胞——商品开始分析,从"纯粹的和一般的价值"逐步上升到各种具体的范畴,包括交换、货币、商品流通,最后抵达资本概念,实现了对资本理解的质的飞跃。资产阶级社会是历史

---

① 马克思恩格斯文集(第 2 卷). 北京:人民出版社,2009:591—592.

上最发达和最复杂的生产组织,资本是资产阶级社会中支配一切的经济权力,对劳动的持续占有是资本制度持续存在的前提。马克思明确指出,资本背后隐藏着人与人的关系。"资本不是物"①,在资本的运动中,人们的社会生产关系表现为物对人的关系。在资本与劳动相对立的时候,劳动表现为雇佣劳动,作为资本的形式,这种物的条件成为异己的独立力量,同时这种物化劳动又将活劳动当作是保存和增大自己的单纯手段。"资本主义生产过程的动机和决定目的,是资本尽可能多地自行增殖,也就是尽可能多地生产剩余价值,因而也就是资本家尽可能多地剥削劳动力。随着同时雇佣的工人人数的增加,他们的反抗也加剧了,因此资本为压制这种反抗所施加的压力也必然增加"②。马克思以极其清晰准确的方式表达了资本的权力地位和资本主义生产方向性原则的无法自身克服的内在局限性,生产劳动与非生产劳动之间的矛盾是资本利益与工人利益之间的基本对抗所固有的。当发现"资本统治劳动"已成为现实社会压迫的新形式和民主政治理论研究的新课题,马克思洞察到以反抗资本主义为中心的新的政治斗争的内容。马克思通过研究资本和资本主义,论证了资本主义社会的过渡性和历史性,无产阶级是资产阶级的掘墓人、共产主义社会取代资本主义社会的必要性。③《资本论》中把每一个人的自由全面发展作为未来社会的基本原则,并就建立于社会主义民主基础上的"自由"如何实现的具体途径进行了思考。马克思认为,通过对资本主义社会私有劳动的扬弃,在自由人的联合体中人们运用公共的生产资料进行劳动,并且自觉地把许多个人的劳动当作一个社会的劳动力使用,从而奠定实现社会主义民主和自由的所有制基础。

---

① 马克思恩格斯全集(第 49 卷).北京:人民出版社,1982:64.

② 马克思恩格斯全集(第 23 卷).北京:人民出版社,1972:368.

③ 欧阳英.马克思政治哲学思想探析.北京:中国社会科学出版社,2018:124—133.

　　19 世纪六七十年代马克思的工作重心主要是《资本论》的写作。在呕心沥血的创作过程中,马克思仍然关注着国际工人运动的进展。《资本论》第一卷写作完成之际,欧洲各国工人运动迎来又一次高潮。这次运动几乎席卷整个欧洲,逐渐从经济斗争走向政治斗争,革命活动的组织性增强。建立国际性工人联合组织,增进工人阶级的沟通与团结,成为当时工人运动进一步发展的内在要求。以有力声援波兰人民反对沙皇政府的残酷镇压为契机,1864 年 9 月 28 日国际工人协会(即第一国际)成立大会在伦敦圣马丁堂举行。大会通过了成立国际工人协会的决议,并选出临时中央委员会,马克思是临时中央委员会成员。在临时中央委员会第一次会议上,马克思被选入负责起草协会纲领性文件的 9 人组成的小委员会,小委员会委托马克思完成相关文件的起草工作。同年 11 月 1 日中央委员会全体会议及之后的协会代表大会都一致通过了马克思起草的《协会成立宣言》《协会临时章程》,这两份文件成为国际工人协会的正式文件。国际工人协会是无产阶级第一个国际性的革命联合组织,为使国际无产阶级摆脱资产阶级民主派的影响奠牢了基础。马克思是协会的主要创造人之一,主笔了国际工人协会的一切重要文件。马克思在《协会成立宣言》中指出,无论资本主义工业和自由贸易有多大的发展,劳动生产力的任何提高都不可能消除底层劳动群众的生活贫困。因为“在现代这种邪恶的基础上,劳动生产力的任何新的发展,都不可避免地要加深社会对比和加强社会对抗”①。在现存资本主义制度下,劳动生产力的任何提高,只能使富人越富,穷人越穷,这对于欧洲一切国家里任何一个不存偏见的人是“十分明显的真理”,是改变不了的客观事实。马克思充分肯定了英国工人经过不懈地长期反抗而争取到的十小时工作日法案,赞其是“一个原则的胜利”,并对工人尝试进行合作劳动给予了肯定,同时有远见地提醒工人不要满足于资本主义

---

① 马克思恩格斯文集(第 3 卷).北京:人民出版社,2009:10.

条件下的合作,局限于狭小范围内的合作劳动不能改变社会制度的基础,更不可能使工人群众获得彻底的解放。劳动的解放必须通过革命斗争,明确了工人阶级的伟大使命是夺取政权,必须从政治上改组工人政党。马克思还强调了各国工人之间团结的重要性,指出任何阁视工人间本应存在的兄弟般团结、不去鼓励工人们坚定地并肩进行解放斗争,都会在现实中受到惩罚,遭遇共同的失败,《协会成立宣言》的最后一句话再次使用了工人阶级的国际主义口号"全世界无产者,联合起来!"国际工人协会成立之后,马克思还担负了国际纲领和章程修订的重任。在修订过程中,马克思多次强调必须始终遵循民主的原则,即"根据民主的原则进行管理"[①]。针对国际工人协会总委员会的权力,马克思指出,所有提出的条款绝不是让总委员会拥有无限的权利,而是要规定监督权。总之,马克思积极地将其民主思想运用于无产阶级斗争实践中,努力贯彻民主原则,不断推动欧洲工人运动向前发展。

2. 较为系统地阐述巴黎公社原则

1871 年 3 月 18 日,法国巴黎工人武装起义占领市政大厅,宣布建立巴黎公社。巴黎公社废除了资产阶级的官僚政治制度,确立了人民管理国家的原则。这个使资产阶级害怕又"捉摸不定的怪物"[②],是人类历史上第一个无产阶级的革命政权。巴黎公社政权的伟大实践进一步验证和丰富了马克思的民主观,向世人表明了马克思在真正民主制思想中提到的"社会收回国家权力"的可能和方向。巴黎公社是"真正民主制"的现实萌芽,实现了无产阶级民主观从理论论证到具体实践的重大跃迁。

巴黎公社对外宣布成立之际,马克思立即就着手搜集和整理关于巴黎公社活动的各种资料,展开相关研究,并建议国际工人协会总

---

① 马克思恩格斯全集(第 44 卷).北京:人民出版社,1982:709.

② 马克思恩格斯选集(第 3 卷).北京:人民出版社,2012:95.

委员会发表一篇正式的告示全体会员的宣言。协会总委员会同意了这一建议,并委托马克思执笔宣言的拟写。马克思先后草拟了《法兰西内战》的初稿和二稿,之后完成定稿。1871 年 5 月 30 日总委员会一致批准《法兰西内战》的定稿文本,该文本是科学社会主义的重要文献。在《法兰西内战》一文中,马克思对巴黎公社政权建立的过程及具体实践等进行了较为全面的考察与分析。[①] 马克思首先阐析了在 1830 年革命中政权如何进行了从地主之手到资本家之手的转移,在镇压革命运动中国家机器不断强化,最终成为资产阶级维护自己利益、巩固自己的统治的有力工具。现代工业的进步扩大和加深了资本主义国家中资本和劳动之间的阶级对立和冲突,伴之"国家政权在性质上也越来越变成了资本借以压迫劳动的全国政权,变成了为进行社会奴役而组织起来的社会力量,变成了阶级专制的机器。每经过一场标志着阶级斗争前进一步的革命以后,国家政权的纯粹压迫性质就暴露得更加突出。"[②]于此,马克思认为,工人阶级不能仅着眼于简单地夺取政权,掌握现成的国家机器,而是要善于运用它以达到自己的目的。工人阶级必须把"集权化的、组织起来的、窃据社会主人地位而不是为社会做公仆的政府权力打碎"[③],然后用自己组建的政府机构去取代统治阶级的国家机器。无产阶级之所以能够做到这一点,是因为他们担负着消灭一切阶级和阶级统治的神圣的社会使命,也正是这一新的社会使命激励着无数的无产者。反观中等资产阶级和小资产阶级,他们受其生存的经济条件的限制只能成为统治阶级或者工人阶级的追随者。

马克思高度地评价巴黎公社政权建设中体现出来的民主政治原则,认为公社的普选制、监督制和随时罢免制等革命措施充满着民主

---

① 徐圣龙,王国宏.马克思民主思想及其当代价值.探索与争鸣,2016(3):100—104.

② 马克思恩格斯文集(第 3 卷).北京:人民出版社,2009:152.

③ 马克思恩格斯文集(第 3 卷).北京:人民出版社,2009:194.

精神和首创精神,能有效地防止和遏制公社委员的蜕变,是"人民主权"原则践行的有力保证。马克思称赞其不仅开创性地奠定了属于人民大众真正的民主制度,而且在伟大的实践尝试中向世界公开它的秘密:它是属于工人阶级的政府,是生产者阶级同生产资料占有者阶级之间不懈斗争的产物,是使工人阶级获得经济解放和社会解放的最为有效的具体形式和现实道路。巴黎公社不仅拥有着与以往的历次革命相近的品质,即革命以人民的名义爆发,并公开表明革命的目的是实现人民群众的利益,而且还拥有一些新的特点或突破。巴黎人民在首次起义胜利后没有解除自己的武装,将自己争得的权力拱手相让给资产阶级,而是自己组成了公社,将革命的真正领导权掌握在自己的手中,并建立自己的政府机构去取代资产阶级的国家机器,社会重新收回国家政权,将统治和压制社会的力量变成生机勃勃的内生于社会的力量。因为这意味着"人民群众获得社会解放的政治形式,这种政治形式代替了被人民群众的敌人用来压迫他们的假托的社会力量(即被人民群众的压迫者所篡夺的力量)"[1]。

　　马克思回击了当时关于"公社想要消灭构成全部文明的基础的所有制"的诬蔑言论,指出:公社的长期的根本任务是"要消灭那种将多数人的劳动变为少数人的财富的阶级所有制。它是想要剥夺剥夺者。它是想要把现在主要用做奴役和剥削劳动的手段的生产资料,即土地和资本完全变成自由的和联合的劳动的工具,从而使个人所有制成为现实"[2]。同时马克思冷静地意识到,工人阶级要完成这样的历史任务,不是一蹴而就地凭借一两张人民法令就能实现,需要经过长期艰苦的奋斗才能完成。工人阶级"为了谋求自己的解放,并同时创造出现代社会在本身经济因素作用下不可遏止地向其趋归的那种更高形式,他们必须经过长期的斗争,必须经过一系列将把环境和

---

[1] 马克思恩格斯文集(第3卷).北京:人民出版社,2009:195.
[2] 马克思恩格斯文集(第3卷).北京:人民出版社,2009:158.

人都加以改造的历史过程"①。马克思明确了实现共产主义的长期性和艰巨性,进一步丰富了《共产党宣言》《资本论》里阐明的原理。马克思还论述了无产阶级革命的同盟军问题,强调工人阶级与劳动农民及其他非无产阶级的联盟,是无产阶级取得胜利和建设一个没有剥削、人人平等的新的社会制度的重要条件。公社委员会制定的政策完全符合农民群体的利益,不同于1848年革命中资产阶级对农民额外增收土地每法郎45生丁的附加税,巴黎公社免除农民高额的"血税",建立一个廉价的政府,还能让他们免除乡警、宪兵和省长的多重残暴压迫,农民不再负担那些压得他们喘不过气来的抵押债务。"公社对农民说,'公社的胜利是他们的唯一希望',这是完全正确的。"②工人阶级是劳动农民利益的天然代表者,他们能够把农民从资本主义的奴役中解放出来,创造一个有保障的未来社会。在《法兰西内战》初稿中,马克思明确,巴黎的无产阶级是为了维护法国农民而战,而"凡尔赛为反对法国农民而战"。这是一场代表着"社会中一切不靠他人劳动生活的阶级"③的伟大革命。此外马克思还对法国革命中其他阶级做了细致深刻的分析。这些观点深化了《雾月十八日》中关于工农联盟的思想。马克思在《法兰西内战》结尾处深情地写道:"工人的巴黎及其公社将永远作为新社会的光辉先驱而为人所称颂。它的英烈们已永远铭记在工人阶级的伟大心坎里。"④同时马克思愤怒地指出:那些屠杀工人们的刽子手们将会被历史永远地钉在耻辱柱上,无论教士们怎样祷告都不能解脱他们的罪恶。

总之,基于巴黎公社的实践,马克思深入阐述了民主本质、民主主体、人民监督、国家职能等问题,提出了社会共和国、广泛明确的民

---

① 马克思恩格斯文集(第3卷).北京:人民出版社,2009:159.
② 马克思恩格斯文集(第3卷).北京:人民出版社,2009:160.
③ 马克思恩格斯文集(第3卷).北京:人民出版社,2009:203.
④ 马克思恩格斯文集(第3卷).北京:人民出版社,2009:181.

主主体外延等,实现了古近代民主理论的质的超越。马克思还提出了一系列民主政治思想,如廉价政府,指导工人阶级如何利用现成国家机器等,深入思考和分析了人民管理和直接民主的政权组织形式,并就民主运行的具体方式、权力制约机制等提出较为详细的规定。

3. **不断完善无产阶级的专政学说**

马克思晚年一直关注着西方国家工人运动,探索无产阶级民主实现道路等问题,不断丰富和完善着无产阶级专政学说。

19 世纪 70 年代,德国无产阶级走到国际工人运动的前列,建立了基于科学社会主义指导的第一个社会主义政党,其中主要是马克思《资本论》的影响和国际工人协会的推动。但是在德国工人运动及其政党建立的过程中,一直存在着国际工人协会纲领与拉萨尔机会主义的激烈斗争,由此存在着两个对立的派别:一是由威·李卜克内西和奥·倍倍尔于 1869 年在爱森纳赫建立的德国社会民主工党(爱森纳赫派),一是由威·哈森克莱维尔等领导的全德工人联合会(拉萨尔派)。为了防止两派之间的对立和竞争会大大削弱德国工人队伍的力量,如何将两个组织在国际纲领原则基础上成为统一的组织,从而更好地在反对资产阶级的斗争中发挥更大的作用,是当时德国工人运动进一步发展面临的最大问题,也是马克思最为关注的问题。1874 年社会民主工党决定与全德工人联合会(拉萨尔派)进行实际合作,之后双方进行协商,并于 1875 年 2 月由李卜克内西和伯恩斯坦等起拟了合作纲领草案。马克思对于这个草案非常的不满意,认为李卜克内西犯了严重的错误,无原则的让步将给社会民主工党带来恶果。马克思反复研究了这个纲领草案,逐条进行批注,写出详细的批评意见,这就是著名的《哥达纲领批判》。马克思在《哥达纲领批判》中批判了拉萨尔机会主义的观点,反对拉萨尔用抽象空洞的"公平分配"以及"平等的权利"概念来阐析社会经济关系的调整。文中,马克思运用唯物史观方法论对未来的社会进行两个阶段(即第一阶段和高级阶段)的划分。未来社会的第一阶段在经济、道德和精神等多个方面带着旧社会的诸多痕迹,消费品分配只能遵循商品等价交换的原则,即实行按劳分配。在各项扣除以后,第一位生产者"从社会领回的,正好是他给予社会的。他给予社会的,就是他个人的劳动量"①。未来社会的高级阶段中,社会生产力高度发展,社会财富极大丰富,人本身得到全面发展。劳动成为人类生活的第一需要,脑力劳动和体力劳动的差别对立消失,社会真正实现了各尽所能,按需分配。②马克思在批判拉萨尔空谈劳动是创造财富的源泉的观点时指出,资本主义社会最大的弊端就是工人的劳动与劳动对象的相互分离。"只有一个人一开始就以所有者的身份来对待自然界这个一切劳动资料和劳动对象的第一源泉,把自然界当做属于他的东西来处置,他的劳动才成为使用价值的源泉,因而也成为财富的源泉。"③共产主义社会与资本主义社会的本质区别表现在生产资料与劳动的结合的方式上。共同占有生产资料,劳动与劳动对象的统一,是共产主义社会的基本特征。可见,马克思对于未来社会的阶段划分,既是科学唯物史观在实践中的运用,又是实现无产阶级民主、自由平等的有力的逻辑证明。

马克思还驳斥了拉萨尔关于"依靠国家帮助建立生产合作社"等思想,强调了国家的阶级性。国家不是拉萨尔口中的"自由国家",现代国家是建立在现代资本主义社会基础上的为资产阶级统治服务的工具。马克思明确指出:在资本主义社会和共产主义社会之间存在着一个革命的转变时期,并且"同这个时期相适应的也有一个政治上的过渡时期,这个时期的国家只能是无产阶级的革命专政。"④这是马克思在先前认识的基础上,不断吸取无产阶级革命斗争的经验,特别是巴黎公社的革命经验而得出的结论。无产阶级的革命专政

---

① 马克思恩格斯选集(第3卷).北京:人民出版社,2012:434.
② 马克思恩格斯选集(第3卷).北京:人民出版社,2012:63—66.
③ 马克思恩格斯选集(第3卷).北京:人民出版社,2012:428.
④ 马克思恩格斯选集(第3卷).北京:人民出版社,2012:445.

是资本主义如何向未来社会过渡并最终实现人的全面发展的途径。无产阶级专政不是一成不变，它是向无阶级社会、无剥削社会的过渡。只有消灭了剥削，消灭了阶级，到了共产主义社会，原来意义上的国家将会消失，取而代之的是像巴黎公社那样的社会管理机构。[①]

马克思还对无产阶级专政与民主的关系进行了辨析，与民主结合在一起的无产阶级专政，马克思将之作为"资产阶级专政"的对称词，不是通常意义上的"专政"。马克思再次强调，无产阶级上升为统治阶级所实行无产阶级专政不是"真正的民主制"，无产阶级专政是实现民主的途径和手段，是为真正民主制所做的奠基性的准备。无产阶级民主是人类必然要经历的一个过渡形态，人类只有实现无产阶级民主，才能实现真正的自由和民主，才能迈入到高级阶段的共产主义社会。马克思还对自由与国家的关系进行了厘清和梳理，指出必须通过消灭阶级、消除阶级对立，实现社会的自由、民主和平等。随着国家职能的变更，作为统治形式的国家的消失，人类社会才能实现真正的全面的自由，这是民主的最高价值的体现。

4. 人类学新成果对民主观的丰富

马克思晚年做了大量的人类学笔记，其中对美国社会学家路·亨·摩尔根《古代社会》所做的书摘，包含了丰富的民主思想。

摩尔根是美国著名的社会学家和人类学家，他以进化论思想作为指导，对印第安人部落的氏族制度、家庭、婚姻、社会习俗、财产制度等方面做了数十年的实际考察，获取了大量丰富的第一手材料，并基于此溯源性探讨人类早期社会发展的过程和规律，最终完成了《古代社会》的创作。《古代社会》分为 4 编，共 26 章，是人类学发展史中具有里程碑意义的一本著作，推开了史前社会研究的大门。正如摩尔根所言，"政治的萌芽必须从蒙昧社会状态中的氏族社会组织中寻

① 靳辉明. 思想巨人马克思. 北京:中国社会科学出版社,2018:541—551.

找;然后,顺着政治制度的各种演进形态,下推到政治的社会的建立。"①马克思详细阅读了《古代社会》,做了长达 98 页的读书摘要,写下很多评析性的意见,并高度评价了这本书。恩格斯认为《古代社会》印证了马克思早先提出的关于原始社会不存在阶级的看法,并为他与马克思共同创建的唯物主义历史观提供了新的科学根据,是唯物主义历史观的又一次证实。

马克思不是消极地简单地誊抄摩尔根的观点,而是对书中的材料进行了重新的编排和整理性说明,赋予了这些材料一些新的意义和价值。基于摩尔根的考察,马克思对原始社会的内部结构进行了考察,证明了氏族是原始社会的基本单位,是人们了解原始社会的一把钥匙。在所有盛行氏族制度的地方,真正意义上的政治社会尚未建立。氏族在当时创造了最为高级的一种社会结构,这使得"彼此没有血缘关系的人们之间的婚姻,创造出在体力上和智力上都更强健的人种;两个正在进步的部落混合在一起了,新生代的颅骨和脑髓便扩大到综合了两个部落的才能的程度。"②氏族制度是那个时代中流行最为广泛的制度,其应用的范畴包括亚洲、欧洲、非洲、美洲、澳洲,氏族制度是古代社会赖以有序运作和稳固维系的方式或手段,氏族社会是理解自由、民主等核心政治概念的历史源头。

氏族是史前民主赖以存在的社会载体,氏族就其本质是民主的。"因为氏族这种组织单位本质上是民主的,所以由氏族组成的胞族,由胞族组成的部落,以及由部落联盟或由部落的溶合(更高级的形态)所组成的氏族社会,也必然是民主的。"③史前社会中的人们主要通过如下几种方式参与氏族的决议和各项活动。会议是史前社会的主要管理工具,也是氏族、部落和部落联盟的最高权力机构。酋长负

---

① [美]摩尔根.古代社会.杨东莼等译.北京:商务印书馆,1995:5.

② 马克思恩格斯全集(第 45 卷).北京:人民出版社,1985:363.

③ 马克思恩格斯全集(第 45 卷).北京:人民出版社,1985:406.

责日常事务,涉及氏族全体成员利益的事情由会议决定,其中氏族会议是最简单和最低形式的会议形式。

在氏族社会中氏族是基本组织,它既是社会体制的基础,也是社会体制的单位。氏族会议是全体人员参加的民主大会,在全体成员周知的情况下召开。参会的每一位成年男女对所讨论的一切问题都有发表意见的权利,如收养外人加入氏族、针对杀害本氏族人的凶手是选择宽恕还是实施报复等问题,①往往通过公开演说的方式,妇女可以通过自己选出的演说人来陈述自己的愿望和意见。公共事务的决议由氏族会议作出,"决议需要一致通过,这是一个根本法则。军事行动通常都是采取志愿的原则。"②氏族会议是氏族成员表达利益诉求和实现参与愿望的一个重要渠道,氏族成员民主参与普遍化特征凸显。

氏族社会中成员不仅有对公共事务发表意见的普遍权利,还有选举和罢免酋长和酋帅的权利。几乎所有的美洲印第安人部落中的领袖包含两个等级,即酋长和酋帅,他们都是从氏族成员中选举出来的。酋长负责和平时期的事务,是氏族正式的首领;酋帅领导军事行动,主要处理部落之间的关系。酋长和酋帅都是部落会议的成员,他们的职位名义上是终身的职务,实际上是可以罢免的,"以其是否'行为良好'为转移"③,"行为良好"成为酋长、酋帅能否连任的主要标准。酋长和酋帅都是从氏族成员中选举出来的。氏族社会中所有男性成员都拥有平等的选举和罢免酋长和酋帅的权利。如果某个氏族选举出酋长,还要征得同一胞族中其他氏族的同意。氏族成员将酋长就职称为"戴角",被罢免称为"摘角"。酋长和酋帅被氏族以正当程序罢免之后,就成为一名普通人。选举权和罢免权是氏族民主的

---

① 马克思恩格斯全集(第 45 卷).北京:人民出版社,1985:416.
② 马克思恩格斯全集(第 45 卷).北京:人民出版社,1985:436.
③ 马克思恩格斯全集(第 45 卷).北京:人民出版社,1985:410.

最基本要素,也是民主制的核心要素。自由平等地行使选举权和罢免权,是从原始社会延续到当代社会的最基本的民主表达方式,也是衡量社会民主制度的重要指标。

氏族成员拥有选举和罢免酋长和酋帅的权利,在易洛魁人的社会生活中可以清楚地看到,也是希腊和拉丁各部落中的氏族权利。由氏族成员民主选举出来的酋长和酋帅,在部落产生后自然成为部落会议的成员。部落会议拥有宣布酋长、酋帅就职的权利,也拥有罢免酋长、酋帅的权利。在部落联盟形成之后,这些权利就转到联盟会议手中。在墨西哥以北的地区,酋长和酋帅的职位都是通过选举产生,现有的证据也表明这也是大陆的其他地区最初的普遍现象。部落会议和部落联盟会议是从氏族会议发展起来的高级会议形式,这两种会议成员由作为氏族代表者的酋长组成。随着真正政治社会的出现,这些会议就转变为元老院。摩尔的考察资料表明,易洛魁氏族的全体成员都是人身自由的人,他们有相互保卫自由的义务,在特有权利和个人权利方面均一律平等。酋长或酋帅没有任何优越权,氏族所有成员都是由血亲纽带结合起来的同胞,自由、平等、博爱,是易洛魁氏族实际遵循的根本原则。氏族成员公开自由地行使选举权和罢免权,拥有平等的个人权利,成员参与议事程序的普遍化。由此可见,氏族社会的制度是以民主原则作为基础,同时也证明了史前民主的存在。

马克思不仅对原始社会的内部结构进行了研究,还动态考察了古代氏族民主制度的发展过程和演变特征。由于氏族制度不能满足日益复杂的社会需要,氏族、胞族和部落的所有民政权力逐渐被剥夺,移交给了新的选民团体。一种制度逐渐消失,另一种制度逐渐出现,有时会出现两种制度共存一个时期。古代氏族社会民主制度在自然形成过程中大体经过三个阶段:

第一阶段:部落的酋长会议,属于一权管理机关,主要存在于野蛮时代低级阶段的部落中。第二阶段:酋长会议和最高军事首长平行并列的管理机关的建立。酋长会议、最高军事首长分别执掌民政和军务,属于二权管理机关。该管理形式在野蛮时代低级阶段中随着部落联盟的形成才出现,最后在野蛮时代中级阶段确立和稳固下来。酋帅或最高军事首长的职权就是高行政长官(王、皇帝、总统)职权的萌芽。第三个阶段形成了由酋长会议、人民大会和最高军事首长共同管理人民的三权机构。这种管理形式出现在处于野蛮时代高级阶段的部落中,如罗慕洛时期的意大利部落。由于人口的急剧增加,作为定居的有围墙城市的出现,以及土地和畜群等财富的形成,催生了新的管理机构即人民大会的产生。在三权机构的管理框架下,酋长会议作为预审性会议,人民大会由酋长会议召集,对于酋长会议提出的公共措施可以接受,也可以拒绝。人民大会和酋长会议拥有最高权力,最高军事首长受到前两者的限制。这种三权管理形式一直延续到真正的政治社会的形成,如在雅典,酋长会议成为元老院,人民大会变为公民大会(ecclesia)。①

　　雅典民主是近代西方社会践行三权分立思想的原点。处于英雄时代的雅典民族建立了三个互相协同的部门或权力机关,包括议事会、阿哥腊和巴赛勒斯。议事会作为立法机关,代表着最主要氏族,其成员最初在各氏族酋长们中挑选,之后主要由贵族组成议事会对于一切重要的问题或事件做出最后决定,拥有最高和最大的权力。议事会职能相当于酋长会议,马克思视之为雅典社会制度的一个永久性特点。阿哥腊机构的形成较酋长会议晚些,相当于人民大会。人民在大会上发表意见,拥有着批准或否决议事会提出的各项公务措施,阿哥腊是处于英雄时代希腊各部落中较为普遍的现象,之后的雅典人公民大会和罗马人的库里亚大会保存着阿哥腊特点。巴赛勒斯主要是军事首长,负责指挥围城的军队,由人民选举产生或为人民大会认可,其权力的特征是军事的统率。为了限制巴赛勒斯的权力,

① 马克思恩格斯全集(第45卷).北京:人民出版社,1985:437—438.

一些部落(如斯巴达部落)建立了监察官制度。① 可以看出,雅典时代的三个部门的设置及相互关系,与古代氏族社会的三权机构具有高度的相似性,展示着原始民主的发展脉络与最高成果,三权管理机关是整个社会民主制度的基础与源头。

氏族社会的民主制经过最初的一权管理机关发展到二权并列管理机关,最后形成三权管理机关。在三权管理机关下,人民大会拥有氏族社会公共决策的最后决定权,酋长会议与人民大会相互制约。最高军事首长作为围城盟军的最高统帅,不是氏族的最高首领,酋长会议与人民大会共同限制着最高军事首长的权力。三权管理机关是氏族民主制度发展的最高形式,是氏族制度下所能容纳的最发达的制度设计,权力制衡机制萌芽,但同时已存在着衰弱和瓦解的迹象。

在古代社会晚期,随着生产力的发展,农业扩展和手工业的萌芽,畜群和人口数目的增加,开始出现个体财产上的明显差别。一些人拥有大量财富,成为最早的氏族贵族分子。人数的快速增加,进一步提高了发展和加强贵族分子的机会。社会权力和财富日益集中在贵族阶层,一部分居民永远处于卑贱的地位。普通的人民大众在社会公共事务管理中的作用越来越少。财富与官职的勾连,产生了贵族精神。马克思认为,"这种贵族精神是和氏族制度所培植起来的民主原则相对抗的。"②同时,为了占有最好的土地,或为了掠夺战利品,各个小民族之间不断进行着战争,军事权力的扩张打破了原始社会权力结构的平衡。"以俘虏充做奴隶,已成为公认的制度。"③所有这些造成了社会成员之间的对立和冲突状态,这种对立状态是之前的各个文化时期所没有的,它最终导致了"原生民主"的

① 马克思恩格斯全集(第45卷).北京:人民出版社,1985:508—510.
② 马克思恩格斯全集(第45卷).北京:人民出版社,1985:397.
③ 马克思恩格斯文集(第4卷).北京:人民出版社,2009:120.

消亡。

希腊社会大约从公元前 776 年(第一届奥林匹克大会期间)到公元前 509 年(克利斯提尼立法期),希腊制度中出现了新的要素即私有财产,子女对父亲遗产的独占继承权等改革,促进了财产在家庭中的积累。公民的权利和义务,与他们拥有的地产量直接相关。随着有产阶级势力的日益扩大,加上从事工商业的富人对旧的贵族势力的冲击,旧的氏族制度失去了最后的阵地。大量的雅典公民不归属任何一个氏族,即不被纳入任何旧传统的血族团体中。个人与氏族的关系,从最初的人身关系变为地域关系,氏族组织开始向政治公民组织过渡,①国家产生。国家的本质特征,是与人民大众利益相背离、与人民处于对抗状态的公共权力。国家依靠部分地改造氏族制度的机关,部分地用设置新机关来排挤掉它们,并且最后完全以真正的国家机关来取代它们而发展起来;与此同时,受这些国家机关支配的,因而也可以被用来反对人民的、武装的"公共权力",最后代替了氏族、胞族和部落中自己保卫自己的、真正的"武装的人民"。② 在这一过程中,古代社会中自然形成的民主制逐渐消亡。人民大会、氏族酋长议事会和军事首长共存的三权管理机构是"氏族制度下一般所能达到的最发达的制度;这是野蛮时代高级阶段的典型制度。只要社会一越出这一制度所适用的界限,氏族制度的末日就来到了"③。这意味着氏族制度被炸毁,古代氏族组织中充满着活力的民主制度消失,政治国家代替了氏族制度。史前民主因私有财产、特权阶级的出现而被削弱,在政治社会和国家的产生中瓦解。马克思曾引用摩尔根的论述说明,财富与人类理智、政治国家和人类社会发展的关系。财富的巨大增长和财富的繁多形式给人类智慧带来巨大的挑

---

① 马克思恩格斯全集(第 45 卷).北京:人民出版社,1985:494.

② 马克思恩格斯文集(第 4 卷).北京:人民出版社,2009:126.

③ 马克思恩格斯文集(第 4 卷).北京:人民出版社,2009:164.

战,甚至会成为一种无法驾驭的力量。但"总有一天,人类的理智一定会强健到能够支配财富……单纯追求财富不是人类的最终的命运。……社会的瓦解,即将成为以财富为唯一的最终目的的那个历程的终结,因为这一历程包含着自我消灭的因素……这(即更高级的社会制度)将是古代氏族的自由、平等和博爱的复活,但却是在更高级形式上的复活。"①随着私有财产以及国家在未来社会的消亡,将会迎来史前民主复活的曙光。在物质财富极大丰富、生产资料共同占有、以自由、平等、公正为原则组织起来的共产主义社会中,"原生民主"将会重新焕发出新的更为强劲的生命力。②

基于整理后的材料,马克思探索了人类社会从原始氏族社会到国家社会、文明时代历史进程中的原生形态的民主,对进一步丰富马克思民主观具有积极的意义。马克思通过考察氏族成员的权利得出,史前社会存在着民主,氏族组织运行体现了民主的本质原则,详细地分析了氏族和民主两者之间的内在关系,指出氏族民主的形成与氏族本身的发展保持着理论的一致性,赋予了民主社会管理的意义,发现了人类最早的权力制约机制。可见,晚年的马克思将民主研究的领域回溯到古代社会,考察史前社会民主产生、发展、衰落、"复活"进程,对人类历史长河中民主产生和发展的规律有了更为全面和科学的认识,极大地提升了西方学术界对民主起源问题研究的纵深度,其对古代氏族社会民主制及其发展考察的透彻性和深刻性是其他同时代思想家难以比肩的。马克思研究考察是基于在摩尔根的基础之上,其对古代社会民主状况的揭示不再是出于某个天才的猜想,而是在实证资料基础上运用唯物史观科学方法的结果,人类学研究成果促成了马克思民主观思想体系趋于完善。

① 马克思恩格斯全集(第45卷).北京:人民出版社,1985:397—398.
② 郭丽兰.马克思民主观的文本研究.北京:人民出版社,2014:184—190.

本章小结

　　马克思民主观是在人类民主思想和民主政治实践的历史长河中
形成的。斯宾诺莎的民主政治学说是马克思民主观较早的思想来
源。做自由的人是斯宾诺莎伦理学的核心要义,也是斯宾诺莎民主
政治思想体系的价值目标。斯宾诺莎认为,民主政治是最自然的政
体,它与个人自由与理性最为紧密。斯宾诺莎对民主政治的坚定信
念,给予了马克思为自由、民主而战斗的充分理由和巨大勇气,并影
响着马克思对民主概念的探究与厘定。卢梭的人民主权思想对后世
产生巨大影响,公意是卢梭人民主权论中的核心概念,"公意"概念启
发了马克思在对人类解放的实现力量的探究时追问。马克思汲取了
卢梭人民主权思想中的精粹,并对其加以创新性改造,最为突出的表
现是赋予人民主权论以坚实的科学立论基础。马克思从黑格尔市民
社会理论中得到启发,在批判性继承的基础上理顺了社会和国家的
关系,奠定了民主观的哲学基础。托克维尔强调社会力量在公共权
力制约中的重要作用,凸显公民社会在民主政治建设中的监督职能。
"社会决定国家"是马克思在社会与国家的关系问题上始终秉持的立
场,托克维尔的社会制约权力的民主思想是对这一立场的有力支持。
空想社会主义者在对资产阶级统治自发的抗议和批判的理论阐述中
闪耀着"天才思想"的光芒,他们分析政治问题的思想高度,丰富的主
权在民思想,对马克思民主观的创立提供了极为丰富的思想材料。
总之,斯宾诺莎的民主政治思想、卢梭的人民主权学说、黑格尔的市
民社会与政治国家关系理论、托克维尔的权力制约思想及空想社会
主义的民主政治思想是马克思民主观主要的理论来源。探究马克思
思想的源头,有助于更准确地理解马克思民主观的精神实质,也是防

范马克思民主思想被公式化的一种有效方法。① 马克思民主观的形成是一个逐渐成熟和丰富的过程,从莱茵报时期的孕育萌芽到"真正民主制"概念的提出、从自觉地运用唯物史观的科学方法阐析人民主权论到总结巴黎公社革命实践、考察史前民主的产生。这一过程中,马克思民主研究的视野不断开阔,研究视角的多维转换,推动着马克思民主观趋于完善。

---

① ［德］汉娜·阿伦特.马克思与西方政治思想传统.孙传钊译.南京:江苏人民出版社,2007.

第三章 马克思民主观的主要内容

马克思民主观是运用唯物史观的科学方法、在对封建制度的无情批判和资本主义民主的深刻剖析、并对工人阶级民主斗争经验及时总结的基础上建立起来,是一个较为完备的理论体系。这一理论的主要内容包括民主的实质、民主的特征、民主的条件、民主的形式、民主的价值等,马克思民主观在形成和发展的过程中呈现出鲜明的特征。

一、民主的实质:"人民自己当自己的家"①

马克思对民主问题进行了多层面的阐述,民主在不同层面上有着不同的内涵和意义。在政治制度的层面,民主是指一种国家制度或者国家形态,即民主政体;在人民权利的层面,民主就是人民最根本的权利;在组织管理的层面,民主代表组织管理的基本原则;在思想观念的层面,民主是民主的观念或民主的精神。② 总之,在马克思民主观中,民主的内涵和外延非常丰富,但主要是指国家制度,其实质是人民当家作主,即"人民自己当自己的家"。

---

① 马克思恩格斯全集(第17卷).北京:人民出版社,1963:565.
② 李铁映.论民主.北京:人民出版社,2001:28.

（一）民主的主体是人民群众

主体是相对于客体而言的哲学范畴，它是在现实社会关系中能动地从事实践活动和认识活动的人。① 民主主体是指在政治生活领域中能动地改造政治关系，促进政治民主化并享受民主权利的人，他们是民主化进程的参与者和推动者。② 马克思认为，真正民主制的主体是人民，即以无产阶级为主体的人民群众。

民主是迄今为止人类社会政治文明演进的重要成果。"民主"一词起源于古希腊语，该词由 demos（人民）和 kratos（统治）演变而来，其基本的含义是"人民的统治"（rule by the people）。希腊历史学家希罗多德首次使用这一概念，用来概括和表述公元前 15 世纪中叶希腊城邦的一种政治实践。城邦事务由所有公民所参加的公民大会通过直接讨论和投票表决两种方式做出最终的决定。不过需要指出的是，此处的公民是指有严格的雅典血统的自由成年男性，城邦中大部分的奴隶、移民、妇女等不具备民主政治生活主体的资格。在《理想国》《政治学》中，柏拉图、亚里士多德都毫不掩饰地表明他们对人民民主的反感与不信任，这种反感与不信任一直延续到近代柏克对法国大革命的评价中。③ 资本主义社会的议会制民主自我标榜为普遍的和一般的民主，但始终没有能够真正实现"人民"的政治统治形式。在批判资本主义民主政治虚伪性的基础上，运用历史唯物主义的科学方法，马克思将民主主体的范围扩展到了以无产阶级为主体的人民群众。这一表述极大地扩展了民主主体的外延，彰显人民当家作主的民主本质，④具有鲜明的阶级性与革命性。马克思民主观中的人民概念与被西方传统政治哲学嵌入到自由主义政治话语中的人民

① 课程编写组. 马克思主义基本原理概论. 北京：高等教育出版社，2015：58.
② 周少来. 民主社会的理论建构. 北京：中国社会文献出版社，2017：5.
③ ［英］安德鲁·海伍德. 政治学. 张立鹏译. 北京：中国人民大学出版社，2013：74—78.
④ 郭丽兰. 马克思民主理论何以建构. 学术论坛，2010（1）：26—30.

概念有着本质的差别,①是西方民主政治理论发展史上的一次革命性的突破。

1843年,马克思在《黑格尔法哲学批判》文稿中正式地提出"人民是否有权来为自己制定新的国家制度"这一重要问题,并对之做出毋庸置疑的肯定回答。《德法年鉴》时期马克思开始考量民主主体的问题,在1844年公开发表的《〈黑格尔法哲学批判〉导言》一文中指出,真正民主制的现实力量是无产阶级。德国政府企图将书报检查制度混同于法国的九月法令,德国国王想要扮演王权可能有的诸多角色,包括独裁的和民主的。他既想以本人的名义,又想以人民的名义,人民成为他自己的人民,其拙劣的做法使得德国成为当代政治发展普遍障碍道路上的特殊领域。人民成为德国国王口中的人民,如同他的马一样,是他的私有财产。必须摧毁这种社会制度,必须进行彻底的革命。"无产者对于正在生成的世界所享有的权利就同德国国王对已经生成的世界所享有的权利一样"②,因为这个阶级是社会的"总代表",是社会的心脏。这个阶级提出的要求和权利具有普遍性,代表着社会本身应有的权利和要求。③

在兴起的工业运动中形成的德国无产阶级贫困处境不是自然形成的,而是人为造成的。社会的急剧解体,特别是中间等级的解体,造成众多的无产者。无产阶级是现代社会中资本逻辑主导的必然产物。工人阶级在资本逻辑支配下的劳动中使自身离开自己的本质,离开了作为人的本质,即人的真正共同体,也离开了真正的生活。他们遭遇着普遍的苦难,这种苦难伴随着这一阶级的产生而始终存在。这种普遍的苦难是由资本逻辑主导的现代市民社会所造成的。现代市民社会的基础是私有财产,私有财产是现代市民——市民社会的

---

① 罗许成.民主形态论——马克思的权力阐释视角.北京:中国社会科学出版社,2019:84.

② 马克思恩格斯文集(第1卷).北京:人民出版社,2009:17.

③ 马克思恩格斯文集(第1卷).北京:人民出版社,2009:14.

自然人——的存在基础,奠定了市民社会的基本人权,决定着市民能否具有公民权。但在工业运动中形成的无产阶级是被剥夺了财产的社会存在物,没有成为市民的条件,也不具备公民的资格,具有着反市民社会的本性,丧失了参与政治共同体(国家)的资格。进言之,资本逻辑主导下的生产劳动创造了一个遭受整个市民社会所拒斥甚至唾弃的、并与之相对立的赤贫群体,这个群体的存在是对现代市民社会本身的否定,①这就是现代无产阶级。马克思认为,这个阶级具有与人民魂魄相同的开阔胸怀,具有鼓舞现实物质的力量去实行政治暴力的天赋,他们身上的那种革命的大无畏精神使他们能够挣脱某个阶级狭隘性的束缚,不屑成为有节制的利己主义者。社会要真正从私有财产、从奴役中解放出来,实现平等自由,只有通过无产阶级来完成,即"通过工人解放这种政治形式来表现的,这并不是因为这里涉及的仅仅是工人的解放,而是因为工人的解放还包含普遍的人的解放;其所以如此,是因为整个的人类奴役制就包含在工人对生产的关系中,而一切奴役关系只不过是这种关系的变形和后果罢了"。② 无产阶级对私有财产的否定和抛弃,"只不过是把社会已经提升为无产阶级的原则的东西,把未经无产阶级的协助就已作为社会的否定结果而体现在它身上的东西提升为社会的原则"③。

"前进报"第 60 号登载了一篇署名"普鲁士人"的文章"普鲁士国王和社会改革"。"普鲁士人"认为,普鲁士国王就西里西亚工人起义所颁布的内阁法令的内容,是出于国王的"恐惧和宗教情感"。马克思对之嗤之以鼻,认为这是因为西里西亚纺织工人勇敢的坚强的有计划斗争的结果。在纺织工人的那支歌中,虽然没有提到家庭、工厂、地区,却是"不含糊地、尖锐地、直截了当地、威风凛凛地厉声宣

---

① 田志亮. 马克思政治哲学研究. 北京:中国财富出版社,2019:166.

② 马克思恩格斯文集(第 1 卷). 北京:人民出版社,2009:167.

③ 马克思恩格斯文集(第 1 卷). 北京:人民出版社,2009:17.

布,它反对私有制社会。"西里西亚工人的这种厉声宣布,是因为他们
"意识到无产阶级的本质"。① 随着资本主义生产方式的扩张与机器
大工业的发展,无产阶级成为全体社会成员中的大多数,承担着社会
的一切重负,是劳动阶级中最重要的组成部分,他们与全体人民的根
本利益具有一致性,是真正的革命阶级,"从这个阶级中产生出必须
实行彻底革命的意识,即共产主义的意识"②。1856 年马克思《在"人
民报"创刊纪念会上的演说》一文中再次强调,这个社会的新生力量
是工人,他们是现代的产物。要使这些新生力量很好地发挥作用,只
能由他们掌握社会。马克思以英国为例,"英国工人是现代工业的头
一个产儿。当然,他们在支援这种工业所引起的社会革命方面是不
会落在最后的,这种革命意味着他们的本阶级在全世界的解放,这种
革命同资本的统治和雇佣奴役制具有同样的普遍性质。"英国工人阶
级从 18 世纪中叶起就开始了英勇卓绝的斗争,这些斗争却被资产阶
级历史家刻意掩盖或隐瞒,不为世人所熟悉。在文章最后马克思写
道,"历史本身就是审判官,而无产阶级就是执刑者"。③ 在《致"社会
民主党人报"编辑部》一文中,马克思欣慰地看到巴黎无产阶级毫不
妥协的斗争姿态,认为自己对于工人阶级的认识和信念得到证明,并
表示将巴黎无产阶级作为榜样介绍给德国工人。马克思赞扬,巴黎
无产阶级一如既往地反对两种形式的波拿巴主义。"他们从来没有
想到为了贪图小便宜而出卖自己的历史荣誉(或者,也许不应当说
"自己的历史荣誉",而应当说"自己的作为革命承担者的历史的长子
继承权"吧?)"④。

　　在批判青年黑格尔派代表鲍威尔的"自我意识哲学"时,马克思
指出,这种观点颠倒了历史过程中真实的主客体之间的关系,将"精

---

① 马克思恩格斯全集(第 1 卷).北京:人民出版社,1956:483.
② 马克思恩格斯文集(第 1 卷).北京:人民出版社,2009:542.
③ 马克思恩格斯全集(第 12 卷).北京:人民出版社,1962:4—5.
④ 马克思恩格斯全集(第 16 卷).北京:人民出版社,1964:88.

神"说成是历史活动的主体,而把群众沦为"精神"的承担者,是从实质上完全否定了以往人类的全部历史。马克思认为,有生命的个体的存在是全部人类社会发展的首要的前提,劳动是社会一切财富的源泉,依靠自己劳动生活的普通群众是社会历史的真正创造者。以劳动人民为主体的群众是国家的真正主体,历史上的活动和思想都是人民群众的思想和活动。马克思将民主主体问题的研究建立在现实社会的基础之上,奠定了人民当家作主的理论基石。民主的主体不是理念的产物"国家",不是"自我意识",而是"社会化的人"。这一论断是对民主内涵的重新阐释,升华了民主精神。将民主主体回归到现实的人,源于马克思民主观的最终旨趣不是为了构建完美的国家形式,而是为了实现人的"自我规定",是为了实现人类的自由与解放。

在阐析巴黎公社的民主价值时,马克思称其是真正意义上的实现了最广大的人民群众的民主实践,它不是由饱食终日的市议员们、假公济私的教区委员们、穷凶极恶的习艺所监工们、大块土地拥有者、满袋金银却头脑愚蠢的家伙们操纵控制的"城市自治"或"郡自治",也不是司法丑物或借助于寡头俱乐部和阅读"泰晤士报"来管理国家的"政治自治",它是由"人民自己当自己的家"①,明确了公社的主权归属。公社是属于工人阶级及广大劳动人民的政权,人民当家作主是无产阶级民主共和国的本质内容。巴黎公社革命第一次向世界有力昭示:唯一拥有社会首创能力的工人阶级得到公开的承认。巴黎工人发动了这次革命,并且以英勇的自我牺牲精神承受着这场战斗带来的诸多打击。这次革命是以人民群众的名义,并且是公开为维护人民群众即生产者群众的利益而进行的斗争。这次革命的一个新特点体现在,人民组成了公社,从而明确地把他们这次革命的真

---

① 马克思恩格斯全集(第 17 卷).北京:人民出版社,1963:565.

正领导权把握在自己的手中,①在法国遭受着内战带来的多重灾难,民族近乎崩析,经济濒于破产。巴黎的工人为维护法国农民的利益而战,不同于凡尔赛们,他们为反对法国农民而挑起战争;也不同于乡绅议员们,他们总是企图让农民继续做他们的奴隶,农民能够照旧成为他们的"可以任意勒索租税的"对象。这个国家的中产阶级(如店主、商人等)也不得不放弃之前想当那个属于腐败没落阶级的"奴隶主"的幻想。法国的小资产阶级和中等资产阶级破天荒地第一次公开表明:团结在工人革命旗帜下,这是在法国历史上从来没有过的。他们公开宣布:这场革命是拯救他们和拯救法国的唯一手段。因为他们还清楚地记得,六月革命胜利后富有的资本家立即冷酷地索取他们本该得的那"一磅肉",6 月 13 日他们被解除了武装,遭到军队的残忍杀戮,以及帝国时期他们所遭受的来自证券投机商、铁路大王、股份公司等劫掠或剥夺。政治地位上的贬抑、经济利益上的打击,让他们意识到:只有工人阶级能救亡济危,能将他们从僧侣的统治和帝国的剥夺中挣脱出来。因为他们感受到了来自工人阶级的巨大力量,工人阶级有着非凡的宏伟志向和坚忍的牺牲精神。于是他们和工人联手组成国民自卫军的主体,与工人一起开会,在共和联盟里热心为工人做中介联络人。在劳动共和国里,科学家成为自由的思想家,科学才能发挥应有的作用,变成真正人民的力量。② 公社的主权属于工人阶级及其领导的全体劳动人民,公社成为一个"具有广泛代表性的政治形式"③。因为它被多种多样的人视作是自己利益的代表者,它庄重宣告:至少在欧洲作为阶级统治的赘瘤或外衣的君主制已难以藏身,廉价的政府从来不是它的终级目标,仅是作为它的伴生物。马克思在批判哥达纲领时指出,纲领里中小心翼翼提出的

① 马克思恩格斯文集(第 3 卷). 北京:人民出版社,2009:207.
② 马克思恩格斯文集(第 3 卷). 北京:人民出版社,2009:204.
③ 马克思恩格斯文集(第 3 卷). 北京:人民出版社,2009:157.

政治要求都是民主主义惯用的陈词滥调,普选权、直接立法、人民权利、国民军等空洞概念,滥用"现代国家""现代社会"等术语,没有任何实质内容。马克思认为,所有的美好的愿望都必然建立在"人民主权的基础上",民主共和国是其最为适宜的土壤。"一切美妙的玩意儿都建立在承认所谓人民主权的基础上,所以它们只有在民主共和国内才是适宜的。"①民主政治的核心是人民主权,主权为人民所有,真正民主制的主体是工人阶级领导的广大人民群众。可见,巴黎公社的民主主体被界定为包括工人阶级及工人阶级最广泛的同盟军农民阶级、小资产阶级、中等资产阶级、知识分子在内的社会阶层,最大限度地扩展了民主主体外延,是人民对"自由""平等"不懈追求的成果。随着社会历史的发展,人民群众的内涵将会不断扩展,最终趋向于与全体社会成员重合。

总之,马克思第一次站在唯物史观的高度阐明了人民的内涵,明确民主的主体。人民不是被少数统治阶级所取代的抽象物与悬置物,而是作为社会推动力量的进行实践活动的人的现实集合体。人民在实践活动中实现了个人与社会的统一,他们是社会历史进步的主体力量,是真正民主的主体。国家制度必须是真实人民意志的体现,否则就是虚假的民主,是事实上的幻想。这一观点既批判了否定人民的反民主主张,又突破了以往民主主体的狭隘性。②

(二) 国家的基础是现实的人

社会是人的社会,历史是人的历史。所有哲学归根到底是"人学"。哲学家往往是从对人的分析开始,以人作为逻辑立足点,展开建构自己的理论体系。黑格尔及之后的黑格尔派代表人物、费尔巴哈,都运用了这种逻辑。马克思指出,黑格尔将观念变成主体,人的

---

① 马克思恩格斯文集(第3卷).北京:人民出版社,2009:445.
② 刘洪刚. 理解马克思人民民主概念的四重维度.科学社会主义,2022(1):56—64.

本质即自我意识，人是具有自我意识的存在物。自我意识成为主体，现实的人成为这一主体的谓词。人成为自我意识的人，而不是生活在现实的对象世界中的人。费尔巴哈提出从人的关系出发去把握和理解人，这一思路无疑是对的。但费尔巴哈仍然囿于理论层面，不是从现有的社会联系中理解，"他还从来没有看到现实存在着的、活动的人，而是停留于抽象的'人'，并且仅仅限于在感情范围内承认'现实的、单个的、肉体的人，也就是说，除了爱与友情，而且是理想化了的爱与友情以外，他不知道'人与人之间'还有什么其他的'人的关系'"。① 他始终没有回到现实生活中去把握人和理解人，只是在感情范围内承认存在现实的单个的肉体人。历史在费尔巴哈的视野之外，他看不到"改造工业和社会结构的必要性和条件的地方"，先天预设的人的本质，在历史和人的问题上费尔巴哈重新陷入唯心主义。马克思批判德国哲学传统，意识到哲学体系在黑格尔那里已经完结，让哲学回到现实，让宗教从天国回到人间。成为现实迫切的需要，在《1844 年经济学哲学手稿》中，马克思区分了人与动物，指出有意识的生命活动把人与动物直接区别开来。人有意识地把自身当作自由的存在物，并在实践和理论上自觉地把生命活动变成自己意识的对象。人高于动物的根本依据是"自由的有意识的活动"。这种活动不仅是维持肉体生存的谋生性劳动，它是自由自觉的劳动。只有从事自由自觉的生产劳动的人才是真正意义上的人。马克思批判资本主义生产方式，它使人作为的本质力量的劳动成为异化劳动。在这种劳动中，人不仅不能证明自己是类的存在物，反而作为非人化的存在物被批量地生产出来。资本主义社会的生产"不仅把人当做商品、当做商品人、当做具有商品的规定的人生产出来；它依照这个规定把人当做既在精神上又在肉体上非人化的存在物生产出来。"② 马克思认

---

① 马克思恩格斯全集(第 1 卷). 北京：人民出版社,2002:530.
② 马克思恩格斯全集(第 1 卷). 北京：人民出版社,2002:171.

为,在理想的社会中,人的劳动过程、劳动产品和人的身体都应是人之为人的表征,而不是变成完全异己的力量,让这种异己的力量统治一切。在此基础上,马克思着手建构了一个人复归于人的理论逻辑,理想的共产主义社会将实现对私有财产即人的异化的扬弃,真正占有人之而为人的本质。①于此,现实存在的真正的人的"出场",成为马克思哲学理论建构的逻辑起点,也是他考量政治国家基础的起点。

马克思认为,真正的民主制是属于人民的好的国家制度。这种好的国家制度的基础是现实的人。它不仅具有自在的内在本质,而且其现实性的存在是逐渐地、必然地被引归到属于自己的"现实的基础、现实的人、现实的人民"②,它被确定为是人民自己内部的事情,展露出它本应有的"人民存在的环节"的真容,成为客体化的人。反观君主制,作为整体的人民只能从属于这个国家的抽象的政治制度,抽象国家的范围成为争论的焦点,人民最终是沦为"国家制度的人民"。而在中世纪,政治制度是宗教的领域,人成为国家的原则,但中世纪的人是不自由的人、异化完成的人,呈现出现实的二元论的特征。马克思强调,"人的根本就是人本身"③,现实的人是社会得以存在与发展的前提,是国家的基础。每个独立存在的国家主要是、也只有是"通过特殊的个体才能确立。"④马克思还通过揭示出国家制度与私有制之间的本质联系来阐析国家的基础。他明确指出整个国家制度都是建立在私有财产的基础上,私人占有制是国家和法律赖以存在的现实物质基础。国家是人类社会在一定发展阶段上的产物,它是资本主义到共产主义的"政治上的过渡时期",而人永远是一切社会组织的基础和本质。针对君主立宪,马克思严厉地斥责黑格尔

---

① 陈培永.什么是人民、阶级及其他——以马克思的名义.南京:江苏人民出版社,2018:16—23.
② 马克思恩格斯全集(第3卷).北京:人民出版社,2002:40.
③ 马克思恩格斯选集(第1卷).北京:人民出版社,2012:11.
④ 马克思恩格斯全集(第3卷).北京:人民出版社,2002:40.

对普鲁士君主立宪制度的美化,指出将君主主权与人民主权作为并存的统一体的说法是极其荒谬的,并提出要建立一种新的"真正体现人民的意志"的国家制度。作为一种国家制度,民主制是具有国家制度这个类的一般特征的制度,最符合国家制度的实质、是作为类概念的国家制度。君主制是不好的国家制度,在君主制中人民仅作为"国家制度的人民";民主制是好的国家制度,是"人民的国家制度"①。在民主制中,国家制度恢复了它本来的意义,即人的自由的产物。真正的民主制从人出发,"把国家变成客体化的人"②。国家的基础不再是某个神、某个观念或抽象的人,而是具体的、现实的人,是占社会人口绝大多数的人民群众。民主制区别于君主制、贵族制的关键就在于它的基础是人民,人民能够在国家生活中有效地行使权力。人民有权利参与和支配国家政治生活,并在这个过程中求得自己的发展。国家和政府的权力只有得到民众普遍的承认和拥戴才具有最终的合法性根据。人民同国家的联系就是同自己事务的联系,普遍利益真正成为他们特殊利益的必要的共同实现形式。③ 马克思称赞:巴黎公社由工人管理,奠立了真正民主制的基础。不断扩大社会的自主性,普通民众能够自觉主动地参与国家政治事务,掌握和主宰自己的社会生活,有助于夯实国家的基础。随着社会自主性的提高,社会逐渐收回国家的各项职能,国家"迄今所夺去的一切力量"④最终归还给社会机体,实现人的自由全面发展。在真正的民主制中,政治国家将会消失。

马克思指出,要使国家回归人民本身,使个人的社会存在性与共同体的个体社会存在方式两者实现统一,即达到特殊和普遍的统一。其内在包含两个方面的规定,国家属于人民的,它不能被任何特殊的

① 马克思恩格斯全集(第1卷).北京:人民出版社,2012:39.
② 马克思恩格斯全集(第3卷).北京:人民出版社,2002:40.
③ 张涛.马克思的民主观及其当代启示.马克思主义研究,2008(5):60—66.
④ 马克思恩格斯选集(第3卷).北京:人民出版社,2012:101.

个人或群体攫取。其次,国家回归到人民的现实生活。消解政治国家作为独立领域的抽象性存在,国家必须是人民的现实生活本身。通过扬弃市民社会的私人性和分离性,即"市民社会把自己的政治存在实际设定为自己的真正存在,同时也就把不同于自己的政治存在的市民存在设定为非本质的存在;而被分离者中有一方脱落了,它的另一方,即对方,也随之脱落"①,将国家回归物质国家,回归现实社会。②

国家权力回归社会,回归人民,是无产阶级国家政权的最终归宿,是马克思的社会理想,是其民主观的终级价值指归。马克思在批判拉萨尔所谓自由国家,嘲讽其要将国家变成"自由的"的观点,"自由就在于把国家由一个高踞社会之上的机关变成完全服从这个社会的机关;而且就在今天,各种国家形式比较自由或比较不自由,也取决于这些国家形式把'国家的自由'限制到什么程度。"③国家政治权力归还给人民和社会,是权利的政府本位向权利的人民本位和社会本位的回归。还权于社会和还权于人民,才能实现真正的民主。④

(三) 人民群众是历史的主体

在西方政治思想史演进历程中,"人民"概念是 18 世纪启蒙运动以来随着资产阶级革命兴起而出现,是自由主义政治哲学家提出的与君主主权学说相对立的概念。在之前的政治模式中,君主与臣民相对应,君主是统治者,臣民是被统治者,君主对臣民的统治借助于"君权神授"获得合法性。当资产阶级革命将国王送上断头台,君主主权、君权神授说随之崩坍,需要确立新的主权者,需要新的理论论

---

① 马克思恩格斯全集(第 3 卷). 北京:人民出版社,2002:150.
② 王代月,胥玉洁. 麦克弗森对西方自由民主制危机根源探析的理论得失——基于马克思主义的审视. 河南社会科学,2022(12):27—33.
③ 马克思恩格斯文集(第 3 卷). 北京:人民出版社,2009:444.
④ 孙代尧,刘洪刚. 在民主理想与现实之间?——重解马克思的无产阶级专政理论. 贵州大学学报(社科版),2013(1):36—41.

证政治权力的合法性,启蒙思想家的天赋人权说、社会契约论等学说建立,其理念逐渐深入人心。每个人都是权力的主体,主权者或执政者只是作为代表来行使国家权力。可见,"人民"概念是现代性政治的产物,它的出现标志着传统政治统治理论的结束,是人类社会政治领域中的一次巨大进步。卢梭是人民主权学说的主要代表,是法国大革命中最富有影响力的思想先驱。卢梭认为,人民由平等的个体通过社会公约结合形成的归属公意指导的共同体。国家主权归属于全体人民,人民就是主权者。每个人都是主权或公意的参与者。青年马克思深受卢梭的影响,这种影响尤其体现在《黑格尔法哲学批判》文本中。马克思集中批判了黑格尔的《法哲学原理》,初步阐释了自己的人民观、国家观和民主观。人民构成了现实的国家,人民是具体的,人民主权需要民主制来维系和实现。之后,马克思突破了人民呈现的政治领域要求,着力于生产方式、社会形态改变的革命路径研究。人民是在人类社会历史进程中具有正能量的、推动社会进步的积极力量,是代表着历史进步潮流的阶级与阶层构成的群体。人民是一个历史范畴,在社会发展的不同阶段,人民的构成部分是不同的。"人民"与"群众"是马克思主义理论体系中密不可分的两个术语,往往被放在一起使用。"人民"在中西方思想史上占据,至少曾经占据着崇高地位,而"群众"往往被众多哲学家、思想家们轻视、鄙视,甚至敌视,马克思主义赋予了群众以一种先进的、革命的特质。青年黑格尔派代表人物在强调精神、自我意识的重要性的同时,群众被放在精神的对立面的位置,群众是精神的真正敌人。他们自我欺骗、懦弱无能、鲁莽粗野,是"卑贱的纯粹的无",是"精神的空虚"。马克思和恩格斯在《神圣家庭》一书中对之进行了批判,明确指出群众的历史主体地位,群众是一种创造新世界的物质力量。"历史活动是群众的活动,随着历史活动的深入,必将是群众队伍的扩大。"①青年黑格

---

① 马克思恩格斯文集(第 1 卷).北京:人民出版社,2009:287.

尔派在不懈地宣扬永恒性精神时,群众本身被固化,被孤立僵化地理解。应以历史的眼光,透过未来的视角,看到群众本身的变化,并认识到特定的历史阶段会影响群众主体作用的发挥。① 马克思不仅相信群众的力量,确认他们是历史的主体力量,而且还努力为进步思想寻找根基,把握历史的现实性。马克思指出,任何伟大的历史活动必然是唤起人数众多的群众,科学的理论必须掌握群众,才能变成现实的物质力量。如果一个思想不能体现群众的利益和需求,它必然是不合时宜,不会被社会需要,更不会产生革命的行动。思想必须与群众结合起来,理论必须与现实条件结合起来,才能达到改造世界的目的。②

在马克思主义产生以前,唯心史观在社会历史上长期存在并一直占据着统治地位。唯心史观主张社会意识决定社会存在,贬低或抹杀劳动群众的作用,把英雄人物或客观精神看成是历史的创造者。马克思认为,从事社会生产的人民群众才是历史的真正创造者,人民是历史的主体。(1)人民群众是社会物质财富的创造者。历史活动的首要前提是生产物质生活本身。人们为了能够创造历史必须要生存下去。而只有得到足够的衣、食、住等基本的生活必需品,人类才能生存下去。由此而言,人类首要的历史活动就是生产满足人类生存的物质资料。换言之,物质资料的生产是一切历史的前提和基本条件。谁是物质财富的创造者? 唯心史观认为"批判的批判创造一切""机器创造财富""工人什么也没创造"。马克思对之予以批判,一针见血地指出,"批判的批判"实际上什么也没创造,创造物质财富的恰恰是被他们污蔑和鄙视的人民群众。人民群众是生产力中最活跃的主导性因素,他们的生产实践创造出自己和各个历史时期的剥削

① 马克思恩格斯文集(第1卷).北京:人民出版社,2009:287.
② 陈培永.什么是人民、阶级及其他——以马克思的名义.南京:江苏人民出版社,2018:
　196—230.

阶级赖以生存的物质生产资料。与此同时,人民群众在生产生活中不断积累经验,不断创造和改进生产工具、生产技术,从而推动生产力的发展,进而推动生产方式和上层建筑的变革,最终推动社会历史的进步,成为历史的创造者。人民群众是推动社会历史前进的决定力量。(2)人民群众是精神财富的创造者,表现为:一方面,精神财富来源于人民群众的生活和社会实践。任何真正有价值的精神财富都来源于人民群众的生活和社会实践,并在人民群众的实践中不断发展。譬如希腊艺术就来源于民间的神话故事。当时人民群众还无法科学解释一些自然现象,于是就有了很多关于自然界神秘力量的幻想,产生一些民间口耳相传的故事。这些故事为古希腊艺术的发展奠定了坚实的基础。同时,人民群众还直接参与了精神财富的创造,如阿克莱能够发明水纺机,瓦特能够改进蒸汽机,不仅仅是因为他们天资聪颖、勤奋刻苦,还因为他们找到了大量熟练的机械工人。人民群众拥有无穷的智慧和力量,他们是社会精神文化财富的创造者。(3)人民群众是社会变革的决定力量。在人类社会历史发展中,每一次社会制度的变迁与更替,没有哪一次不是通过人民群众的革命实践来实现的。任何革命运动要获得成功,就必须把人民群众的根本利益作为最高的价值标准,唤起他们的热情、积极性和英勇精神。反之,一切脱离人民群众,不能体现人民群众的现实利益,不能充分地发动人民群众的革命运动就会受到损失,甚至失败。[①]

(四) 民主是"人民的自我规定"

马克思认为,民主制是一种好的国家制度,这种国家制度的基础是现实的人,而且这种国家制度本身就是"人民的自我规定"和"人民的特定内容"。人民不是为民主制而存在;相反,在民主制中,国家制度被确定为人民自己内部的事情,国家制度的每一个环节都体现着

[①] 朱艳菊. 马克思主义的政府价值理论研究. 北京:中国社会科学出版社,2018.

人民本身的意志和要求,由人民所拥有的主权所决定和支配。国家制度、宗教不会创造人,而是人创造了国家制度、人创造了宗教、创造了法律。究其根本,国家制度只是人民存在的环节。因为"民主制独有的特点,就是国家制度无论如何只是人民存在的环节"①。所谓人民存在的环节,是指国家权力来自人民,国家的权力只有得到民众普遍的承认和拥戴才具有最终的合法性根据,国家权力的运作是人民意愿的真正体现。民主制中,国家制度的每一个环节都是整体人民的环节的组成部分。因此,"围绕人民的生活展开国家的生活,国家生活和人民生活是民主制体现人民环节的两个支点"②。人民自己创造、自己建立、自己规定着国家制度、法律和国家本身,并自主地运用它们决定自身的事务,人民意志得到贯彻和实现。民主制是为保障人民的权利、实现人民的意志而存在。民主制的出发点和归宿是人民,人民决定和控制着国家政治生活的具体环节,民主是"人民的自我规定"。

马克思批判了黑格尔的君主主权论,指出将君主规定为主权本身,就是将人民排斥在社会和国家之外。国家主权在本质上是人民主权,君主至多只是人民主权的象征。民主制是一种好的国家制度,人民是国家及其制度的主体,也是创造者和目的,国家制度是人民自由的产物和实现。在真正的民主制中,宪政制度是人民自己的作品,由人民自己决定。这意味着社会中的人不再与政治国家、公共领域和社会共同体相分离和疏远,实现了社会与政治国家的统一。人民是国家权力的所有者,决定着自己的国家制度。国家制度体现着人民的意志,为着人民的利益服务。马克思强调,"民主制中,国家制度本身就是一个规定,即人民的自我规定。在君主制中是国家制度的人民;在民主制中则是人民的国家制度。民主制是国家制度一切形

---

① 马克思恩格斯全集(第3卷).北京:人民出版社,2002:40.
② 罗许成.民主形态论——马克思的权力阐释视角.北京:中国社会科学出版社,2019:83.

式地猜破了的哑谜。在这里,国家制度不仅就其本质说来是自在的,而且就其存在、就其现实性说来也日益趋向于自己的现实的基础、现实的人、现实的人民,并确定为人民自己的事情。国家制度在这里表现出它的本来面目,即人的自由产物。"①马克思所追求的民主不仅是价值层面的人民主权和人民主体性,还是在现实社会中通过具体的制度来实现的人民主权和人民主体性。民主必须是一种国家制度,是国家制度的最高形式,是国家制度中最好的"类"。国家制度由人民决定,并渗透到人民的社会生活中,人民真正成为国家和社会的主人。在真正的民主制中,政治国家的权力回归到全体人民手中,国家制度成为人民社会生活中的一个组成部分和表现形式,最终接近马克思所追求的人类解放和自由人联合体的理想社会,②"在那里,每个人的自由发展是一切人的自由发展的条件"③。

马克思肯定了资产阶级革命的重要历史意义,但同时指出作为资产阶级革命成果的政治解放的历史局限性。政治解放推翻了封建制度,其本质上只是使人类具有形式意义上的虚假民主,没有从根本上实现资产阶级所标榜的自由、平等及民主,资本主义的政治民主不是"人民的自我规定"。马克思还揭露了君主国家制度独立于社会之上的神化现象,致使本质上行使纯粹专制职能的国家成为高高在上的不可侵犯的神灵,成为宗教的领域,是人民生活的宗教。④ 这种与人民生活现实性的存在处于始终的对立状态的普遍性的抽象的存在,显然不可能是人民的自我规定。

马克思明确民主的实质是"人民自己当自己的家",民主是"人民的自我规定",一切国家形式都应以民主体现自己的真实性。当今自

---

① 马克思恩格斯全集(第3卷).北京:人民出版社,2002:39—40.
② 刘洪刚.马克思无产阶级专政与民主之关系新论.北京:中国社会科学出版社,2016:35—37.
③ 马克思恩格斯文集(第1卷).北京:人民出版社,2009:53.
④ 马克思恩格斯全集(第3卷).北京:人民出版社,2002:42.

由主义政治理论家将人民民主替换为自由民主,在自由和民主之间实现了虚构的协调,改写了现代民主的基本内涵,偏离了原初意义上的人民民主。马克思民主观有助于我们分析西方自由民主制一再遭遇危机的根源所在,祛魅关于西方自由民主的种种神话,"彰显社会主义人民民主所具有的优越性"①。

二、民主的表现形式:"确定自己的存在是政治存在"②

作为政治组织形式的民主不是空洞的抽象之物,它是历史的具体性存在。民主总是通过某种具体的历史形态表现出来,离开具体的表现形式的民主是无法理解,也是不存在的。人类历史上曾经出现过一些性质迥异的民主制度,马克思对之进行了比较研究,认为民主价值的实现存在着共同的形式。

人民主权是一切国家形式呈现为真正民主制的首要原则。人民主权,一方面要在观念和制度上解决权力的来源和组织问题,另一方面要在制度的实际运行中实现人民的生活并体现人民的环节。前现代社会的国家制度里有一套有关权力来源的观念,也存在一套完整的组织制度,且在一些民族、国家或地域的某个历史时期存在过某种程度的民主形式和民主因素,但究其本质,体现的不是人民的生活和人民的环节,而是君主的环节、特权的环节、部分人的环节。古代民主,如雅典民主,表现为直接民主、城邦治理、重习俗、崇尚权利平等,雅典人的生活的政治色彩浓郁,作为城邦制度私有财产制度就是政治制度。雅典民主制从形式上体现了原生民主的原则,但实质上仍是由少数公民占有生产资料而占有政治权力的国家形式,这种国家

---

① 王代月,胥玉洁. 麦克弗森对西方自由民主制危机根源探析的理论得失——基于马克思主义的审视. 河南社会科学,2022(12):27—33.
② 马克思恩格斯全集(第3卷). 北京:人民出版社,2002:147.

形式是由其社会生产、分工、阶级分化所决定,是以奴隶制为前提的民主制,公民是一个特权群体。占有财产而享有公民资格、参与城邦政治生活,这种形式的民主随着私有财产的进一步发展而与原生民主的基本精神越来越背离。

中世纪的私有财产具有政治性,因而其民主制必然围绕着私有财产的有特权的人的私人生活的民主。正如马克思所言:"在中世纪,财产、商业、社会团体和每一个人都有政治性质;在这里,国家的物质内容是由国家的形式规定的。在这里,一切私人领域都有政治性质,或者都是政治领域;换句话说,政治也是私人领域的特性。在中世纪,政治制度就是私有财产的制度,但这只是因为私有财产的制度就是政治制度。在中世纪,人民的生活和国家的生活是同一的。在这里,人是国家的真正原则,但这是不自由的人。所以这是不自由的民主制,是完成了的异化"①。总之,古代与中世纪民主,是与私有财产不发达、没有形成独立的市民社会,形成了具有政治性质的权力民主,偏离了原生民主的基本原则和精神。随着社会生产力的发展和社会权力关系的变革,封建土地贵族阶级占有生产资料从而占有政治权力,由此排挤破产的公民,使民主制进一步围绕着土地等财产制度而特权化,成为最微弱意义上的民主制。一方面,政治生活本身不能不建立某种程度、某种方式的民主制,在横向上分立统治权力、商议政治事务,在纵向上协商君主权力与地方封建主权力的关系;另一方面,这种极为有限的民主运作总是一次又一次陷入到服从一个人"最后的决断"的黑潭中。

当私有制进一步向前发展,到现代普遍性的历史阶段,进而把自身生活(市民社会)从国家生活的同一中剥离出来,资本主义生产方式的确立,借助于"人民"的抽象与"人民"的权威实现了主权和权力的世俗化与合法化,成功地将主权与权力的行使分离开来。人民的

---

① 马克思恩格斯全集(第3卷).北京:人民出版社,2002:42—43.

主权,以现代权利观念和权利制度为基石,通过国家和法的中介赋予个人以人权与公民权,把人的自由规定为按照法律对待的权利,把民主制的关键主题转换成政治领导人的竞争性票选,组成一个特殊的机构来代表他们的意志,把人民的意志和要求转换成政治代表的宣示和承诺,通过权力的分立、制衡、竞争等宪政原则,实现了公共权力的民主化运作过程,民主的现代形态出现。现代民主不仅有助于消解权力民主走向专制的风险,而且在权利范围内也极大提升了民主意义,它是私有制普遍发展时代所达到的较高的历史形态。马克思深刻地指出,财产权利、资本主义和自由市场是现代民主生长的物质环境,在现代民主的运作过程中,资本是其轴心规则,任何制度的确立和运作都必须服从于并服务于资本的要求。资本要求普遍私有制、自由市场、个人财产权利等,这些要求使得资本与民主联姻,但资本绝不会允许人民主权理想去触动其在现代物质生产和现代社会生活中的主导地位,"人民自我决定""人民直接行使权力"与资本这一轴心规则不相容。资本主义社会民主制所实现的仍是资本权力,是资本权力、政治权力或官僚的环节,不是人民的环节。①

在对巴黎公社的系统阐述中,马克思进一步丰富了民主形式的研究,指出工人阶级创造了现代社会在本身经济因素作用下的更高形式。② 真正的民主制是人民掌握国家生活,人民参与国家普遍事务,掌握国家及其法律、制度、政策的生产、运作和变革。积极参与国家和社会生活,是人民"确定自己的存在是政治存在"③的表达方式,是人民当家作主的有效表现形式。民主的表现形式主要包括直接参与形式、混合参与形式和民主监督形式等。

---

① 罗许成.民主形态论——马克思的权力阐释视角.北京:中国社会科学出版社,2019:136—145.
② 马克思恩格斯文集(第3卷).北京:人民出版社,2009:159.
③ 马克思恩格斯全集(第3卷).北京:人民出版社,2002:147.

(一) 直接参与形式:社会自治

社会自治是指社会共同体的全体成员在自由平等的基础上依法对公共事务实行自我管理,是人民对政治生活和社会生活的直接参与。人民的自我管理是民主政治的本质要求,社会自治程度是民主政治发展水平的重要标志。社会共同体通过建立规则来凝聚公众意见和规制公共权力。公众依照规则,根据大多数人的意愿来决定公共事务,直接参与社会管理。马克思认为,巴黎公社可被视为"生产者的自治政府",公社的管理阶层由工人群众组成,完全代表着工人的利益。管理者们根据社会成员所商量制定的组织章程行使其相应的组织管理权利。马克思指出,公社的人民管理制度是社会自治的典型表现,可以成为法国其他一切大工业城市的效仿对象。随着公社的自治制度在那些与巴黎同级和次一级的城市建立起来,法国旧的中央集权政府就会让位于"生产者的自治政府"。马克思预见性地提出,公社将"成为甚至最小村落的政治形式"[①],在农村地区服役期限极短的国民军取代旧社会的常备军,公社的存在和运作必然会带来法国的地方自治。"但这种地方自治已经不是用来牵制现在已被取代的国家政权的东西了"[②],如普鲁士的城市管理机构沦为国家警察机器上的辅助轮子,而应是中央政府职能充分发挥的基础和前提。公社体制重新收回国家政权,并将它变成社会有机体中有生命力的部分,国家政权不再是统治和压制社会的力量,这是人民群众组织成自己的力量去代替过去压迫他们的组织力量。公社体制是人民群众获得社会解放的一种政治形式,"这种政治形式代替了被人民群众的敌人用来压迫他们的假托的社会力量"[③]。它是人民群众参与社会

---

① 马克思恩格斯文集(第3卷).北京:人民出版社,2009:155.
② 马克思恩格斯文集(第3卷).北京:人民出版社,2009:157.
③ 马克思恩格斯文集(第3卷).北京:人民出版社,2009:195.

管理的制度形式,如同一切伟大事物,以最为简单的形式呈现。可见,在马克思关于民主形式的构想中,社会自治体现为一种实现人民自我管理的制度形式,而不再是地方与中央相对抗的制度设计。马克思设想让人民大众不仅参与政治选举,而且还担任公务员,广泛地直接参与国家管理,实现公共事务由全体社会成员共同参加管理。人民大众广泛的直接的政治参与是实现人民管理制的重要途径,也是防止权力异化和腐败的根本保证。

19 世纪 40 年代马克思恩格斯参与创建的共产主义者同盟就是民主的自治形态。"组织本身是完全民主的",同盟在和平时期成为一个纯粹宣传性的团体,一切均按民主制度运作,"仅这一点就已堵塞了任何要求独裁的密谋狂的道路。"[1]南斯拉夫等国家对马克思民主自治形式作了进一步的理论探讨和实践尝试,较为系统地阐释了自治民主的阶级性质、自治民主与自由、社会主义自治模式。马克思的无产阶级自治民主理论是对自古希腊民主以来直到卢梭的小城邦直接民主理论的继承性发展。之后卢卡奇在《历史与阶级意识》中提到的"工人委员会"、葛兰西设想的作为无产阶级国家模型的"工人委员会"及科尔施的"工业自治",强调无产阶级民主建设的自治原则、民主自治在社会主义民主实现的重要性,这些都是对马克思自治民主理论的发展。[2] 马克思还从人的解放、社会形态、国家消亡等多个角度来阐述社会自治。

社会自治包括民众在日常社会生活中的主动参与,是公民个体自主自由地实现自己权利的重要形式。通过社会自治的民主形式,培养人民的公共精神,提升人民参与社会管理的积极性和能力,不断扩大人民对社会公共事务的管理范围,逐步实现政治国家向市民社会的回归。在共产主义社会里,完全彻底的社会自治的实现,意味着

---

① 马克思恩格斯文集(第 4 卷).北京:人民出版社,2009:236.
② 郭丽兰.马克思民主观的文本研究.北京:人民出版社,2014:210.

国家的消亡。

（二）混合参与形式：普选制与代表制相结合

混合参与形式，即普选制与代表制相结合的参与方式。现代民族国家人口数量的庞大和公民居处的分散，加上经济、政治、文化多方面制约，在社会每个层面都实现自治的直接参与形式往往不具有可行性。通过选举代表来行使权力，即通过选举和被选举的方式社会把一部分权力委托给代表，间接实现民主参与管理决策。代表制有助于突破人民民主参与的人口和地域的限制，实现民族国家管理的有序性。选举产生的管理国家的代议机构、政府机构及其政府官员是否真正代表人民的意志和利益，是判断真假民主的一个关键所在。

马克思热情地肯定了巴黎公社作为无产阶级政权建设的伟大实践，指出其民主选举是把直接民主制与人民代表制相结合的一次创造性实践，找到了扬弃和超越资产阶级议会制之路。在巴黎公社的实践中，人民有权选举自己的一切领导，选举范围也适用于一切社会职务。马克思赞叹道："从来还没有过进行得这样认真仔细的选举，也从来没有过这样充分地代表着选举他们的群众的代表。"①这些代表对于局外人是无名之士，却为工人阶级所熟悉。马克思高度评价巴黎公社的普选制，抨击了资本主义普选权的虚伪性，明确主张将普选制和代表制结合起来。巴黎公社的市政委员是由各区全民通过投票的方式产生，经由普选产生的委员是负责任的，随时可以罢免，"其中大多数自然都是工人或公认的工人阶级代表"②，在巴黎公社的政治实践中，人民有权选举自己的领导，普选的范围不囿于市政委员，适用于一切公职人员。巴黎公社的普选，是国家权力为社会服务的

① 马克思恩格斯文集(第3卷).北京：人民出版社,2009：190.
② 马克思恩格斯文集(第3卷).北京：人民出版社,2009：222.

基本原则的遵循,促使国家回归社会,彻底改变了国家控制社会的政治逻辑,有力摧毁了资本奴役劳动的政治基础。以普选方式当选的公社委员大多是劳动者或劳动者的代表,保障了公社政权属于劳动者阶层,明确无产阶级在政权中的主体地位,彰显了政权产生、归属和收回的人民性,为劳动摆脱奴役创造了政治条件。① 马克思认为,法官也应由全民选举产生,要对选民负责,可以罢免。普选制与罢免制相结合,有助于实现人民对公社的管理,这是公社的普选制得以超越于资产阶级的普选制之处。通过普选产生代表并实行制度化,是无产阶级国家机关民主化的必要形式,有助于加强无产阶级的政治统治。以普选方式产生的市政委员代表了人民群众的根本利益,时刻接受监督,随时可以被罢免。与普选结合的代表制为人民群众参与社会政治生活提供了途径,是西方民主政治发展史上的重要成果。公社里每一位有选举权的成员都可以真正运用自己手中的投票权,选出代表自己利益的代表。人民享有并运用自己的投票权选出能够代表自己利益的代表,参与国家的政治决策和公共事务的管理。将普选制与代表制相结合的混合式参与是民主政治的又一重要实现形式。

马克思指出,通过普选产生的代表即公社委员组成的机关不应是"议会式的",而应是"兼管行政和立法的工作机关"②,是行政权和立法权合为一体的机构,即"议政合一"的机构。"议政合一"不仅是混合式民主参与方式实施过程中的成果,也是一种新型的政权组织原则,这一原则是由巴黎公社首创,其实质是使无产阶级国家的代议机构——公社拥有足够掌控社会生活事务的权力,如管理城市、国家层面的创议权等。③ 公社不再是"中央政府走卒们的私有物",城市

---

① 靳晓霞.马克思关于巴黎公社选举的思想及其当代价值.党政研究,2020(2):55—61.
② 马克思恩格斯文集(第3卷).北京:人民出版社,2009:222.
③ 马克思恩格斯文集(第3卷).北京:人民出版社,2009:155.

管理真正成为反映和代表人民意愿的权威性机关。"议政合一"制下的公社委员任命行政部门的公职人员,执行法律,亲自检查法律实际执行的效果,真正做到对选民负责。"议政合一"制很好地克服了由分权原则导致的国家权力责任缺失的这一根本性缺陷,使得公社完全不同于资产阶级议会式的"清谈馆"。马克思还明确指出,普选制是民主的一种实现形式,但民主不止于选举,不能将民主简单地等同于选举。马克思批评资产阶级将民主等同于选举的狭隘性和形式性,资本主义社会的选举制是一种背离了公社精神的、带有欺骗性的选举制。①

(三) 民主监督形式:监督制度和罢免制度的建立

监督制度和罢免制度的建立,是人民有效行使民主权利、参与政治生活和社会管理的又一重要的方式。马克思认为巴黎公社中的与普选制相结合的撤换制、监督制、罢免制的建立,促使公社成员参与和管理公共事务,为民主的实现提供了保障性途径,它是民主参与的重要形式。

监督制度包括定期考核制度、责任制、询问制,群众监察委员会等。定期考核制度要求行政部门公职人员要定期汇报工作,听取群众意见。公职人员定期接受群众询问并使其制度化;明确公职人员的责任,通过成立群众监察委员会,专门行使针对公职人员的监督察失的职能。马克思还指出,应通过彻底地废除国家等级制,让公职人员(包括公社的勤务员)始终在公众的切实的监督下工作,从而以"真正的责任制来代替虚伪的责任制"②。监督制的建立,较好地实现民众对政治权力的监督,真正实现人民民主。马克思认为,在这种新型民主监督机制下,政治权力能够受到有效监督,有助于防止官僚腐败

---

① 马克思恩格斯选集(第3卷).北京:人民出版社,2012:100.
② 马克思恩格斯文集(第3卷).北京:人民出版社,2009:196.

和权力异化。

罢免制度是指公社成员有权撤换和罢免由他们选举出来的代表、公职人员的相关程序和制度。巴黎各区成员通过普选方式选出的市政委员必须"对选民负责,随时可以罢免"①,免除了政治职能的公社警察也成为随时可以罢免的工作人员。这表明,在行政部门、司法部门的公职人员,如果违背了民意,玩忽职守或其他失职行为,选举者可以随时撤换和罢免他们。罢免制度是对民众的监督权的强化,普选出来的代表或公职人员在任期内服从于民意,接受人民的全程性和全面性的监督。从这个意义上讲,罢免制度内含于监督制度中。监督制和罢免制的建立,使得所有人都能参与、管理国家事务。民主监督形式的存在,打破了旧的国家机器运作原则,能够防止社会权力异化,防止代表或公职人员利用职权谋私或者失职等行为的发生。社会成员都具有监督和监察的权力,便能有效地保证国家权力真正掌握在人民手中,保证国家权力为人民服务。通过民众参与和民主监督,可以有效制衡公共权力,促进组织机构高效廉洁运转。② 这是无产阶级民主的实现形式,同时也是促使国家机构有效运行的监督方式。监督制度与撤换制度的结合,使得公社完全不同于旧的政府机器,公职人员不能"使自己凌驾于现实社会之上"③,确保了政治权力的人民性,提高人民行使民主权利的真实性。

巴黎公社实行政府信息公开。政府信息公开,是人民了解政府决策动机和过程,以及对之实行有效监督的必要条件。政府对人民隐瞒自己的行为意图,不公开决策信息,人民的监督权就要落空,选

---

① 马克思恩格斯文集(第3卷).北京:人民出版社,2009:154.

② 欧阳康、陈仕平.马克思民主思想及对当前中国民主建设的启示.马克思主义与现实,2009(4):28—32.

③ 马克思恩格斯文集(第3卷).北京:人民出版社,2009:222.

举权就形同虚设。① 巴黎公社始终代表人民利益,务实为人民服务,
"不像一切旧政府那样自诩决不会犯错误。它把自己的所言所行一
律公布出来,把自己的一切缺点都让公众知道"②。巴黎公社不同于
凌驾于现实社会之上的旧政府机器,公社的职能由勤务员执行,时刻
处于切实的监督之下。巴黎公社中实现普选制与监督制、罢免制的
结合,不仅有助于提高公社成员参与管理公共事务的积极性,为民主
的实现提供了保障性途径,而且是有效的权力制约制度,使政府时刻
"受到选民给予他的限权委托书(正式指令)的约束",更好地服务于
人民,彰显政治权力的人民性。马克思援引现代企业招聘制度来说
明政府必须服从并服务于人民:"个人选择权服务于任何一个为自己
企业招聘工人和管理人员的雇主一样。大家都很清楚,企业也像个
人一样,在实际业务活动中一般都懂得在适当的位置上使用适当的
人,万一有错立即纠正"③。巴黎公社不仅使勤务员执行公务的过程
中时刻受到切实的监督,还要求公职人员只领取相当于工人的工资。
马克思反对特权,从公社委员起,自上至下一切公职人员,都只能领
取相当于工人工资的报酬。在官吏待遇方面,要实行低薪制,取消官
吏的高薪,倡导反对特权,所有公职人员不论职位高低,都只付给与
工人同样的工资。"从前国家的高官显宦所享有的一切特权以及公
务津贴,都随着这些人物本身的消失而消失了。"④社会公职人员不
再是中央政府走卒们的私有品物。城市的管理权、先前由国家行使
的全部创议权,这些都转归公社所有。马克思认为,特权和官僚制的
废除,一方面有助于"彻底清除了国家等级制",社会成员担任公职,
享有平等的地位和权利,"借口国家机密和国家权利玩弄的一整套骗

---

① 张岱. 马克思主义民主观及其三个发展阶段的现代启示. 河北学刊,2016(4):196—201.
② 马克思恩格斯文集(第 3 卷). 北京:人民出版社,2009:164.
③ 马克思恩格斯文集(第 3 卷). 北京:人民出版社,2009:155—156.
④ 马克思恩格斯文集(第 3 卷). 北京:人民出版社,2009:154—155.

局被公社一扫而尽；公社主要是由普通工人组成，他们组织着巴黎的防务……公社一举而把所有的公职——军事、行政、政治的职务变成真正工人的职务，使它们不再归一个受过训练的特殊阶层所私有"①。另一方面，公社取消了两大开支项目，即常备军和国家官吏，实现了所有资产阶级革命都提出的但没有做到的廉价政府的创设，人民武装取代了依靠人民和社会供养的军队，这些是资产阶级国家国税和国债"最茂盛的源泉"。②

　　为了防止政府性质转变，由社会的公仆变为凌驾于人民群众之上的暴力机关，卢梭曾提出了防止政府篡权的多种方法，譬如行政机构的临时性、行政官吏的撤换制和委任制等等，但并没能从根本上解决资产阶级政府与人民之间的矛盾对立，无法保证民主的真正实现。巴黎公社采取的一系列革命措施，使社会公职不再是凌驾于社会之上的机构，由负责任的勤务员来执行，这些勤务员时刻处于切实的监督之下等，有力地保证公职人员服从、服务于广大人民群众的利益，防止国家和国家机关由社会公仆变为社会的主人。普选制、监督制和罢免制的结合，确保了"人民主权"原则的真正实现。③

　　总之，社会自治的直接参与形式、普选制与代表制相结合的混合参与形式和民主监督形式是无产阶级民主实现的主要形式。这是与资本主义民主本质完全不同的民主参与形式，它很好地保证了最广大人民群众的参与权、知情权和监督权。只有人民群众广泛地参与国家政治生活，将国家政权作为人民当家作主的政权，才能充分体现政权的民主性。

---

① 马克思恩格斯文集(第3卷).北京：人民出版社,2009：196—197.

② 孙代尧,刘洪刚.在民主理想与现实之间？——重解马克思的无产阶级专政理论.贵州大学学报(社科版),2013(1)：36—41.

③ 王东,王晓红.从卢梭到马克思：教学与研究.学术前沿,2007(6)：28—35.

三、民主的实现条件:"把环境和人都加以改造"①

马克思反对抽象地谈论民主。马克思不仅指出民主是建立在特定经济基础之上的政治上层建筑并服务于特定阶级的经济利益,②而且十分关注民主的实现,特别是无产阶级民主的实现。民主属于历史的范畴,是人类社会发展到一定历史阶段的产物。民主是具体和有条件的,它的实现和发展需要一系列具体的手段与条件,包括经济条件、政治条件、文化、法制环境等。③ 民主和法制也是辩证统一的,民主需要法治保障。马克思在《法兰西内战》中明确指出,工人阶级要谋求自己的解放,实现真正的民主,必须经过一个将"把环境和人都加以改造"④的长期的历史过程。马克思从经济、政治和主体等方面阐释了无产阶级民主的实现条件。

(一) 民主实现的经济条件:重建"个人所有制"

马克思从社会物质生产方式入手研究民主,其基本的立场和观点是民主不可以超越社会制度和所有制基础。民主本质是一种国家制度,属于上层建筑,其必然受到经济基础和生产力水平的制约。不是任何生产资料所有制都能实现无产阶级民主的政治价值和社会价值,无产阶级民主实现最根本的经济条件是重建"个人所有制"。

平等是商品经济发展的内在要求,资产阶级国家中平等的公民权利是商业和地产发展的结果。因为,"政治制度本身只有在私人领域达到独立存在的地方才能发展。在商业和地产还不自由、还没有

---

① 马克思恩格斯文集(第 3 卷).北京:人民出版社,2009:159.
② 俞可平.马克思论民主的一般概念、普遍价值和共同形式.马克思主义与现实,2007(3):4—13.
③ 漆畹生.民主是个有条件的好东西.上海:上海社会科学院出版社,2017:85.
④ 马克思恩格斯文集(第 3 卷).北京:人民出版社,2009:159.

达到独立存在的地方,也就不会有政治制度。"①资本从产生的那一刻起,面临的首要问题就是摆脱宗教、封建专制统治的束缚,以谋求资本的增殖。由资本呼唤而出的自由和平等,同时又是资本运行的条件。首先在思想观念领域呼唤启蒙和解放,以理性驱除宗教统治,以人权抨击封建专制,在此基础上推动以自由和平等为目标的政治变革,确立民主制度。这些制度主要体现在三个方面:一是代表制取代等级制;二是人权和公民权原则的确立;三是立法权与行政权的分立。这些制度有力摧毁了封建专制制度,为现代政治注入了新鲜元素与营养血液。但是,马克思敏锐地看到,这种民主制度下假定的个人,是无教养的、非社会化的、堕落了的、完全丧失自身的、外化了的个人。② 资本主义国家的平等不是真正意义上的自由平等,是指公民法律上的身份平等,根本上与经济上的剥削和奴役存在着不可调和的矛盾。自由和平等是"镶嵌在资本关系中的附属物,无法超越资本逻辑自身的矛盾悖论。"③资本主义私有制基础不能满足商品经济的内在要求,国家的普遍性与市民社会的特殊性之间产生了无法解决的张力,形成矛盾冲突。马克思明确指出,"在政治国家真正形成的地方,人不仅在思想中,在意识中,而且在现实中,在生活中,都过着双重的生活——天国的生活和尘世的生活。前一种是政治共同体中的生活,在这个共同体中,人把自己看做社会存在物;后一种是市民社会中的生活,在这个社会中,人作为私人进行活动,把他人看做工具,把自己也降为工具,并成为异己力量的玩物。"④因此,资本主义社会不仅存在国家与市民社会的对立,还存在一种更为根本的对立,即资产阶级社会中所谓的"市民社会"与人类社会生活本质的对

① 马克思恩格斯全集(第 1 卷).北京:人民出版社,1956:283.
② 李佃来.马克思的政治哲学.北京:人民出版社,2015:309.
③ 郗戈.资本逻辑与"自由民主"的深层悖论.高校理论战线,2011(3):33—39.
④ 马克思恩格斯文集(第 1 卷).北京:人民出版社,2009:30.

立,是被分割与保护起来的个人私利与人类的共同利益之间的对立。马克思认为,作为特殊宗教的信徒,与自己的公民身份、与共同体中的他人之间的冲突,是政治国家和市民社会之间的世俗分裂的表现。"对于作为[市民社会的成员]的人来说:'在国家中的生活只是一种外观,或者是违反本质和通则的一种暂时的例外。'的确,[市民社会的成员],像犹太人一样,只是按照诡辩始终存在于国家生活中,正像[公民]只是按照诡辩始终是犹太人或[市民社会的成员]一样。可是,这种诡辩不是个人性质的。它是政治国家本身的诡辩。宗教信徒和公民的差别,是商人和公民、短工和公民、土地占有者和公民、活生生的个人和公民之间的差别。"①资产阶级经济以及与之相适应的生产是普遍的物化的过程,人的内在本质得不到发挥,现实的个人生活被忽视、被剥夺,呈现出全面的异化,非现实的普遍性充填其中。在两极分化基础上建立的所谓"政治平等""社会平等"具有极强的欺骗性和虚假性。无产阶级民主首要的任务就是从所有制上根源性地解决商品经济的矛盾,重建"个人所有制",即重新界定生产资料的占有权、所有权与支配权,实现对资本主义社会劳动私人性的否定,建立社会对生产资料的直接占有制度,实现由全部联合的社会个人占有和支配社会生产力总和,消灭私有制,消除人的异化,把个人的自由发展的条件真正置于他们自己的控制之下。② 通过个体劳动者与生产资料的直接结合,从根本上消除由生产资料私有制造成的社会地位差异。只有在经济基础上具备自由平等的条件,个人获得独立的经济人格,无产阶级民主才有可能体现。在"个人所有制"得到重建的"自由人的联合体"中,大家共同地使用公共的生产资料,个人的劳动被社会自觉地看待并真正作为社会劳动来使用。

马克思强调,"共产主义革命就是同传统的所有制关系实行最彻

---

① 马克思恩格斯文集(第 1 卷).北京:人民出版社,2009:31.
② 马克思恩格斯全集(第 1 卷).北京:人民出版社,1995:141.

底的决裂"①,并在这一进程中同传统的旧观念实行最彻底的决裂。无产阶级要实现民主,首要的任务就是从所有制根源解决商品经济中的矛盾,建立社会对生产资料的直接占有制度即公有制,无产阶级民主只能建立在公有制的经济基础之上。共产主义社会是对资本主义社会私有劳动的颠覆,在"自由人的联合体"中人们用公共的生产资料进行劳动,"并且自觉地把他们许多个人劳动力当作一个社会劳动力来使用"②。劳动的一切规定性将在社会范畴内重演,劳动时间发挥着双重作用。在资本主义社会发展的基础上,重建个人所有制。经济基础的变更,必然导致上层建筑或慢或快地发生变革。③ "随着社会生产的无政府状态的消失,国家的政治权威也将消失。人终于成为自己的社会结合的主人,从而也就成为自然界的主人,成为自身的主人——自由的人。④ 总之,建立于"公共的生产资料"基础上的"个人所有制",是实现真正民主制的所有制基础。新的所有制的建立,能从根源上消除劳动二重性的分化,有助于实现"个体"劳动与"协同"劳动、"单个人"与"类成员"、私人领域与公共领域之间的内在一致性,劳动成为真正意义上的社会劳动,在经济机会与经济条件上实现全体公民的平等,每个人都能主动地参与国家政治和社会生活,彰显出民主的实质。⑤

　　总之,马克思从人类社会生活的基本事实出发,开创性地从经济和阶级角度分析民主的实现条件,探究民主背后的经济因素、民主制度与经济结构的关系等,"突出民主的经济向度"⑥,抓住了事物的本质,吹散了笼罩在民主生成问题的重重迷雾。生产力的发展水平决

① 马克思恩格斯文集(第 2 卷).北京:人民出版社,2009;52.

② 马克思恩格斯文集(第 5 卷).北京:人民出版社,2009;96.

③ 陶林.整体性视野下的马克思民主观新探.马克思主义理论与现实,2020(2);26—32.

④ 马克思恩格斯文集(第 3 卷).北京:人民出版社,2009;566.

⑤ 郭丽兰.马克思民主理论何以建构.学术论坛,2010(1);26—30.

⑥ 尹昕.马克思民主思想的经济向度.中共中央学校学报,2014(31);28—30.

定了真正民主制的建立,强调个人所有制的重建,扬弃私有财产的民主意义在于将真正的生命归还给个人。民主必须具备可以感触到的物质条件,物质生活领域是人类平等和自由实现的重要领域。马克思还进一步阐述了政治民主与生产民主之间的依存关系,任何偏离生产民主的政治民主将会遮蔽民主的政治本性,最终沦为空谈。作为政治上层建筑的政治民主,归根到底是为它得以产生的社会经济基础服务。西方学术界引入经济民主的概念。经济民主侧重于关心和反映的是财富的平等,它的核心构成要素是经济生产过程控制的平等权,其政策目标是重新分配财富,实现经济机会和经济状况平等化。① 在马克思设想的"自由人的联合体"中,人们共同占有和使用公共的生产资料,个人劳动力被自觉地作为社会劳动力来使用。显然,马克思所追求的民主目标有着比经济民主更为丰富和深刻的内容。

（二）民主实现的政治条件:首先"必须夺取国家政权"

建立无产阶级政权,无产阶级成为统治阶级,是实现无产阶级民主的首要政治条件。无产阶级通过革命打碎资产阶级的旧的国家机器,建立无产阶级政权,以一个"消除阶级和阶级对立的联合体"取代旧的市民社会。这一鲜明的革命姿态与实践特征是马克思民主观与空想社会主义民主政治观、启蒙思想家们的人民主权思想的显著区别。

马克思明确反对通过资产阶级国家实现社会改造,是基于他对国家本质的正确判断。资产阶级国家通过宣布法律面前人人平等而建立民主制度,但资产阶级的利益又阻碍真正意义上的民主的发展。马克思指出,真正民主制与国家本质存在着相对立的一面。在真正

---

① ［美］乔万尼·萨托利.民主新论.冯克利,阎克文译.上海:上海人民出版社,2015:31—32.

民主制中,政治国家将会消失,国家制度呈现出它的本来面目,即人的自由的产物。但现实的资本主义国家制度仍然表现出与之相反的性质。在现代工业的发展过程中,资本和劳动之间的阶级对立不断深化与扩大。"国家政权在性质上也越来越变成了资本借以压迫劳动的全国政权,变成了为进行社会奴役而组织起来的社会力量,变成了阶级专制的机器。"①马克思充分肯定结社主义者或社会主义者提倡的借社会本身解决政治问题和经济问题的主张,但反对把解决这些问题的希望寄托在资产阶级国家身上。马克思明确表示:"要解放劳动群众,合作劳动必须在全国范围内发展,因而也必须依靠全国的财力。但是土地巨头和资本巨头总是要利用他们的政治特权来维护和永久保持他们的经济垄断的。他们不仅不会促进劳动解放,而且恰恰相反,会继续在它的道路上设置种种障碍。……夺取政权已成为工人阶级的伟大使命。"②对无产阶级来说,现存的国家政权依旧是阶级压迫的工具,但真正的民主必将冲破国家的坚硬外壳。进言之,无产阶级政权的建立,需要消灭旧的社会形态和所有的阶级统治。国家政权是政治斗争的核心问题,无产阶级要想成为社会普遍利益的代表者,得到彻底解放,必须夺取国家政权。无产阶级只有成为政治上的统治阶级,拥有自己的代表机关,才能享有充分的自由和民主权利,而不是幻想世界中的"人民当家作主"。从《德意志意识形态》中"无产阶级必须首先夺取国家政权"的观点的首次提出,到《共产党宣言》中将"无产阶级专政"作为民主实现途径的论述。"工人革命的第一步就是使无产阶级上升为统治阶级,争得民主。"③已经取得革命胜利的无产阶级要真正组织成为统治阶级,建立新的国家机器,有计划地利用政治权力逐步地夺取资产阶级占有的全部资本,掌

---

① 马克思恩格斯文集(第3卷).北京:人民出版社,2009:152.
② 马克思恩格斯文集(第3卷).北京:人民出版社,2009:13.
③ 马克思恩格斯选集(第1卷).北京:人民出版社,2012:421.

控一切社会生产工具,实行生产资料的全社会直接占有制度,并尽快尽多地增加新国家的生产力总量。在无产阶级夺取政权后,他们不是把国家作为自己获得政治解放的工具,而是"要实现与绝对自由相等的真正的主观自由,需要的是其他的实现形式,而不是国家"①。随着阶级的消除,最后国家的消亡,在联合建立的共同体中个体获得真正的全面的自由和解放。1848 年以后,马克思开始明确使用"无产阶级专政"的提法,指无产阶级革命胜利后由这个阶级独掌全部国家政权的过渡性的政治制度。在《1848 年至 1850 年的法兰西阶级斗争》一文中,"工人阶级专政"口号响亮提出,无产阶级民主与无产阶级革命之间实现了有机统一。马克思认为,法国六月起义的失败使工人阶级确信这样一条真理,所有想要在资产阶级共和国范畴内改善一点自己的生存处境纯属空想;如果还要将这种空想加以付诸实现,不啻为一项罪行。"原先无产阶级想要强迫二月共和国予以满足的那些要求,那些形式上浮夸而实质上琐碎的,甚至还带有资产阶级性质的要求,就由一个大胆的革命战斗口号取而代之,这个口号就是:推翻资产阶级! 工人阶级专政!"②在文中,马克思阐述了无产阶级专政的基本特征,其目标指归是达到消灭一切阶级差别、消灭这些差别所由产生的一切生产关系、消灭和这些生产关系相适应的一切社会关系,最终改变由这些社会关系产生出来的一切制度和观念。③在《法兰西内战》中,马克思指出巴黎公社的真正秘密在于它实质建立的是工人阶级的政府,是劳动者在"经济上获得解放"的一种政治形式。④ 这一新的政治形式摧毁旧的政治格局,实现权力本身的民主化改造,把以往用以实现特定阶级私利的政治权力变革为无产阶

① 马克思恩格斯全集(第 41 卷).北京:人民出版社,1982:392.
② 马克思恩格斯文集(第 2 卷).北京:人民出版社,2009:103—104.
③ 马克思恩格斯文集(第 2 卷).北京:人民出版社,2009:166.
④ 马克思恩格斯选集(第 3 卷).北京:人民出版社,2012:102.

级和广大民众利益服务的具有自治性质的权力。① 正如恩格斯在《法兰西内战》导言中写道，国家是无产阶级争取阶级统治的伟大斗争取得胜利后所继承的一个祸害，"胜利了的无产阶级也将同公社一样，不得不立即尽量除去这个祸害的最坏方面，直到在新的自由的社会条件下成长起来的一代有能力把这国家废物全部抛掉。"②在《关于国际海牙代表大会》一文中，他再次强调，土地巨头和资本巨头总是会运用自己手中的政治特权来维护他们的利益，使他们能永久保持经济垄断，不断奴役劳动。他呼吁"夺取政权已成为无产阶级的伟大使命"③。

采取民主与专政相统一的方式实行统治，是实现无产阶级民主的另一政治条件。专政不同于专制，两者之间有着明确的区分。在罗马共和国时期，"专政"是指共和国在遭遇危机时人民采取的一种合法的临时性的独裁统治体制。专制是指独裁制度成为常规性制度。在文本著作中，马克思将专政界定为：一种革命状态下的临时性和过渡性的统治体制，主要是在专政的本意上运用这一概念。他将这一个古老的词汇与阶级实现了勾联，强调无产阶级专政。无产阶级专政是指无产阶级革命后的由资本主义向共产主义转变整个革命转变时期的无产阶级的政治统治，强调绝大多数人的统治，是民主统治。因为"无产阶级的运动是绝大多数人的、为绝大多数人谋利益的独立的运动"④，不同于着眼于少数人、为少数人谋利益的之前的一切运动。由无产阶级革命而建立起来的无产阶级专政是由占社会绝大多数人的无产阶级掌握政权，其历史任务包括两个方面：其一是建立一个过渡性的无产阶级专政的国家，建立民主制度，推进民主政治

---

① 罗许成.民主形态论——马克思的权力阐释视角.北京：中国社会科学出版社,2019:83.
② 马克思恩格斯文集(第3卷).北京：人民出版社,2009:111.
③ 马克思恩格斯全集(第44卷).北京：人民出版社,1982:609.
④ 马克思恩格斯文集(第2卷).北京：人民出版社,2009:42.

建设,改造社会,维护无产阶级的政治统治;其二是在经济和社会方面,即对资本主义社会经济关系进行逐步改造,大力发展生产力,最终消灭阶级,为实现无阶级的共产主义社会创造条件,完成共产主义生产方式代替资本主义生产关系的革命性转变,最终实现人的解放。① 可见,无产阶级政权不是原来意义上的政权,它实现了权力的民主化改造。为了捍卫和实现代表最大多数人利益的新型民主,无产阶级政权必须采取民主与专政相统一的方式实行统治。因为无产阶级掌握政权后还有敌人的存在,这些敌人包括被推翻的资产阶级和旧的组织等。无产阶级必须运用专政的方式镇压敌人,顺利推进经济革命,促进社会生产力的大力发展。巴黎公社是人类历史上第一个无产阶级专政的政权,是一项可贵的政治实验。巴黎公社经验的全面分析,推动了马克思关于无产阶级专政的国家政权的制度构想的形成。在对巴黎公社的政治结构和实际运作的阐释中,马克思揭示了无产阶级专政的民主实质,公社是属于工人阶级的政府,是无产者阶级同有产者阶级进行斗争的成果,是"劳动在经济上获得解放的政治形式"②,为真正的民主制度奠定了基础。

　　马克思的无产阶级专政的思想与蒲鲁东、巴枯宁等无政府主义的主张直接对立。1874 年马克思在《巴枯宁〈国家制度和无政府状态〉一书摘要》中斥责巴枯宁"另一个无产阶级要服从新统治"的荒谬观点时指出,只要作为阶级斗争和阶级存在的基础的经济条件还存在,就必须运用暴力对该经济条件进行改造或消灭,而且这一改造或消灭过程的加速也必须运用暴力方式。③ 马克思强调,无产阶级专政是一种过渡性政权,这个过渡性政权是由无产阶级单独掌握这个

---

① 孙代尧,刘洪刚. 在民主理想与现实之间? ——重解马克思的无产阶级专政理论. 贵州大学学报(社科版),2013(1):36—41.

② 马克思恩格斯文集(第 3 卷). 北京:人民出版社,2009:157.

③ 马克思恩格斯全集(第 18 卷). 北京:人民出版社,1964:694.

政权的全部。无产阶级革命胜利后首要任务是利用政权对整个社会进行革命性改造。消灭生产资料私有制,消灭阶级统治以及阶级本身,最终建立生产资料公有制。无产阶级专政的最终目的是消灭一切剥削阶级和阶级差别,建立一个"自由人联合体",它是实现无产阶级民主的重要保障,并随着国家形式的消亡而消亡。要实现这些目标,无产阶级必须借助于有组织的国家政权的力量。① 同时,无产阶级政权下仍然会有大量的人民内部矛盾的存在,而解决这些矛盾应该用民主的方法,而不是专政的方法。民主的方法主要指开展批评、说服教育、示范等方法。②

建立真实和普遍的人民代表制,是实现无产阶级民主的又一政治条件。在对黑格尔现代宪政国家理论的批判中,马克思指出,资本主义政治民主的形式性和游离性,植根于与现实社会的普遍事务相剥离的抽象意义上的国家。这种分裂修复与否,决定着人民主权能否存在或能否被自觉地实现。建立和巩固真实而普遍的人民代表制,注重政治民主的现实化。因为市民社会的成员在政治意义上与自己的等级相脱离,他们不具备政治意义上的属于自己的真正的私人地位。他们只有"作为国家成员、作为社会存在物的规定,才表现为他的人的规定"。③ 消除政治国家和市民社会的分离,将政治和私人存在的本质同时消除,并提升为完整的共同的人类社会存在。这种有差异地联合起来的共同体,充分地体现人民的意志,是扬弃资本主义政治民主和建立新型民主的政治条件。④

① 唐士奇.西方政治思想史.北京:北京大学出版社,2002:378.
② 张陶,刘俊杰.基于人民主权的马克思恩格斯民主思想及其实现意义.理论与改革,2015(1):27—30.
③ 马克思恩格斯全集(第3卷).北京:人民出版社,2002:101.
④ [美]乔治斯·戴尔玛斯(鲁绍臣译).马克思的黑格尔哲学批判及其民主理论.马克思主义与现实,2010(1):11—16.

(三) 民主实现的主体条件:具有普遍性的"自由存在物"

民主实现的主体条件,即民主主体的自我规定能力,这种能力首要的表现是主体的现实性和真实性。民主政治的发展是建立在独立的现实的社会主体基础之上。建构民主的首要前提是民主本身,即人民有权来为自己建立新的国家制度。推进国家制度运动,使国家的前进运动成为国家制度的原则,"必须使国家制度的实际体现者——人民成为国家制度的原则"。国家制度必须是人民建立,否则国家制度所展现的民主就是徒有虚名。马克思明确指出,"人民是否有权来为自己建立新的国家制度呢? 对这个问题的回答应该是绝对肯定的,因为国家制度如果不再真正表现人民的意志,那它就变成有名无实的东西了。"①人民拥有了建构民主的基础和能力,民主得以真正建构起来。

商品市场以等价交换为基本原则,达成统一的交换意见,商品经济的发展促发了一批独立的社会主体的出现;资产阶级革命实现的政治解放,将人变成独立的利己的个人,这些独立的利己的个人,即市民社会的成员是政治国家的基础,这些为现代民主政治的形成奠定了主体条件。在《〈黑格尔法哲学批判〉导言》一文中马克思提出,随着大工业的兴起,一个特殊的阶级将有资格宣告"迄今为止的世界制度的解体"②,这个特殊的阶级就是无产阶级。因为无产阶级被戴上的锁链的彻底性、所遭受的苦难和不公正的普遍性,使得他们已形成一个特殊的等级,这个特殊等级是无辜的受难者,是人性的完全丧失,它的解体足以表明社会一切等级的解体。他们具有阶级意识并富有实践功能,拥有着大无畏的革命精神。他们不求助于抽象的历

---

① 马克思恩格斯全集(第1卷).北京:人民出版社,1956:315—316.
② 马克思恩格斯全集(第18卷).北京:人民出版社,1964:694.

史的权利,而是勇敢地求助于作为人的权利。① 他们没有资产阶级利己主义的狭隘性,他们解放其他一切的社会领域,最后解放自己的领域。马克思明确提出,革命哲学是无产阶级的精神武器,而无产阶级是革命哲学的"物质武器",是无产阶级民主实现的主体力量,这一主体力量具有现实性和独立性。

　　人民有权建立新的国家制度,还需要人民运用好这种权利,能够积极行动。主体的形成不是一个自然而然的过程,需要个体的不断努力,积极的行动。积极的行动包括物质生产实践、无产阶级革命等。马克思认为,民主主体的积极行动,必须建立在理性的基础之上,绝不是随心所欲,任意作为。"如果把国家制度理解为普遍的规定,理性意志的根本规定,那么自然就很清楚,每一个民族(国家)都以这些规定作为自己的前提,而且这些规定又必然构成他的政治credo(信条)。其实这是知识的问题,而不是意志的问题。民族的意志,正如个人的意志一样,不能超越理性规律的范围。非理性的民族则根本谈不上有什么合乎理性的国家组织。"②无产阶级革命需要物质基础,但离不开理论指导。理论在一个国家能够多大程度上实现,取决于这个理论满足现实需要的程度。但仅仅是思想力求成为现实,力求服务民主主体是远远不够的,"现实本身应当力求趋向思想"③。马克思在《路易·波拿巴的雾月十八日》一文中指出,1848年革命失败的重要原因,是无产阶级既不能认清资产阶级,也没有认清自己。无产阶级以为社会革命是唾手可得的事情,但实际上社会革命的条件和形势还没有具备。无产阶级没有认清当时的形势、关系和条件,没有正确运用阶级的力量关系,也没有真正立足于实在的社会条件下开展革命斗争。恩格斯有着同样的担心,在《德国的革命和

---

① 郭丽兰.马克思民主观的文本研究.北京:人民出版社,2014:23.
② 马克思恩格斯全集(第1卷).北京:人民出版社,1956:315—316.
③ 马克思恩格斯文集(第1卷).北京:人民出版社,2009:13.

反革命》中写道:无产阶级群众数量虽然很大,但是没有领袖,几乎没有什么政治训练。这使得"他们容易无缘无故地激怒,也容易慌乱,一切流言蜚语都能影响他们。"①无产阶级需要从理论上明确下一步行动的原则、纲领和路线。② 实现人类解放,每个人的自由全面发展,是现代无产阶级光荣的历史使命。必须"深入考察这一事业的历史条件以及这一事业的性质本身,从而使负有使命完成这一事业的今天受压迫的阶级认识到自己的行动的条件和性质,这就是无产阶级运动的理论表现即科学社会主义的任务"③,是无产阶级民主实现的理论基础。这表明,主体在积极建构民主的过程中,必须充分尊重民主发展的基本规律,民主建构必须是一项理性的深思熟虑的行动。

民主的主体是人,人具有合群性,民主的主体是一个群体性概念。人的合群性使其现实存在必然构成社会。人的生存与发展最终都落实到社会这一现实的场域里,社会的发展是个体生存与发展的前提。这意味着人要获得对国家的独立和自主,必须借助社会即需要社会的独立与自主。社会的独立与自主,不仅指社会从国家中获得独立,而且体现为国家从社会中抽象出来,国家与社会的一元结构最终转变为二元结构。马克思科学揭示了人构成社会的基本逻辑:人的生产劳动构成人的社会,生产劳动以个人之间的交往为前提。在生产劳动中所形成的生产方式与社会交往方式两者之间具有统一性,它们相互决定和相互表现。"个人怎样表现自己的生活,他们自己就是怎样。因此,他们是什么样的,这同他们的生产是一致的——既和他们生产什么一致,又和他们怎样生产一致。因而,个人是什么样的,这取决于他们进行生产的物质条件。"④社会以人为主体,以生产为基础,以生产关系与交往关系为组织形态,其中,决定社会的是

① 马克思恩格斯全集(第8卷).北京:人民出版社,1961:70.
② 祁涛.返回的步伐——马克思政治思想的方法与论域.上海:复旦大学出版社,2020:23.
③ 马克思恩格斯文集(第3卷).北京:人民出版社,2009:566—567.
④ 马克思恩格斯文集(第1卷).北京:人民出版社,2009:520.

人的生产。① 社会关系的不断变更与发展,形成"历史"。在生产力的不断发展中,任何制度终将被另一种制度取代。正是生产力的巨大增长和高度发展,狭隘地域的人才能实现真正自由的社会化,才能真正实现民主。"现实的人"发展生成的历史使马克思更加明确,个人的解放依赖于阶级的解放,真正民主制的实现有赖于无产阶级的现实力量。无产阶级是大工业的产物,是能够实现社会制度变革的现实力量,无产阶级革命的胜利使得真正民主制得以实现。② 从现实的经济基础和变革的生产方式的角度阐析民主的主体条件和主体能力,是马克思民主观的深刻之处。马克思把人从抽象带回现实社会,还原了完整的"现实个人",冲破了精神束缚,为人民民主权益的实现提供了重要前提。③ 民主主体的现实性和独立性最终依赖于个人所有制的重新建立,生产资料共同占有的所有制的建立,劳动者与生产资料实现直接的结合,这些推动着真正民主制的建立。

民主主体具有社会性。"人民"不是抽象意义的存在,而是现实的具体的个人,是处于社会关系中的现实个体。正如马克思所言:"人是最名副其实的政治动物,不仅是一种合群的动物,而且是只有在社会中才能独立的动物。"④民主主体的社会性,内在要求无产阶级在为实现经济解放这一伟大目标所进行的一切政治运动时都要学会团结和合作,建立亲密的联合。马克思认为,工人阶级"为达到这个伟大目标所做的一切努力至今没有收到效果,是由于每个国家里各个不同劳动部门的工人彼此间不够团结,由于各国工人阶级彼此间缺乏亲密的联合"。恩格斯在《德国的革命与反革命》持有相同的看法,认为工人阶级们一旦企图展开独立的运动时,马上就变得意气

---

① 林尚立. 建构民主的政治逻辑——从马克思的民主理论出发. 学术界,2011(5):5—18.

② 张越华. 马克思民主理论生成理路. 前沿,2012(5):66—67.

③ 张莉. 批判、超越与引领:马克思民主思想价值意蕴的三重维度. 理论探讨,2023(5):104—109.

④ 马克思恩格斯文集(第8卷). 北京:人民出版社,2009:6.

消沉,忧虑重重,如德国工人阶级总是在种种不同的状态中变来变去。① 马克思呼吁,劳动的解放,不是一个地方、一个民族的问题;它涉及现代社会的几乎一切国家,是一个社会问题。这个问题能够得到很好的解决,依赖于"最先进各国在实践上和理论上的合作"。马克思恩格斯是国际工人协会创立的主要参与者。在欧洲各个最发达的工业国工人运动又一波新高潮到来之际,国际工人协会的任务就是要"尽快把各个仍然分散的运动联合起来"②。

　　主体参与政治行为的能力是民主主体的自我规定能力的重要内容,是民主实现的主体条件之一。参与是民主政治的核心要义,人民参与国家和社会事务的管理,必须具备独立的意志、健全的人格以及相应的知识和技能,譬如民主主体要把自身当作具有普遍性的"自由的存在物"③。参与政治的能力对于主体是否参与民主选举、民主决策以及民主参与的质量等方面有着重要的影响。这一能力与公民在处理一般社会问题时需要具备的条件总和之间有着密切的相关性。这些条件中最为重要的是:信息的提供,公民的教育和协商活动等。信息的提供,是指公民有获得信息的渠道,信息对大众的公开性,各种新闻媒体的自由性等。马克思特别强调言论与出版的自由,自由的言论和出版是民主实现的智力前提,直接关系到人民政治参与的程度和能力。马克思认为,言论和出版是民众自由精神的突出表现,是"历史人民精神的英勇喉舌和它的公开表露……每个国家的人民都在各自的出版物中表现自己的精神"④,出版物的缺陷会导致人民的缺陷。新闻事业是否健康发展,直接影响着公民获得信息的能力和表达自由精神的能力。马克思斥责普鲁士当局对新闻进行压制和

---

① 马克思恩格斯全集(第 8 卷).北京:人民出版社,1961:10.

② 马克思恩格斯全集(第 44 卷).北京:人民出版社,1982:572—573.

③ 马克思.1844 年经济学哲学手稿.北京:人民出版社,2000:56.

④ 马克思恩格斯全集(第 1 卷).北京:人民出版社,1995:155.

堵塞,是对人民参政能力的遏制和镇压,必须废除书报检查制度。马克思强调营造自由开放社会环境的重要性,自由开放的社会环境有利于公民有序畅通地获得信息,提高公民政治参与的意愿和能力,从而为民主的实现奠定扎实的政治主体条件。马克思认为,通过报纸、刊物、布告、公开集会等方式广泛提供政治信息、大力改善国民教育,有助于提高人民的政治参与能力。1848 年欧洲工人革命期间马克思和恩格斯不畏惧反动势力的威胁和阻挠,在德国科伦市创办《新莱茵报》的重要目的就是通过报纸来教育、武装工人阶级,提高工人阶级的阶级意识和参与能力。作为主编的马克思在给"黎明报"编辑的信中呼吁要促成意大利、奥地利两国的人民结成友好联盟,帮助意大利人民按照自己的独立意志选择国家的政体,明确表示《新莱茵报》将为"黎明报"在意大利提出的系列民主原则而斗争。[1] 1870 年马克思在拟写的《国际工人协会总委员会关于普法战争的第二篇宣言》中要求,国际工人协会设立在每一个国家的支部的核心职责就是"号召工人阶级行动起来",让工人时刻不要忘记自己的使命,在战争中一定要采取积极的态度,否则就会是这个国家的刀剑、土地和资本的主人又一次赢得战争的胜利。[2]

在民主实现的智力前提下,提高民主主体参政能力的最有效的方式便是公民的教育。教育可以帮助人们摆脱因分工所造成的个人的片面性,还使人们能够获得全面地发挥的才能。良好的公民教育着重于增加民主主体承担参政的能力,有助于民主主体更好地完成政治参与决策的过程,公民教育水平影响着人民民主的实现程度。1848 年,马克思恩格斯在《共产党在德国的要求》[3]《共产党宣言》[4]中多次强调,无产阶级取得政权后的一个重要任务就是加强社会教

① 马克思恩格斯全集(第 5 卷).北京:人民出版社,1958:8.

② 马克思恩格斯文集(第 3 卷).北京:人民出版社,2009:128.

③ 马克思恩格斯全集(第 5 卷).北京:人民出版社,1958:5.

④ 马克思恩格斯选集(第 1 卷).北京:人民出版社,2012:422.

育,提高人民的政治参与能力。应充分发挥近代资本主义工业进步所带来的民主政治教育和思想启蒙因素的积极作用,积极开启民智,使劳动人民彻底摆脱资本主义生产条件下狭隘分工造成的片面性和局限性,实行公共的和免费的教育,并将教育同物质生产紧密地结合起来,提高人民的政治意识和政治参与能力,消除旧社会狭隘社会分工导致的个人的局限性和片面性,在此基础上通过政治实践提升他们的政治参与能力。总之,提高人民参与的智力条件,有助于激发人民政治参与的自觉性和积极性,增强人民政治参与的能力和质量,积极创造民主实现的主体条件。

无产阶级政党的领导是无产阶级民主构建、获得彻底解放的重要保证。马克思认为,无产阶级是人类历史上最先进、最有前途的阶级。《共产党宣言》中指出:"过去的一切运动都是少数人或者为少数人谋利益的运动。无产阶级的运动是绝大多数人的,为绝大多数人谋利益的独立运动。"①,在民主建构过程中,无产阶级本身有一个成长和成熟的过程。在无产阶级不成熟、没有能力解放自己的时候,"这个阶级的大多数人就仍将承认现存的社会秩序是唯一可行的秩序,而在政治上成为资本家阶级的尾巴,构成它的极左翼。但是,随着被压迫阶级成熟到能够自己解放自己,它就作为独立的党派结合起来,选举自己的代表,而不是选举资本家的代表了。"②因此,无产阶级为了保证革命胜利、实现民主建构的任务,必须成立一个不同于其他政党的特殊政党。由工人阶级中最先进的分子组成的共产党人从不提出任何特殊的原则,始终强调和坚持包括整个无产阶级的不同民族的共同利益。在无产阶级和资产阶级的长期斗争过程中,共产党人始终代表整个运动的利益。"因此,在实践方面,共产党人是各国工人政党中最坚决的、始终起推动作用的部分;在理论方面,他

---

① 马克思恩格斯文集(第2卷).北京:人民出版社,2009:42.
② 马克思恩格斯文集(第4卷).北京:人民出版社,2009:192—193.

们胜过其余无产阶级群众的地方在于他们了解无产阶级运动的条件、进程和一般结果"。① 共产党人近期的任务就是使无产阶级真正形成为阶级,领导他们推翻资产阶级的统治,夺取国家政权。共产党很重视教育工人,让他们尽可能明确地意识到资产阶级和无产阶级的敌对的对立。② 在《在"人民报"创刊纪念会上的演说》一文中,马克思指出,当德国的资产阶级、学究和官僚们拼命地死记英法经济学的初步原理,略知皮毛,并将其视之神圣不可侵犯时,德国无产阶级的政党已经出现。这个政党的全部理论内容是从研究政治经济学产生的。它一出现,直接导致了科学的、独立的德国的经济学的诞生。③ 在分析巴黎公社失败的原因时,马克思指出,没有统一的无产阶级政党的领导,是公社失败的重要原因。无产阶级政治建设需要领导力量。无产阶级政党的领导是无产阶级获得彻底解放的重要组织保证。世界无产阶级革命运动的胜利,特别是俄国十月革命的胜利,中国革命和建设的伟大胜利就是对这一思想的有力佐证。④

(四) 民主实现的法律条件:"尽可能地让全体都参与立法权"⑤

马克思还重视法律在无产阶级民主实现中的作用,民主必须要有法律的护航,法律是无产阶级民主实现的基本条件。《莱茵报》期间,针对普鲁士政府出台的林木盗窃法案,马克思疾呼要"为穷人要求习惯法",为在政治社会权益上赤贫的、处于最底层的贫苦群众要求应得的正当权利。这种习惯法不是狭隘的地方法,而是属于所有国家中的穷人的习惯法,它是那些学富五车、谄媚顺从的奴才般历史学家们发明不出来的。资本主义法律上的平等,这种平等常常通过

---

① 马克思恩格斯文集(第2卷).北京:人民出版社,2009:44.

② 马克思恩格斯文集(第2卷).北京:人民出版社,2009:66.

③ 马克思恩格斯全集(第13卷).北京:人民出版社,1962:525.

④ 吴大兵,卢展华.论马克思民主政治建设思想及当代价值.求实,2010(10):4—7.

⑤ 马克思恩格斯全集(第3卷).北京:人民出版社,2002:147.

增加的附加条件又被剥夺。

无产阶级革命的目的之一就是用无产阶级的法律取代资产阶级的旧法律，因为"旧法律是从这些旧社会关系中产生出来的"①，必须要同旧的社会关系一起消亡。马克思认为，资本主义法律往往是文本意义上的平等，这种文本上的平等通常通过增加附加条件又被剥夺。这些法律对于无产阶级而言，是资产阶级给他们准备的鞭子。那些文明社会的法学家和经济学家所捏造的"自己劳动所得的财产"，正是现代资本主义所有制下资产阶级手中持握的最后的虚伪的法律根据。国家宪法中规定的"私有财产神圣不可侵犯"，是为了维护资产阶级对劳动者剥削的"合法性"，这使得"工人得到的是产品中最小的、万万不能缺少的部分"②。推进真实有效的法治建设是民主权益实现的保障，马克思指出：无产阶级掌握政权之后，必须确保新社会中"一个人有责任不仅为自己本人，而且为每一个履行自己义务的人要求人权和公民权"③。在总结巴黎公社经验时，马克思赞誉法治在防止滥用特权、推进民主建设中的作用。公社在政治经济领域里制定的一些改革法令，较好地维护了人民群众参与管理公社的权益，有助于督促国家机关及其公职人员履行自己的公仆职责，防止其从社会公仆变为社会的主人。法律是国家和社会的行为规范和准则，它是允许和保护公民从事参与政治和社会管理所要求的各种事项的原则。

参与立法是人民政治参与的基础。马克思指出，立法权是个体作为国家成员存在的体现，是个体政治存在的体现。因此，应"力图让所有群众，尽可能地让全体都参与立法权"④。只有这样，市民社会才获得政治存在，从而取代立法权虚构的旧的市民社会。在这一

① 马克思恩格斯全集(第6卷).北京:人民出版社,1961:292.
② 马克思恩格斯全集(第3卷).北京:人民出版社,2002:230.
③ 马克思恩格斯全集(第21卷).北京:人民出版社,2003:17.
④ 马克思恩格斯全集(第3卷).北京:人民出版社,2002:147.

过程中,政治社会也真正变成了现实社会。民主主体普遍地参与立法,一方面可以确保法律的真实性与有效性,并很好地表达了法律的民主性;另一方面,可以彰显主体的自由本质,体现和保障无产阶级民主。市民社会决定法的性质与内容,民主制决定了"法律为人而存在"①,而不是相反。基于对人类社会发展规律的深刻把握,马克思进一步指出,法律是调整人们行为和社会关系的社会规范,并指出要运用暴力的手段来确立新社会的法律权威。民主的实质是人民能够当家作主,人民拥有自我表达和自我管理事务的自由。但自由从来不是绝对的,没有脱离法律约束的纯粹的自由。自由是有条件的、是在法律范围内的自由。法律是肯定的明晰的具有普遍性的一系列规范的存在,这些规范确保了一种无涉个人的、不受个别人任性影响的理论存在的自由,"法典就是人民自由的圣经"②。可见,民主主体追求的自由是在法律约束和护航下的自由,法律是民主政治实现不可或缺的必要保障条件。

此外,马克思还认为,真正民主制实现还有一个重要条件就是世界历史的出现。③ 世界历史的形成,不是"自我意识""绝对精神"等抽象行动的结果,而是完全物质的行动的结果,该结果是每个实际生活的个人都可以通过经验对之进行证明。世界性的历史是随着社会分工的扩展和深化而出现,彼此之间相互影响的活动范围越是拓展与扩大,民族的原始封闭状态、不同民族之间的自然分工就消失得越为迅速和彻底,历史也就越是世界历史。进言之,随着社会生产力的发展、生产国际化和世界市场的形成,资本成为一种国际性的力量,无产阶级的存在及其承担的历史使命也必然具有世界性。基于生产力的普遍发展和与此相关的世界交往的普遍发展的共产主义必然不

①　马克思恩格斯全集(第3卷).北京:人民出版社,2002:40.
②　马克思恩格斯全集(第1卷).北京:人民出版社,1995:176.
③　周志平.马克思民主思想研究.北京:中国出版集团出版社,2012:65—70.

围于某个地域,而且它"只有作为占统治地位的各民族立即同时发生的行动"①,才可能是经验的存在。无产阶级是世界历史意义的存在,无产阶级所担当的事业——共产主义能否成功依赖于它是否作为"世界历史性存在"。"无产阶级只有在世界历史意义上才能存在,就像它的事业——共产主义一般只有作为"世界历史性的"存在才有可能实现一样。而各个个人的世界历史性的存在就意味着他们的存在是与世界历史直接联系的。"②随着未来社会的世界历史性特征的凸显,未来真正的民主也将不是作为一种地域性的存在,而是一种需要全球视野的世界历史性的存在。个人的现实关系的丰富性决定了他所拥有的精神财富,个人必须突破民族和地域的局限性,与整个世界的生产建立起实际的联系,从而获得能够"利用全球"的全面的发达的生产能力。③ 个人获得解放的过程嵌入到世界历史的形成过程中,个人获得解放的程度与历史转化为世界历史的程度具有高度的一致性。随着世界历史的形成,伴之民主的主体范围不断扩大,民主的空间和地域范畴也不断扩大,促进真正民主制的实现。

　　马克思始终强调,民主无法速成,民主依赖经济、政治、文化、法律等诸多条件。民主是一项艰巨的事业,需要一个慢慢成长的过程。期待一朝一夕建好民主大厦,往往事与愿违,大厦成危楼。如第一次世界大战后,德国成立魏玛共和国并通过了《魏玛宪法》。该宪法的结构严密几近于完善,堪称为当时最自由和最民主的宪法之一。但理想的法制没有变成现实。德国人的重大错误在于把民主想象成一夜之间就能完成的事情。这启示我们,社会主义民主建设也是一个过程,需要不断的完善和发展。中国必须遵循民主发展的基本规律,不能期望"民主速成",清醒地看到社会主义民主政治的体制、机制、

---

① 马克思恩格斯选集(第1卷).北京:人民出版社,2012:166.
② 马克思恩格斯文集(第1卷).北京:人民出版社,2009:539.
③ 马克思恩格斯选集(第1卷).北京:人民出版社,2012:169.

程序、规范以及具体运行上还存在着不完善的地方，着眼于不断创造和改进民主实现的条件，增量民主，走渐进式民主发展道路。①

四、民主的属性："一切国家制度的实质"②

1850 年在《新莱茵报》"政治经济评论"第 4 期上发表的书评中，马克思指出，改革的任务是击破社会中流行的关于民主的幻想与假象，不能让谎话取代真实。二月革命就是这些欺骗的总破产。但要真正做到根除这些诡诈和欺骗，必须明确民主的真正意义。因为"不管我们怎样设想普遍民主，它是我们这个时代必不可免的事实"，民主是什么呢？它必须具备一定的意义，否则它就不能存在。因此全部问题在于确定民主的真正意义。如果这一点我们做到了，我们就能对付民主，否则我们就会倒霉。③ 马克思在明确民主的实质的过程中，还阐释了民主的阶级性、历史性和现实性等属性，这些属性能够帮助更好地确定民主的真正意义。

（一）民主的阶级性："都是阶级斗争的虚幻的形式"

马克思认为，阶级社会中的民主具有阶级性，不存在所谓超阶级或阶级外的民主。国家内部的所有斗争，如不同政体之间的斗争、选举权的斗争等，"都是阶级斗争的虚幻的形式"④。在这些宣称的具有普遍利益的社会共同体的虚幻形式下上演的是各个不同阶级之间的实际的残酷的斗争。民主具有阶级性，是马克思民主观最为根本的观点。

《莱茵报》时期，马克思在关注书报检查令、出版自由、林木盗窃

---

① 陈曙光. 论马克思主义民主观. 马克思主义研究, 2015(5): 86—95.

② 马克思恩格斯全集(第 3 卷). 北京: 人民出版社, 2002: 40.

③ 马克思恩格斯全集(第 7 卷). 北京: 人民出版社, 1959: 304.

④ 马克思恩格斯选集(第 1 卷). 北京: 人民出版社, 2012: 164.

法等社会现实问题时就敏锐地发现：不同的社会等级对这些问题呈现出不同的反应和态度背后隐藏的他们代表利益的不同。资本主义国家的宪法的每一个标榜自由的条款本身都包含有自己的对立面。① 马克思明确指出，顺从某种"倾向"和"意识"的法令不可能是好的法律，真正的法律"不是压制自由的措施"，而应是"人民自由的圣经"。在阶级社会里，统治阶级都是社会占统治地位的物质力量和精神力量②，政治权力成为统治阶级实行阶级压迫的"有组织的暴力"③，任何国家形式都是统治阶级实现本阶级利益的政治形式。民主制是"类概念的国家制度"，是"一切国家制度的实质"，民主必然具有阶级性。资本主义社会的政治选举民主改变不了其阶级剥削和压迫的性质，选票敌不过作为资本之货币形式的钞票，华丽的民主政治外衣掩饰着"资本的君主专制"之实质。针对当时作为世界上最发达的资本主义国家英国在 19 世纪 50 年代进行的议会改革与选举制度的改革，马克思恩格斯进行了追踪研究，指出这些改革的虚伪性和形式性，真正取得选举和被选举权的是资产阶级和富裕农民，广大工人群众没有获得这样的权利，英国实行的不过是议会作为粉饰的资产阶级和土地贵族的"寡头政治"。④ 统治阶级自诩的"民主"既是对其所代表的物质利益，也是对其所代表的精神力量的政治表达。

　　民主是一种国家政治制度，属于上层建筑的范畴。国家从来不是从外部强加于社会的一种力量，也不是黑格尔口中的"伦理观念的现实"，必须承认"这个社会陷入了不可解决的自我矛盾，分裂为不可调和的对立面而又无力摆脱这些对立面。而为了使这些对立面，这些经济利益互相冲突的阶级，不致在无谓的斗争中把自己和社会消灭，就需要有一种表面上凌驾于社会之上的力量，这种力量应当缓和

① 马克思恩格斯选集(第 1 卷).北京：人民出版社,2012：682.
② 马克思恩格斯选集(第 1 卷).北京：人民出版社,2012：178.
③ 马克思恩格斯选集(第 1 卷).北京：人民出版社,2012：422.
④ 马克思恩格斯全集(第 49 卷).北京：人民出版社,2016：7.

冲突,把冲突保持在'秩序'的范围以内;这种从社会中产生但又自居于社会之上并且日益同社会相异化的力量,就是国家。"①国家的本质就是阶级矛盾不可调和的产物,是阶级统治的工具。任何国家都是占统治地位的阶级的国家,都是代表了统治阶级的利益,是有产阶级用来防御无产阶级的组织。民主始终是统治阶级统治的工具,资本主义社会的代议制民主即是对资产阶级内部的民主,对其他社会各阶级的专政。民主和国家是同时存在的,只要有阶级存在,民主和国家都必然会存在,并为统治阶级服务,但"随着阶级的消失,国家也不可避免地要消失。在生产者自由平等的联合体的基础上按新的方式来组织生产的社会,将把全部国家机器放到它应该去的地方,即放到古物陈列馆去,同纺车和青铜斧陈列在一起"②。因此,在存在阶级差别的所有时代中,任何形式的民主制度在本质上都是对统治阶级利益的表达,是实现阶级统治的政治形式,民主的主体是经济上占支配统治地位的阶级。马克思认为,只有"当阶级差别在发展进程中已经消失而全部生产集中在联合起来的个人手里的时候,公共权力就失去政治性质"③。这意味着人类在迈入共产主义社会之前,民主的阶级属性始终存在。在社会主义社会,民主制这一国家制度具有民主的功能,同时具有专政的功能。④ 在无产阶级政权的社会主义国家,采取民主与专政相统一的方式实行统治,是实现无产阶级民主的重要政治条件。专政是对资产阶级的专政,无产阶级需要用专政的手段来镇压阶级敌人,完成社会革命。民主与专政两者的不可分割性,是民主阶级性在新的历史条件下的表现。总之,揭示民主的阶级属性,是马克思民主观的最为鲜明的特征。

---

① 马克思恩格斯文集(第 4 卷). 北京:人民出版社,2009:189.
② 马克思恩格斯文集(第 4 卷). 北京:人民出版社,2009:193.
③ 马克思恩格斯文集(第 2 卷). 北京:人民出版社,2009:53.
④ 张莉. 批判、超越与引领:马克思民主思想价值意蕴的三重维度. 理论探讨,2023(5):
　　104—109.

(二) 民主的现实性:"它们根源于物质的生活关系"

马克思强调民主的现实性,主要体现在马克思对民主主体、民主的实现和民主的功能等方面阐述当中,从现实的物质生产和物质生活关系中找寻真正民主制的实现路径。

马克思在对民主主体的规定中,不仅将民主主体澄清为具有类本质的"社会化了的人",而且指出作为民主主体的人必须拥有具体的现实性和真实性,①并将这种现实性和真实性立于社会物质生产与生活的基础之上。对于民主主体的历史唯物主义解释,是马克思批判黑格尔法哲学的基本成果,也是超越卢梭提出的人民主权思想的突出表现。马克思强调物质生产在社会生活和历史发展过程中的基础性地位和决定性意义,指出历史是人创造的。人类的第一个历史活动是"生产物质生活本身",人类的一切创造性活动,都是建立在生产劳动基础之上。于此,马克思得出从事物质生产的劳动人民在社会历史发展中的决定作用,明确了以劳动人民为主体的人民群众及其历史实践活动的重要意义,他们是民主政治生活的主体。从这个角度上讲,民主的阶级性体现了民主的现实性。

马克思将对民主的认识提升到生产关系、生产方式的高度。生产关系是人们在物质生产关系过程中结成的相互关系,其核心内容是生产资料所有制形式,即生产资料归谁所有并归谁支配。对生产资料的占有,在法律上就表现为财产权。我拥有某物的权利,也就排斥其他任何人对该物的作为。这表明,财产权利不仅体现了对财产的占有,而且体现了一种社会的经济权利。在历史上的大多数国家中,公民的权利往往是按照财产状况分级进行相应的规定。马克思一针见血:"什么事情使雇佣工人,资本家土地所有者成为社会三大阶级,因为土地、资本和劳动相分离和不同占有,使他们各自成为单纯劳动的所有

---

① 马克思恩格斯全集(第 3 卷).北京:人民出版社,2002:40.

者、资本的所有者和土地的所有者。"①经济权利必然向政治特权转化,同时政治特权又成为保护经济权利的有力武器。权利从来不是观念性的东西,也不是天赋的应然权利,更遑论是法律的产物。权利本质上是一种关系,它从来都是历史的、具体的。权利归根结底是由这个社会的物质和文化结构所决定,是社会经济关系的法律形式。生产方式是生产力和生产关系的统一。生产方式的内在矛盾即生产力与生产关系的矛盾运动是社会发展的根本动力。任何一种民主要求都是从社会生产方式的内在矛盾中孕育而产生。资本主义生产方式的矛盾运动决定了资产阶级民主的必然灭亡和无产阶级民主的必然实现。②

在对民主实现的阐析中,马克思指出民主的实现需要一系列条件,这些条件是具体现实的,任何一种民主制度的实现都无法超越社会现实条件的制约,因为作为国家形式的民主制"根源于物质的生活关系"③。马克思从经济和阶级角度分析民主实现的经济条件,从现实的物质生活条件来阐述民主主体条件和主体能力等,创新性地回答了民主的生成问题。社会现实条件的变化影响着民主的产生和发展,现实的人利用和创造现实的条件才能实现民主。一个国家的经济制度决定了本国的民主政治的根本性质、具体内容和实现程度。现实的物质生活关系和现实利益,决定了民主能否实现和在多大程度上实现。民主的实现过程充分体现着民主的现实性。马克思在强调民主的阶级性时,注意到民主具有一般的社会属性。民主是阶级统治的工具,同时具有社会经济管理的功能。

(三) 民主的历史性:"在真正的民主制中"政治国家消失

马克思认为,民主有其自身产生、发展、消亡的过程,民主是一个

---

① 马克思恩格斯全集(第 25 卷).北京:人民出版社,1974:1000.
② 洪吉武,余维法.历史唯物主义与马克思主义民主观.理论与改革,2014(3):10—13.
③ 马克思恩格斯选集(第 2 卷).北京:人民出版社,2012:32.

社会历史现象,"在真正的民主制中"政治国家会消失,"政治国家作为政治国家,作为国家制度,已经不再被认为是一个整体了。"①可见,马克思将民主、国家归于历史的范畴。在人类社会发展的进程中,随着阶级差别的消失,联合起来的共同体掌握着社会的全部生产,公共权力的政治性质就会消失,最终国家也会消失。② 民主是人类社会发展到一定阶段的产物,民主制度作为国家的一种形式,必然将会随国家的消亡而消失。民主制度是人类进入共产主义社会之前必然要经历的一个过渡性环节,民主制度环节的过渡性即是民主的历史性的表现。

　　基于历史唯物主义的研究视野,马克思深刻地指出,任何一个时代的经济生产及在此基础上形成的社会结构,是该时代的政治生活和精神生产的历史基础。民主从不会横空出世,任何民主都只能从自己的文化土壤中成长起来,是从本民族的文化血脉中衍生出来,与本民族所处的历史阶段相适应。任何权利"决不能超出社会的经济结构以及由经济结构制约的社会的文化发展"③。马克思批判黑格尔的民主观,"黑格尔认为民主因素只有作为形式上的因素才能灌输到国家机体中去⋯⋯其实恰巧相反,民主因素应当成为在整个国家机体中创立自己的合理形式的现实因素"。"一个国家实行什么样的民主模式,很大程度上是由这个国家所处的历史阶段决定的。④ 民主因素不是作为形式上的原则硬塞到国家有机体中。它无法通过外部灌输,"必须依靠各个国家的内生演化才能发生发展"⑤,民主是一个历史发展的过程。

　　民主作为一种政治现象,是属于在经济基础之上的并服务于特

① 马克思恩格斯全集(第3卷).北京:人民出版社,2002:41.
② 马克思恩格斯选集(第1卷).北京:人民出版社,2012:422.
③ 马克思恩格斯文集(第3卷).北京:人民出版社,2009:435.
④ 马克思恩格斯全集(第1卷).北京:人民出版社,1956:389—390.
⑤ 陈曙光.论马克思主义民主观.马克思主义研究,2015(5):86—95.

定阶级经济利益的政治上层建筑。经济基础是指社会特定阶段的生产力所决定的生产关系的总和。经济基础和上层建筑之间的矛盾，与生产力和生产关系之间的矛盾，共同构成了社会的基本矛盾，社会基本矛盾的辩证运动推动着人类社会的发展。作为最革命、最活跃的动力因素——生产力总是处于不断的运动变化之中。因为人们的历史同时也是发展着的，它"由每一个新的一代承受下来的生产力的历史，从而也是个人本身力量发展的历史。"①生产力的发展具有历史继承性，随着社会生产力的发展，原有的生产关系不能再为生产力提供足够的发展空间，生产力要求变革生产关系。当原有的生产关系不能适应新的生产力的发展的时候就必然会被新的生产关系所代替，从而推动生产力进一步向前发展。变革了的生产关系或经济基础就会与旧的上层建筑发生矛盾，要求改变旧的上层建筑，属于旧的上层建筑的民主制度和民主观念必将或快或慢发生变化或改造。人们的社会历史向前发展，人的自由个性逐渐生成。概言之，生产力的发展本性、社会发展的基本规律决定了民主的过渡性和历史性。生产力的发展过程也是民主主体社会历史性的生成过程，也是个体主体性形成和丰富的过程。②

民主的历史性，决定了从来不存在超越具体历史发展阶段、永恒不变的"一般民主"或"纯粹民主"，也不存在适用于一切国家、适合于所有民族的一种民主模式。一个国家实行什么样的民主政治，确立什么样的民主模式、选择什么样的民主发展道路，是由这个国家的国情和历史方位所决定。适合于一个国家一定历史发展阶段的民主形式，也不会适合这个国家的其他历史发展阶段。在民主发展的实践中照抄照搬别国民主政治模式不可能取得成功。中国特色社会主义

---

① 马克思恩格斯文集(第1卷).北京:人民出版社,2009:576.
② 郭佩惠.浅议马克思民主主体的生成.云南行政学院学报,2013(2):31—33.

民主政治建设过程中,必须深刻认识和高度警惕"民主普世论"。①
马克思将民主放到了社会历史发展规律中去理解,打破了资本主义
社会中学者所处社会阶级的局限,超出了资本主义社会中对民主理
解的主观性和表面性,从社会最基本的现实的客观存在的生产关系
的角度出发得出关于民主的理论。作为社会政治制度一种的民主制
也必然被社会生产方式所决定,并随着不同的社会阶级掌握社会生
产资料,相应的民主制度也将成为这个统治阶级实现其统治目标的
手段。

五、民主的价值:"每个人全面而自由的发展"

(一) 民主是个体表达利益诉求和彰显主体的过程

马克思指出,在民主制中,国家制度是人民进行自我规定的中
介,人民通过自我规定来证明自己的存在,满足自身的需求。人民是
国家的主体,人民享有参与和支配国家政治生活的自由和权利,并在
参与和支配国家政治生活的过程中获得自身的发展。民主是建立在
公共领域与私人领域分化的基础之上,体现个体的权利至上,部分公
共权力退出私人领域,从而有利于个体独立自由的发展;另一方面,
又能够以多数人的意志,即公意决定的制度安排,有效避免个体之间
的冲突的发生并解决已发生的冲突。② 民主的运行机制包括处理个
体与共同体、个体与他人关系的协调机制,民主机制运行的整个过程
始终是以个体的主体性作为基础,承认个体的独立性以及注重发挥
个体的积极作用,它是个体证明自我、满足自我、实现自我的过程。
因此,民主的价值首先表现为:它是个体在公共领域中表达利益诉

---

① 姜辉,赵培杰. 树立科学的马克思主义民主观. 政治学研究,2010(3):4—9.
② 杨绪萌. 民主发展:规则及政党的角色. 北京:人民出版社,2017:87.

求、践行自决权、追求主体性的过程,是参与国家与社会的基本形式。① 民主体现了民众追求自由的精神,彰显了民众在社会政治生活中的主体地位。

马克思批判资本主义的社会政治条件把人变成了"物",始终处于一切人反对一切人的斗争,人的内容不具有真正的现实性。资产者不会去关心工人如何能发展他们的才能,也不会关心工人如何能像人一样活动的同时发展人的本性、实现自我。② 资产阶级革命实现的政治解放,将人类从等级秩序、暴力和任性的专制统治中解放出来,却陷入了资产阶级社会的异化或物化的剥削、奴役和统治之中。资本主义的政治民主根本触动不了资产阶级政治统治的经济基础,人权或公民权反映的是"自由"之雇佣的资本增殖的需要,是"资本原则所辖制的现代性经济社会关系的伦理、政治或法的抽象"③。资本这一自我增殖的价值形式及其抽象性的统治,决定了它优越于市民个体的权利和自由的奠基性地位,成为资产阶级市民社会和政治社会的真正先验主体,资本主义社会的政治民主不可能真正地实现民主的价值。在批判资本主义民主观念和民主政治的基础上,马克思指出民主是"人的自由产物",自由就是将凌驾于社会之上的国家机关变成服从于社会、服从于人民利益的机关。④

人民通过民主实践提高参与公共事务、政策制定与实施的能力,获得了限制公共权力与自我管理的能力,培育了走向共产主义的自由意识。这些使个体可以摆脱对政治权力的依附,并拥有支配国家政治生活的自由和权利,彰显个体的主体性和创造力,从而为消灭权

---

① 欧阳康,陈仕平.马克思民主思想及对当前中国民主建设的启示.马克思主义与现实,2009(4):28—32.
② 马克思恩格斯全集(第42卷).北京:人民出版社,1979:261—263.
③ 陈祥勤.马克思与政治哲学问题.上海:上海人民出版社,2019:163.
④ 马克思恩格斯选集(第3卷).北京:人民出版社,2012:422.

力的政治属性与扬弃市民社会的私利本性做好充分的准备。①

(二) 民主的最高价值是每个人全面而自由的发展

马克思认为,民主制是国家制度的最终形式,是"类概念的国家制度"②。民主制不是马克思的终极关怀,通过民主实现国家向市民社会的复归、建立自由人的联合体,最终实现人类的解放,是马克思主义理论的终极关怀,③也是民主发展的最高价值取向。马克思不仅将民主问题同国家、阶级统治结合起来,揭示民主的本质,而且将民主与人类解放结合起来,明确了民主的最高价值目标。

马克思多次论述"人的自由全面发展"。在《德意志意识形态》中,马克思恩格斯描绘了未来理想社会的某些基本轮廓,认为只有在共产主义制度下,每一个人的才能和天资才会得到充分的和全面的发展,个人的全面发展为每个共产主义者所向往。1857 年 10 月至 1858 年 5 月,马克思完成一个长达 50 多印张的内容丰富的手稿,即《1857—1858 年经济学手稿》。在这个被称为《资本论》最初草稿的手稿中,马克思把人的发展分为三个阶段,其中第三阶段即为"建立在个人全面发展和他们共同的、社会的生产能力成为从属于他们的社会财富这一基础上的自由个性"④。1877 年,为了反驳俄国自由派思想家米海诺夫斯基对《资本论》的歪曲,马克思给《祖国纪事》杂志编辑部写了一封信。在信中,马克思阐明了未来共产主义社会的特征,即"生产力高度发展"与"每个生产者个人最全面发展"。⑤ "人的自由全面发展"是怎样一种发展状态呢? 马克思将其概述为"人以一

---

① 刘洪刚. 理解马克思人民民主概念的四重维度. 科学社会主义,2022(1):56—64.

② 马克思恩格斯全集(第 3 卷). 北京:人民出版社,2002:39.

③ 汪海燕,刘宁宁. 马克思民主思想的建构逻辑. 辽宁大学学报(哲社版),2018(1):28—32.

④ 马克思恩格斯全集(第 3 卷). 北京:人民出版社,1995:107—108.

⑤ 马克思恩格斯全集(第 19 卷). 北京:人民出版社,1963:130.

种全面的方式,也就是说,作为一个总体的人,占有自己的全面的本质"①。这个光辉的论断包含着丰富的内涵:其一,人的"自由"发展。"自由"发展的核心是指马克思所说的"自由个性",也就是人的个性、人格、创造性和独立性在现实社会生活中最大限度地、不受阻碍地呈现和发展。其二,人的"全面发展"。人的"全面发展"是相对于旧的不合理分工所造成的"片面""畸形"发展而言的,是对"片面""畸形"发展的超越,既是人的体力和智力等的全面发展,也包括经济关系、政治关系、道德关系、交往关系、家庭关系等人的社会关系的全面发展,还是人的各项权利的充分实现。其三,"每一个人的自由全面发展"。马克思所追求的"人的自由全面发展"的价值目标,不是某一些人或某一部分人的全面发展,而是要保证所有的人都得到全面的发展。因为马克思知道一个人的发展水平和程度受制于和他直接或间接进行交往的其他所有人的发展水平和程度。真正意义上的人的发展是社会每一个成员的发展,而不是一部分人的发展。反观在资本主义制度下,即使已经获得很多发展机会的资本家们其实也不可能得到全面的发展。比如剥削压迫工人阶级的工业资本家被自己的资本和利润所奴役;一切"有教养的等级"都被自己的专门技能所造成的畸形发展所奴役;律师被僵化的法律观念所奴役等。

无产阶级获得民主权利是无产阶级革命的目的,但无产阶级民主还不是真正的民主。无产阶级民主是指社会最大多数人民主的实现,它立足于能够促进人民参与国家和社会事务,实现社会自治、政府廉洁等,使国家权力运行受到人民的监督和约束。真正的民主是针对所有人的民主,是民主发展的最高形态,无产阶级民主是真正民主制实现过程中的必经的最后环节。在真正民主的人类世界里没有私有制,没有阶级和阶级对立,没有一切形式的剥削和奴役,人与人之间实现了生产资料占有上的平等,每个人成为自己和社会的主人,

---

① 马克思恩格斯全集(第 3 卷).北京:人民出版社,1995:303.

整个人类得到全面解放。真正民主的人类世界里是共产主义社会，共产主义民主是真正的民主，是非国家形态的民主，是民主发展的终极目标，也是无产阶级革命的最终目标。在《共产党宣言》中，马克思恩格斯把他们追求的理想社会的核心特征概括为"每个人的自由发展是一切人的自由发展的条件"①。在《资本论》中，马克思把共产主义社会概括为自由人的联合体，并把共产主义社会的基本原则概括为"每一个个人的全面而自由的发展"②。在共产主义社会中，没有受屈辱、被奴役和被蔑视的穷人，人类之间的争斗、冲突得到了最终解决。每个人不再把劳动视作异己的力量，不再仅仅是为了生存、为了物质利益而进行艰苦的劳动。人在所从事的劳动中能够得到自我的发展，真切体会到自己的本质力量，感受到创造的乐趣，人的感觉、情感和理性得到全面的发展。人在劳动中没有被奴役感，而是获得劳动后的成就感与满足感。人在对社会财富共同占有的基础上彻底摆脱了物的控制，实现了对物的自由支配，社会财富为人的全面自由发展提供充足的条件。共产主义实现个人与社会、个人自由与社会平等的完美结合，开启真正的"人类历史"：没有私有制与雇佣劳动，阶级与国家已经消亡，公共权力失去政治性质，社会一般职能的分配属于事务性质，"民主就为全体社会成员的自我管理和对物的管理所取代"。③ 需要说明的是，马克思没有详细论述共产主义社会，但他做了大量的研究工作论证这一目标的科学性与必然性。马克思将人类社会由低级向高级的发展建立在生产力的不断发展的基础上，科学揭示人类社会发展的基本规律。在这一过程中，他一方面批判了资本主义制度，阐明资本主义制度走向灭亡的必然性；另一方面，他根据当时的社会现实，预见实现共产主义的可能性，即找到实现共产

---

① 马克思恩格斯选集(第1卷).北京:人民出版社,2012:422.
② 马克思恩格斯全集(第44卷).北京:人民出版社,2001:683.
③ 刘洪刚.理解马克思人民民主概念的四重维度.科学社会主义,2022(1):56—64.

主义的条件与途径。这也说明了共产主义的实现是建立在现实基础之上，是有条件的。① 关于共产主义的具体状态、如何建设共产主义的问题，马克思都没有给出现成的答案，这表明，"共产主义是一项谋求人的解放的、不断发展的科学理论与现实运动。"②马克思的民主观为人们规划了民主进程的蓝图，更是为人们提供了一个永恒追求的价值目标和价值定向。

总之，民主的最高价值是每个人的全面自由发展。在真正的民主制中，人类的彻底解放和每个人的全面自由发展才能真正实现，才能把国家变成服从于社会的机关，最终实现国家的消亡，正如马克思所指出的，"在真正的民主制中政治国家就消失了"。③ "扬弃财产私有制"是真正走出资本主义民主困境的唯一路径，该路径能从根本上消除资本主义社会存在的不平等，是实现共产主义的必由之径。马克思的民主观与共产主义社会理想的精神实质具有一致性，它们有着共同的目的和价值追求，即每个人全面而自由的发展。确认民主的最高价值，是实现社会主义国家民主政治建设的重要目标和伟大使命的内在要求，体现了马克思对现实人的生存境遇和人类未来命运的关怀。

本章小结

马克思民主观涵盖丰富的内容，是一个较为完备的理论体系，它包括民主的实质、民主的特征、民主的条件、民主的形式、民主的价值等。

马克思强调，人是社会存在与发展的前提，是国家的基础，民主

---

① 孟锐峰. 马克思政治哲学对自由主义的超越. 天津：南开大学出版社，2013：94—95.

② 沈夏珠. 马克思从革命民主主义向共产主义转变的理论确证. 思想理论战线，2022(5)：49—59.

③ 马克思恩格斯全集(第3卷). 北京：人民出版社，2002：41.

即"人民自己当自己的家",其实质是人民当家作主。民主制是一种好的国家制度,这种国家制度的基础是现实的人,而且这种国家制度本身就是"人民的自我规定"和"人民的特定内容"。马克思将民主主体问题的研究建立在现实社会的基础之上,奠定了人民当家作主的理论基石。

积极地参与国家和社会生活,是人民"确定自己的存在是政治存在"①的表达方式,是人民当家作主的有效表现形式。社会自治的直接参与形式、普选制与代表制相结合的参与方式和民主监督形式是民主的主要表现形式。

马克思十分关注民主的实现,特别是无产阶级民主的实现。民主的实现需要一系列具体的条件:无产阶级民主实现最根本的经济条件是重建"个人所有制",建立无产阶级政权,无产阶级成为统治阶级,是实现无产阶级民主的首要政治条件;具有普遍性的"自由存在物"是民主实现的主体条件;尽可能地让全体人民都参与立法权,法律是民主政治实现的基本条件。

民主具有阶级性,是马克思民主观中最为根本的观点。在存在阶级差别的所有时代中,任何形式的民主制度在本质上都是对统治阶级利益的表达。民主制度是人类进入共产主义社会之前必然要经历的一个过渡性环节,民主制度环节的过渡性是民主历史性的主要表现。马克思不仅将民主主体澄清为具有类本质的"社会化了的人",而且指出作为民主主体的人必须拥有具体的现实性和真实性。社会现实条件的变化影响着民主的产生和发展,现实的人利用和创造现实的条件才能实现民主。可见,马克思在对民主的阶级性、历史性和现实性等属性的阐述中凸显了民主的现实性。

民主的国家制度是人民进行自我规定的中介,人民通过自我规定来证明自己的存在,满足自身的需求。民主的价值首先表现为个

---

① 马克思恩格斯全集(第3卷).北京:人民出版社,2002:147.

体表达利益诉求和彰显主体。马克思将民主与人类解放结合起来，明确了每个人全面而自由的发展是民主的最高价值目标。

深入挖掘马克思关于民主的理论观点，有助于更好地为中国特色社会主义民主政治建设提供指导和借鉴。

第四章　马克思民主观的基本特征

马克思的民主观是在 19 世纪社会时代背景下形成的新型民主观,为民主理论的发展作出了巨大贡献,其基本特征体现在:鲜明阶级性与政治立场、革命性与科学性的统一、理想性与过程性的统一、特殊性与普遍性的统一等。

一、鲜明阶级性与政治立场

马克思民主观具有鲜明的阶级性和政治立场,这一特征具体表现为两个方面:

(一) 马克思民主观科学揭示民主的阶级属性

民主具有阶级性,是马克思民主观最为根本的观点。"民主"一词起源于古希腊语,历史学家希罗多德首次使用这一概念。亚里士多德主要在政体形式的意义上使用民主,认为这种多数人执政的民主政体不同于一人执政的君主制,也不同于少数人执政的贵族寡头制。随着人类社会的演进,特别是在启蒙思想家的推动和法国大革命的洗礼下,民主理论被越来越广泛地运用于社会领域中。由于民主概念中的两个核心要素"人民"和"统治",在不同的历史时期、不同的领域有着不同的指代性内容,导致学者们对民主的含义有着许多不同的理解,其中较有代表性的观点有:(1)民主是按照人民的意志进行统治,以洛克、卢梭等为代表。由于他们的民主观是基于虚构的社会契约理论,"人民"所对应的群体往往含糊不清,缺乏实际的社会历史内容,最终陷入唯心主义的泥淖。(2)民主是人民通过投票决定政治权力的归属,①以熊彼特等为代表。该观点将民主仅仅限定于对于政治精英的选择,将少数寡头控制的社会政治称为民主政治,大大削弱了民主的政治内涵。(3)民主是多种利益团体的相互作用,②以达尔等为代表。该观点以利益团体代替阶级,忽视强势利益集团的政治影响背后的阶级内容。(4)民主是人民参与政治决策③,以科恩等为代表。该观点以参与影响决策作为民主的标志,没有明确民主政治的担当主体。马克思基于无产阶级革命斗争实践,运用唯物史观的科学方法,明确指出,在特定的生产关系基础上形成的属于政治上层建筑的民主具有阶级性,不存在任何超阶级或阶级外的民主。在阶级社会里,国家的意志总体上是由占优势地位的某个阶级所决定,任何形式的民主在本质上都是对统治阶级根本利益的表达和维护,是实现阶级统治的一种政治形式。

　　无论资产阶级如何宣扬其民主,如何标榜民主的普遍性和全体性,仍祛除不掉其民主理念和民主制度的阶级属性。资本主义消灭了生产资料、财产和人口的分散状态,使人口密集、生产资料集中、社会财产聚集在少数人的手里,进而导致政治的集中,形成"资产阶级的经济统治和政治统治"。④ 所谓的"自由、平等、博爱"的理想主要为资产阶级所享有。资本主义民主,究其实质是资产阶级的阶级民主,或资产阶级内部的"多数人统治"。于整个社会而言,仍是少数人

---

① 〔美〕约瑟夫·熊彼特. 资本主义、社会主义和民主主义. 吴良健译. 北京:商务印书馆, 2007.

② 〔美〕罗伯特·达尔. 民主理论的前沿. 顾昕译. 北京:生活·读书·新知三联书店,2009.

③ 〔美〕科恩. 论民主. 聂崇信等译. 北京:商务印书馆,2004.

④ 马克思恩格斯文集(第2卷),北京:人民出版社,2009:35—36.

的民主和形式上的民主。① 在《英国的危机》一文中,马克思指出,当
英国工人阶级自己充分感觉到危机的影响,处于沉寂状态的政治运
动将会重新开始。当英国工人重新起来进行斗争,给最终把贵族从
政权中排挤出去的资产阶级以威胁的时候,"至今一直掩盖着大不列
颠政治面貌的真正特点的假面具终将被撕破。"②马克思深刻揭示了
民主的阶级本质,凸显民主阶级性这一鲜明特征,打破了西方民主的
理论藩篱。任何所谓的抽象民主、超阶级民主,就其本质是基于统治
阶级的立场上忽视或回避民主的阶级性。③

马克思民主观有助于我们正确看待现实社会的选举、政党竞选
等问题。当今社会中绝大多数国家的统治阶级都要通过选举制度取
得和维护领导权和执政权,其目的在于实现本阶级的利益,使本阶级
的利益普遍化与合法化。社会主义的民主政治,其目的则是通过实
现最广大人民在经济、政治、社会上的平等,推动生产力的发展,推进
国家制度和人民权利的有机统一,实现人们在经济、政治和社会上的
彻底解放,最终实现人的自由而全面的发展。④

(二) 马克思民主观中有公开表明的政治立场

马克思民主观不仅科学揭示了民主的阶级属性,而且公开表明
自己的政治立场。马克思民主观是在揭露和批判了资产阶级民主的
欺骗性和虚伪性的过程中逐渐形成的,它集中体现了无产阶级的经
济利益和政治诉求。马克思民主观中,民主的主体"人民"是以无产
阶级为主体的人民群众。马克思指出,资本主义国家,作为"管理整
个资产阶级的共同事务的委员会"⑤,其制定和施行民主制度的主要

---

① 孙应帅. 中国式民主对马克思主义民主观的继承和发展. 学术前沿,2022(3):16—25.
② 马克思恩格全集(第 11 卷). 北京:人民出版社,1962:117.
③ 陶林. 整体性视野下的马克思民主观新探. 马克思主义理论与现实,2020(2):26—32.
④ 姜辉,赵培杰. 树立科学的马克思主义民主观. 政治学研究,2010(3):4—9.
⑤ 马克思恩格斯选集(第 1 卷). 北京:人民出版社,2012:402.

目的不是限制资产阶级和上层机构享有的种种特权,而是要限制无产阶级和底层大众维持基本生存的权利,并为资本主义制度的合法性进行论证。资产阶级所谓的"普遍民主"不过是一种诡诈和欺骗,其本质上不过是"取得独占的政治统治"的资产阶级用以维护自身利益、压迫无产阶级和底层民众的统治工具。资产阶级民主只是少数有产者所享有的民主,不是真正的民主,是具有局限性和伪装性的民主。马克思呼吁,无产阶级必须"与这些假象和幻想决裂""否则我们就会失败"①。

马克思的新世界观(包括民主观)以前所未有的姿态站在人民的立场,服务于人民,为人民争得自己的权利和利益。他的政治哲学思考、民主思想是以人民作为出发点和落脚点。也正是在这种追求的激励下,马克思研究发现资本主义社会的秘密,提出应以切实的无产阶级革命来推翻现存社会制度,旨在建立真正属于人民自己的国家政权和社会制度,真正实现"主权在民""人民当家作主"的民主。②马克思民主观鲜明的政治立场就是要为无产阶级服务。为在社会中占大多数的无产阶级的民主诉求提供了新的观念与模式、指导无产阶级进行实际的革命斗争并建立无产阶级专政的新型国家,是马克思民主观阶级性和政治立场的完整体现。这些决定了马克思民主观是超越资产阶级民主理论的新型民主观,是人类民主政治思想史中最先进的民主观。总之,马克思民主观是建立在物质生产的实践基础上的始终为以无产阶级为主体的广大人民群众权益而奋力呐喊的新型民主观,它具有鲜明的阶级性与政治立场。

---

① 马克思恩格斯选集(第 1 卷).北京:人民出版社,2012:100.
② 刘增明.施米特与马克民对政治的不同理解及其当代价值研究.北京:人民出版社,2022:138—139.

二、革命性和科学性的统一

马克思的民主观是在对资产阶级民主制度进行彻底批判的过程中形成的,表现为彻底的批判精神和坚定的革命要求,并与革命的实践相结合,具有鲜明的革命性特征。批判的彻底性和革命性扎根于马克思对资产阶级民主本质的科学认识,马克思的民主观实现了革命性和科学性的高度统一。

(一) 马克思民主观有彻底的批判精神和坚定的革命要求

马克思首先对封建专制制度进行了毫不妥协的批判。在给好友卢格的信中,他写道:"要对现存的一切进行无情的批判",所谓无情,是指不惧怕自己所作的结论,触怒当权者也决不退缩。"我们的任务是要揭露旧世界,并为建立一个新世界而积极工作"。这个新世界是一个共和国,以自由人们的制度代替已腐朽的制度。① 马克思怒斥德国专制政府的残暴统治,指出该专制制度的唯一原则是"轻视人类,使人不能成其为人"②。在《〈黑格尔法哲学批判〉导言》中,马克思认为,这种低于历史水平和任何批判的制度依旧是批判的对象,批判的性质是搏斗式的,批判的任务就是揭露专制体制的阴暗、卑劣、残忍,公开德国社会每个领域的耻辱,以激发德国人民斗争的勇气。③ 丢弃这个轻视人、蔑视人的世界基础,过渡到新的民主的人类世界,这将成为人民不可抗拒的要求。在对封建专制制度无情揭露和批判过程中,马克思明确地把民主同自由直接联系在一起。④

马克思认为,国家自身所包含的矛盾在资产阶级民主制下已全

① 马克思恩格斯全集(第1卷).北京:人民出版社,1956:414—416.
② 马克思恩格斯全集(第1卷).北京:人民出版社,1956:411.
③ 马克思恩格斯文集(第1卷).北京:人民出版社,2009:6.
④ 任志安.对马克思民主理论的新思考.求实,2008(12):7—8.

面展开,这种国家制度仍是无产阶级社会主义革命的基础。这意味着无产阶级首先必须与资产阶级一起建立与巩固资产阶级民主制,然后在此基础上进行社会主义革命。针对德国工人阶级的斗争任务,马克思表示:"只要资产阶级采取革命的行动,共产党就同它一起去反对专制君主制、封建土地所有制和小资产阶级。"①马克思高度敏锐地将批判的矛头指向了还处在上升阶段的资产主义社会,肯定了资本主义代替封建主义的历史进步性,同时深刻揭示资产阶级民主的本质及其虚伪性。资产阶级民主的本质就是资产阶级专政,形式民主不能等同于事实民主。在《1848年至1850年的法兰西阶级斗争》一文中,马克思针对巴黎无产阶级六月起义遭到资产阶级的镇压而失败,指出:"资产阶级共和国在这里是表示一个阶级对其他阶级实行无限制的专制统治。"②资本主义国家的社会经济关系决定了它不可能始终贯彻平等原则,象征意义的政治平等使得"平等"丧失了其真实的意义。

马克思还指出,一般的推翻现有政权和破坏旧关系的革命的政治行为不是彻底的民主政治革命行为,抑或只是"具有政治精神的社会革命"。民主革命行为旨在消灭和破坏旧的东西,破坏旧的社会,是具有社会精神的革命,社会主义只有通过这种革命行为才能实现。于此,马克思将彻底的民主政治革命行为与社会革命结合了起来。正如马克思在《关于费尔巴哈的提纲》一文中所强调,哲学家不能满足于解释世界,而要去改变世界。③ 彻底的批判不是马克思民主观建立的目的,它只是一种手段,它的目的是要摧毁现存的旧制度。理论的批判需要转化为群众的革命实践,实现革命的理论要与革命的实践结合。革命是批判的继续,革命是真正的批判。马克思提倡的

---

① 马克思恩格斯文集(第2卷).北京:人民出版社,2009:66.

② 马克思恩格斯文集(第4卷).北京:人民出版社,2009:192—193.

③ 马克思恩格斯文集(第1卷).北京:人民出版社,2009:502.

批判与鲍威尔为首的青年黑格尔派的"批判革命"有着本质的区别。青年黑格尔派所谓的"批判的批判"拘泥和满足于思想的革命和精神的批判。马克思认为,这种批判算不上真正创造,只会使整个批判蒙羞。民主的实现不是靠思想革命,而是要靠物质的力量来推动实现。积极构想无产阶级民主制度和实现形式,始终是马克思民主观发展的主线。

马克思时时告诫与资产阶级同时伴生的无产阶级,认清资本主义民主、自由、平等和人权的虚伪性,"只有揭露事实的真相,只有撕破这个伪善的假面具,才能对工人有利"。即便工人对资产阶级及其奴仆所采取的最为强悍的斗争行动,"也不过是资产阶级用来暗地里阴险地对付工人的种种手段的公开的、毫不掩饰的表现而已。"①只有变革资本主义社会的生产关系,实现整个社会的经济民主,才有全体人民的多数民主、真正民主和事实民主。无产阶级必须改造现在资本主义社会不断进行革命,取得政权,剥夺资产阶级的私有财产,发展生产力,增加社会物质财富,完成建立社会主义和共产主义的历史任务,才能够实现整个人类的自由与解放,实现民主的最高价值,民主权力真正惠及全体人民。

因此,民主理想的实现必然要经过无产阶级的革命运动,是在现实的运动状态中实现。民主价值的实现,归根到底都要从无产阶级革命的底蕴中加以理解与把握,这些充分彰显着马克思民主观的革命性特征。马克思对资产阶级民主的批判不是为了批判而批判,而是在批判中反思、在批判中探索民主的新路,在批判中改造社会。马克思在通过建构全面、真实而有效的民主以实现对资产阶级民主的价值超越,这为后人认识民主问题提供了科学理论依据。②

---

① 马克思恩格斯文集(第 1 卷). 北京:人民出版社,2009:449.
② 张莉. 批判、超越与引领:马克思民主思想价值意蕴的三重维度. 理论探讨,2023(5):104—109.

（二）批判的彻底性和革命性基于对民主本质的科学认识

马克思民主观的革命性特征是马克思对资产阶级民主本质的科学认识。马克思民主观是在汲取了古希腊以来西方哲学、政治学、人类学发展中的优秀思想资源，尤其是在批判地继承了西方政治思想中自由主义传统的基础上，深刻分析资本主义的民主政治制度建设和科学总结工人阶级民主斗争实践的基础上建立起来的。马克思的民主观科学揭示了人类社会政治制度发展的基本规律，并在此基础上对民主的本质、社会属性、表现形式、实现条件、价值等重要内容进行了系统的阐释。马克思的民主思想是奠立在对资本主义社会的支点——资本逻辑的内在矛盾和发展趋势的科学分析的基础之上。马克思对资本主义的批判不仅是经济的批判或意识的批判，而是对于由于资本主义生产方式所造成的"人的本质的灾难"所作的实践的和社会的批判。作为生产者的人在资本主义生产方式处于何种地位、他们是否获得真正解放，是马克思民主政治思想的核心关注点。①

马克思民主观的科学性还体现在它具有唯物史观这一科学方法论的有力支撑，使得民主理论彻底地解除了历史唯心主义的"绑架"。唯物史观是马克思的两个最伟大的理论贡献之一，是科学的世界观与方法论。唯物史观认为，生产力与生产关系，经济基础与上层建筑两对关系的矛盾运动是推动人类社会发展的基本动力，生产力是社会发展的最终决定力量。唯物史观使马克思确信，"无产阶级不仅被当作对人的否定，而且——正是无产阶级所承受的极端的非人化——它必须被视为'否定的否定'的前提"。运用唯物史观的科学方法就将人类各个时期的民主思想和行为当作随着不同历史时期的生产生活实践不断发展变化的历史产物，否认民主的抽象性。通过对生产方式的矛盾运动导引出能够替代资本主义的现实物质力量，

---

① 白刚. 马克思政治哲学的兴起. 北京：中国社会科学出版社，2015：278.

这种现实的物质力量是现实中的资本主义本身创造出来。① 正是将民主现象放置于人类社会历史的进程中,才能正确分析统治阶级和被统治阶级的矛盾,才能反思批判特定时期民主的局限性,这是马克思民主观科学性的方法论的保证。

总之,马克思民主观批判的彻底性扎根于马克思对资产阶级民主本质的科学认识,实现了革命性和科学性的高度统一。正如列宁对马克思主义理论的评价:该理论能够极大地吸引着世界各国的社会主义者,在于它把高度的科学性与坚定的革命性结合了起来。能够做到这种结合,当然与理论创始人的革命家品质相关,更与他始终注重将二者内在和不可分割地结合在理论本身之中相关。② 马克思是理论家,也是一个革命家。"他诉诸群众,诉诸无产阶级"③。青年时代的马克思就极富批判精神,针对宗教对人的精神的束缚、书报检查令对出版和言论自由的限制等政治暴力进行了尖锐批判和勇敢抗争。之后,他积极参与各种反对专制的运动,创办了代表无产阶级立场和观点的报刊《新莱茵报》,组织和领导第一国际工人协会的革命活动等。马克思的行动是民主观革命性特征的最好的诠释。

三、理想性与过程性的统一

(一) 马克思的民主理想旨在将民主平等原则贯彻到社会的各个领域

马克思准确把脉了社会发展规律,前瞻性地预见民主前景,构建了超越资产阶级民主的新型民主观。马克思的民主理想旨在将民主

---

① 吴晓明编.当代学者视野中的马克思主义哲学·西方学者卷.北京:北京师范大学出版社,2008:129.

② 列宁选集(第1卷).北京:人民出版社,1995:83.

③ 列宁全集(第26卷).北京:人民出版社,1988:49.

平等原则贯彻到社会的各个领域,克服资产阶级民主的内在矛盾,消灭任何阶级和阶级统治,实现全人类的共同解放,而不仅仅是满足于无产阶级一个阶级民主的实现、某个特定民族的解放。马克思为人们追求民主所描绘的未来前景中,彰显其民主观的理想性特征。马克思在对封建专制和资产阶级统治的毫不妥协的斗争中,始终怀揣着希望,这个希望就是建构"人类新世界"。马克思依据人类社会发展的规律,在对资产阶级政治民主扬弃的基础上提出真正民主制的理想。民主是建立在一定"经济基础"之上的"政治上层建筑",其宗旨是服务于"经济基础"。在理想民主体制中,社会收回国家所有的政治权力,社会的自主性提升,国家存在意义随之减少并逐渐走向消亡。民主制的完全实现,意味着资产阶级政治民主的彻底消亡,是一种全新的作为生活方式和行为习惯的社会民主的启程。公共权力的阶级性和政治性彻底消除,所有社会成员参加社会管理,社会公共事务管理的分工及由分工产生的各种职能不再具有政治性质,仅是作为事务性的职能,这些事务性职能由全体社会成员以轮换的方式担任和完成。马克思民主观的理论宗旨是每个人的全面和自由的发展,是全人类的解放,共产主义的实现是真正民主制的完成。这为无产阶级民主政治斗争指明了方向,即要建立一个"每个人的自由发展是一切人的自由发展的条件"①的自由人联合体。这一民主理想激励着全世界的无产阶级团结社会的各个阶层共同推翻资产阶级统治,建立代表最广大人民群众利益的无产阶级民主制度,最终实现共产主义社会。

（二）马克思在民主理想建构过程中始终强调民主的实现具有过程性

英国著名学者赫尔德认为,马克思的民主模式是属于未来的政

---

① 马克思恩格斯选集(第 1 卷).北京:人民出版社,2012:422.

治终结社会中的民主模式,并将其归为古典模式里的一种类型。①
民主蓝图中的理想性常使马克思民主观遭致一些误解甚至非难。美
国政治学家萨托利认为这是一种"最原始、最简单、田园诗般"的人类
生活共同体的管理方式,是属于确实存在但无人知晓的超级理想。②
他的评论代表了西方自由主义学者对马克思民主理论的深度误解。
事实上,马克思在民主理想建构过程中始终强调,民主的实现具有过
程性,在《法兰西内战》中马克思指出,工人阶级不期望公社立马做出
奇迹的想法是对的。工人阶级需要经过长期的斗争过程,这一过程
是对环境和人都要加以改造的长期的历史过程。③ 民主的事业不是
乌托邦,不是一蹴而就的事情。民主的实现需要一系列现实条件,马
克思从经济、政治和主体等多方面具体阐析了无产阶级民主的实现
条件。在不同的具体条件下,民主的发展程度会截然不同。马克思
以历史眼光充分肯定了人类曾实行的民主制度及不同表现形式,又
预见性地根据社会发展程度划分未来社会的两个阶段,论证了通过
政治解放实现全人类解放才是真正解放的观点。这些观点分别从不
同视角论证了民主的实现必然是一个历史的、具体的和现实的过程,
具体条件的不同决定了民主发展过程的阶段性不同。马克思根据唯
物史观的基本观点,从经济基础与上层建筑的关系角度,阐述了民主
与生产力经济基础的辩证关系,提出作为政治上层建筑的民主制度
是由一定生产力水平上的经济基础所决定。因此,民主形式的变化
和发展程度的提高,不能脱离具体社会的生产力发展水平,是由现实
具体的社会经济条件决定的。人类历史上不同经济时代的民主都是
与不同的生产力发展水平相适应的,具有不同时代的特点。超越社

---

① [英]戴维·赫尔德.民主的模式.燕继荣等译.北京:中央编译出版社,2008:113.
② [美]乔万尼·萨托利.民主新论.冯克利,阎克文译.上海:上海人民出版社,2015:
　　678—679.
③ 马克思恩格斯选集(第 3 卷).北京:人民出版社,2012:103.

会生产发展水平的抽象的民主在现实中是不存在的。马克思始终强调阶级社会中的民主具有鲜明的阶级性。这些论述都说明,对民主要从现实的维度进行审视,要从现实条件角度出发,充分认识到民主的具体性、现实性和历史性。马克思民主观过程性特征中内在包含着现实性。离开了现实的经济领域的平等,政治上民主的平等地位是不存在的,具有虚伪性。可见,马克思民主观实现了理想性与过程性的内在统一。

四、特殊性与普遍性的统一

(一)马克思民主观揭示了民主制内容、民主条件和民主方式的特殊性

马克思民主观的特殊性主要体现在民主制内容的特殊性、民主实现条件的具体性和实现方式的多样性的阐述上。第一,民主制内容的特殊性,是指民主制中包含的人民内容用其人民存在形式的特殊性。马克思指出,真正民主制是人民的国家制度,体现人民同国家之间的联系,这种联系实质是同人民特殊事务的联系。民主制反映了人民的特殊内容和特殊的存在形式,民主具有特殊性和差异性。第二,民主的具体性与历史性。作为人民的国家制度的民主制,是解开一切形式的国家制度的哑谜,但就其存在和现实性而言,它是不能脱离并不断被引向自己的现实基础,这是国家制度的本质所在。①社会现实基础的具体性、特定的社会发展阶段,决定了民主实现条件的差异性。不同的具体的民主的实现条件,决定着不同的民主发展水平和程度,是民主的具体性与历史性的表现。第三,民主实现形式的多样性。马克思强调,民主不是抽象的存在,它总是通过某种具体

① 马克思恩格斯全集(第3卷).北京:人民出版社,2002:39—40.

形式表现出来。在阐述民主的实现条件和保障机制的过程中,马克思提出民主的基本形式有直接参与形式、混合式参与方式和人民监督等,具体而言包括普选制、代表制、撤换制、罢免制、监督制等,民主的实现形式具有多样性。民主政治在不同的历史时期、不同的国家和不同的政党中,它的实现形式和具体表现常常是千差万别;这些具体的特殊形式还会随着国家的社会经济条件和政策实践情况的不同而呈现出差异性。

(二) 马克思民主观强调民主原则的贯彻领域和民主价值实现的普遍性

从思想发展演进的过程来看,马克思始终确认民主的普遍性,主要表现在民主原则的贯彻领域和民主的价值实现的普遍性。马克思认为,真正的民主实现,要求民主原则贯彻领域的普遍性,从政治领域扩展到社会的各个领域,从形式民主发展到实质民主,不断扩大直接民主的范围,确保社会上每个社会成员都可以平等、自由、自主地参加社会公共事务的管理。在民主思想的建构中.马克思坚持彻底的发展论,不满足于获得政治民主,要求将民主原则贯彻到社会所有领域;不满足于无产阶级一个阶级民主的实现,而是要消灭任何阶级和阶级统治;不满足于一个民族的解放,而是要实现全人类的共同解放。[①] 可见,在马克思民主观中,民主和共产主义具有同质性。共产主义的价值取向,是实现人向自身、向社会的人的完全和自觉的复归,这一复归的过程是人与自然、人与人之间矛盾解决的过程。[②] 共产主义的政治性质是民主的,是"民主制的人类世界"。真正民主价值的实现,不是一个阶级民主的实现和满足,它要求社会权力的回归,实现全人类的共同解放。"工人阶级的解放斗争不是要争取阶级

---

① 任志安. 对马克思民主理论的新思考. 求实,2008(12):7—8.
② 马克思恩格斯全集(第42卷). 北京:人民出版社,1979:120.

的特权和垄断权,而是要争取平等的权利和义务,并消灭任何阶级统治"①。民主制成为"真正的普遍物",国家不是作为区别于其他内容的特定内容,形式的原则也是物质的现实的原则。民主制代表的普遍利益,使它真正成为人民特殊利益的必要的共同实现形式。真正民主制的人类世界中没有私有制,没有奴役,没有阶级和阶级对立,实现了占有上的平等。民主价值的普遍性使它成为无产阶级的原则,它就是共产主义。② 正如马克思所指出,"在民主制中,作为特殊东西的国家仅仅是特殊东西,而作为普遍东西的国家则是现实的普遍东西"③。这表明,体现了人民特殊内容的民主制在国家的层面上具有普遍性,实现了"普遍和特殊的真正统一"。④

本章小结

马克思民主观不仅科学揭示了民主的阶级属性,而且公开表明自己的政治立场。马克思民主观是在揭露和批判了资产阶级民主的欺骗性和虚伪性的过程中逐渐形成的,它集中体现了无产阶级的经济利益和政治诉求。

马克思民主观是在对资产阶级民主制度进行彻底批判的过程中形成,表现为彻底的批判精神和坚定的革命要求,并与革命的实践相结合,具有鲜明的革命性特征。批判的彻底性和革命性扎根于马克思对资产阶级民主本质的科学认识,马克思民主观实现了革命性和科学性的高度统一。

马克思在对社会发展规律的准确把脉中构建了超越资产阶级民

---

① 马克思恩格斯选集(第2卷).北京:人民出版社,1995:609.
② 马克思恩格斯全集(第2卷).北京:人民出版社,1957:664.
③ 马克思恩格斯全集(第3卷).北京:人民出版社,2002:41.
④ 马克思恩格斯全集(第1卷).北京:人民出版社,1956:281—282.

主的新型民主观。马克思的民主理想旨在将民主平等原则贯彻到社会的各个领域,克服资产阶级民主的内在矛盾,消灭任何阶级和阶级统治,实现全人类的共同解放,而不仅仅是满足于无产阶级一个阶级民主的实现、某个特定民族的解放。马克思在民主理想建构过程中始终强调民主的实现具有过程性,马克思民主观实现了理想性与过程性的内在统一。

　　马克思指出民主制内容的特殊性、民主实现条件的具体性和实现方式的多样性,并强调"在民主制中,作为特殊东西的国家仅仅是特殊东西,而作为普遍东西的国家则是现实的普遍东西"[1],体现了人民特殊内容的民主制在国家的层面上具有普遍性,马克思民主观实现了"普遍和特殊的真正统一"。

　　综上可见,鲜明阶级性与政治立场、革命性与科学性的统一、理想性与过程性的统一和特殊性与普遍性的统一是马克思民主观的基本特征,这些特征是马克思民主观得以超越于历史上其他民主观的主要依据。把握这些特征,有助于更深刻地理解马克思的民主观的精神实质,从而为进一步完善中国城市直选改革实践汲取丰富的思想养料。

---

① 马克思恩格斯全集(第3卷).北京:人民出版社,2002:41.

第五章　马克思民主观在中国实践过程中的历史经验与创新发展

　　在领导中华民族各族人民进行革命、建设和改革的伟大实践中，中国共产党始终以马克思主义理论为指导，坚定地高举民主的旗帜，结合本国实际与中华优秀传统政治文化，形成了具有鲜明特色的社会主义民主政治实践与理论成果。马克思民主观是马克思主义理论的内在组成部分，是中国共产党推进民主政治建设的重要理论基础。中国共产党的百年发展历史，就是一部创造性地践行马克思民主观的伟大历史，建立了真正代表人民根本利益的国家权力。当前"中国之治"与"西方之乱"之间的鲜明对比，是中国特色社会主义民主政治制度优越性的有力证明，也是马克思民主观真理性的有力证明。

一、马克思民主观在中国实践过程中的历史经验

（一）对民主本质及内涵的认识与深化

　　在马克思民主观中，民主的内涵和外延非常丰富，但主要是指国家制度，属于上层建筑，其实质是人民当家作主，即"人民自己当自己的家"，确定了人民在国家政权中的主体地位，为社会主义民主政治建设指明方向。

　　中国共产党自诞生以来,始终把实现人民当家作主作为政党政治实践的价值目标。1925 年,毛泽东在《〈政治周报〉发刊理由》一文中就明确指出中国革命的目的:"为了使中华民族得到解放,为了实现人民的统治"。① 新中国成立后,中国人民真正成为国家和社会的主人。1954 年召开的全国人大第一次会议,制定了新中国的第一部宪法,以宪法规范的形式确立人民当家作主的原则。人民当家作主由革命根据地的局部政治试验变成了新中国的政治现实。这是中国共产党领导中国人民翻身作主、掌握自己命运的必然选择,是马克思民主观在中国笃实践行的成果。而后"文化大革命"十年,党和人民的事业遭受严重挫折。党的十一届三中全会开启了我国社会主义现代化建设和改革开放的历史新时期。中国共产党深刻总结正反两方面的历史经验,领导人民迈入社会主义民主政治建设发展的新时期,邓小平提出"没有民主就没有社会主义,就没有社会主义现代化"②的重要论断。党的十八大以来,习近平总书记指出,人民是否真正享有民主的权利,不仅"要看人民是否在选举时有投票的权利",还要"看人民在日常生活中是否有持续参与的权利"③。人民当家作主的原则不仅贯穿于政治实践的全过程,还体现在社会生活的全领域。在民主政治实践的每一环节和每一节点始终"在场",人民"走进国家政治生活的中心"④。新冠疫情防控期间,全国各地城乡基层组织在党和政府的领导下,坚持人民主体地位,夯实夯牢群众基础,注重发挥蕴藏在人民群众中的无穷智慧与力量,并将之转化为符合各地实际情况的治理体系与制度合力。民主不仅是社会主义制度的重要内容,更是社会主义制度的本质特征,深化了对民主本质及内涵的

① 毛泽东文集(第 1 卷). 北京:人民出版社,1993:21.

② 邓小平文集(第 2 卷). 北京:人民出版社,1994:168.

③ 习近平. 在庆祝中国人民政治协商会议成立 65 周年大会上的讲话. 人民日报,2014 - 09 - 22.

④ 莫纪宏. 在法治轨道上有序推进"全过程人民民主". 中国法学,2021(3):8.

认识。

(二) 创建无产阶级民主实现的首要政治条件

马克思十分关注民主的实现,特别是无产阶级民主的实现。建立无产阶级政权,无产阶级上升为统治阶级,是实现无产阶级民主的首要政治条件。从《德意志意识形态》中"无产阶级必须首先夺取国家政权"的观点的首次提出,到《共产党宣言》中将"无产阶级专政"作为民主实现途径的论述。这一鲜明的革命姿态与实践特征是马克思民主观与空想社会主义民主政治观、启蒙思想家的人民主权思想之间的显著区别。

在新民主主义革命时期,中国共产党的革命任务"中心的本质的东西是争取民主"。从党的二大制定了"统一中国为真正的民主共和国"的最低纲领,到中华苏维埃全国代表大会通过《中华苏维埃共和国宪法大纲》,明确指出"建设的是工人和农民的民主专政的国家";到抗日根据地民主政权颁布了《陕甘宁边区施政纲领》,实行"三三制"原则;到党的七大提出"解放全国人民,建立一个独立、自由、民主、统一、富强的新中国",再到 1949 年 9 月中国人民政治协商会议召开并通过的《中国人民政治协商会议共同纲领》。① 以暴力手段夺取国家政权,粉碎旧的国家机器,建立崭新的无产阶级国家政权。这是中国共产党在马克思主义理论的指导下,为实现无产阶级民主创造的首要政治条件。

(三) 奠立和夯牢无产阶级民主实现的经济基础

马克思从社会物质生产方式入手研究民主,其基本的立场和观点是:民主不能超越社会制度和所有制基础。重建"个人所有制",建立于"公共的生产资料"基础上的"个人所有制",是无产阶级民主实

---

① 许耀桐. 全过程人民民主的历史形成和发展. 中国党政干部论坛,2021(7):24—28.

现的经济基础。马克思开创性地从经济和阶级角度分析民主的实现条件,探究民主背后的经济因素,"突出民主的经济向度"①,吹散了笼罩在民主生成问题上的重重迷雾。

新中国成立后,中国共产党实施了一系列卓有成效的举措②:利用新的国家政权,顺利地完成对生产资料私有制的社会主义改造,重建"个人所有制",建立无产阶级国家的生产资料公有制经济基础,夯实政权的经济基础;确立国家工业化发展战略,建立较为完整的工业体系和国民经济体系,推动社会生产力的发展。国家迅速改变了一穷二白的落后面貌。改革开放后中国共产党确立了社会主义初级阶段的基本路线,建立社会主义市场经济制度,国家的经济和文化不断发展。党的十八大以来,以供给侧结构性改革为主线,建设社会主义现代化经济体系,积极构建新发展格局。2022年我国经济总量占比世界经济总量的 18.5%,稳居世界第二。③实施精准扶贫,解决了绝对贫困问题,取得了全面建成小康社会的历史性胜利,为人民民主的实现创造了厚实的物质基础。新征途上的中国共产党扎实推进全体人民共同富裕,不断夯牢夯实人民民主实现的经济基础。

近年来,自称为"普世价值"和绝对的西方民主表现不佳,政坛恶斗、社会撕裂、政治极化频现,民主的民粹化倾向明显,对世界民主的发展构成了巨大挑战甚至是灾难性危机。究其根源,资本主义私有制的经济基础决定了西方民主的狭隘性和抽象性,阻碍了西方民主政治模式的长续发展。

---

① 尹昕. 马克思民主思想的经济向度. 中共中央学校学报,2014(3):28—30.

② 李包庚. 中国共产党对马克思"真正的共同体"的百年探索实践与原创性贡献. 西南大学学报(社科版),2021(2):6.

③ 习近平. 高举中国特色社会主义伟大旗帜　为全面建设社会主义现代化国家而团结奋斗——在中国共产党第二十次全国代表大会上的报告. 人民日报,2022 - 10 - 26.

（四）不断深化无产阶级政党的领导意义

政党在现代民主政治发展中扮演着积极的角色。[①] 马克思很重视无产阶级领导权的问题,1879 年,马克思恩格斯以通告的形式郑重告诫社会民主党领导奥古斯特·倍倍尔等人,必须保证党的领导权掌握在真正无产阶级的手中,党内机会主义领导人应当退党,至少不能占据党的显要职位。[②] 政党领导是无产阶级民主实现的重要政治保证。

中国共产党自成立之日起始终以维护人民群众的根本利益作为政治实践的首要原则,其初心使命与人民民主具有高度的一致性。历史证明,中国民主政治的发展离不开中国共产党坚强有力的正确领导,中国共产党的领导是人民民主实现的根本保障。党的十八大以来,以习近平为核心的党中央准确把握时代的脉搏,明确指出:中国共产党领导是中国特色社会主义最为本质的特征。坚持和加强党的全面领导,是一个"绝不能有任何含糊和动摇"的重大的原则性问题[③],深化了无产阶级政党的领导意义。全过程人民民主是对社会主义民主制度实践最新的、全面的形象的概括。将党的领导贯穿于全过程人民民主运行的过程中,有助于完善社会主义政治建设的价值引领机制,凸显民主的人民性。中国共产党的领导是全过程人民民主建设保持正确方向和高质量水平的坚实保障。[④] 新时代习近平总书记提出坚持全面从严治党,不断完善自身领导,强调党的政治建设的统领作用,加强对公共权力行使的监督,反腐败斗争取得了压倒性胜利。在新征程上,中国共产党要求广大党员干部继续勇敢地进

---

① 杨绪盟.民主发展:规则及政党的角色.北京:人民出版社,2016:177.
② 马克思恩格斯全集(第 34 卷).北京:人民出版社,1972:927.
③ 习近平谈治国理政(第 2 卷).北京:外文出版社,2017:20.
④ 王洪树.全过程人民民主:中国式民主的时代诠释和多维建构.理论与评论,2021(5):36.

行自我革命,确保中国共产党和国家权力的人民属性,确保全过程人民民主的运行实效。

(五) 积极探索无产阶级民主实现的形式

马克思强调,作为政治组织形式的民主不是空洞的抽象之物,它是历史的具体的存在。无产阶级民主实现的具体形式包括社会自治的直接参与形式、普选制与代表制相结合的混合参与形式和民主监督形式。人民代表大会制度,村(居)民自治是马克思人民代表理论和社会自治理论在中国践行的重要成果。

新中国成立,我国基本确立了以人民代表大会为特征的选举民主和协商民主两大形式。人民代表大会制度保证了人民行使国家权力,国家权力在人民监督下运行,从根本政治制度层面落实人民当家作主。中国共产党领导的多党合作和政治协商制度、民族区域自治制度推动着人民当家作主的有效落实。改革开放以来,人民代表大会制度进入新的历史发展阶段。全国人大常委会扩大了职权,县以上地方人大设立常务委员会,省级和设区的地级市人大有权制定地方性法规,县乡两级人大代表通过直接选举产生。建立基层群众自治制度,基层民主不断创新发展,党的十七大把基层自治制度纳入我国基本政治制度框架中,从制度上保障了基层群众自治。直接民主与间接民主的有机结合,充分激发广大人民群众参与政治和社会事务的积极性、主动性和创造性。十八大报告对于社会主义协商民主的发展方向和协商渠道提出具体要求,明确协商民主是我国人民民主的重要实现形式,推动协商民主向多层次、制度化方向发展。[①] 全国人大建立并落实委员长会议机制、常委会委员联系代表制度,搭建人大代表联系群众的工作平台,用制度体系保证人民当家作主。全

---

① 中共中央文献研究室.习近平关于社会主义政治建设论述摘编.北京:中央文献出版社,2017:65.

过程人民民主的推进,进一步丰富了民主的实现形式,拓宽人民群众政治参与的渠道,确保了人民当家作主真正地"落根"到国家政治和社会生活之中。从确立政治上的平等参与权利到推进广泛政治参与,再将范围扩展到经济、文化、社会各领域各层次,民主的形式和质量逐步扩大和提升。

二、全过程人民民主是马克思民主观在中国实践过程中的原创性贡献

发展全过程人民民主,这一命题写进十九届六中全会文件中。在党的二十大报告中习近平总书记再次强调"全过程人民民主是社会主义民主政治的本质属性""必须坚定不移地走中国特色社会主义政治发展道路"[①]。全过程人民民主,既是对中国特色社会主义民主政治实践的科学概括,同时又是对新时代中国对社会主义国家民主政治建设提出的新要求。全过程人民民主,是马克思民主观在中国共产党领导的社会主义民主政治实践过程中所作出的原创性贡献。它通过凸显民主的治理效能、深化选举民主与协商民主关系的认识、明确民主政治的评价标准与评价主体、强调民主环节和民主机制的完整性,让人民真正进入国家,愈加凸显"民主的人民性"[②]。

(一)赋予丰富的民主价值

"全过程人民民主"不仅通过规范政治制度实现民主的政治价值,还通过挖掘民主的治理效能,贯通政治生活与日常生活的空间,丰富着民主的社会属性,拓宽了对民主价值的认识。

[①] 习近平. 高举中国特色社会主义伟大旗帜　为全面建设社会主义现代化国家而团结奋斗. 人民日报,2022 - 10 - 26.

[②] 肖立辉. 全过程人民民主:人类政治文明的民主新探索. 中国党政干部论坛,2021(7):23.

　　其一,将人民民主融入治国理政的全过程,凸显民主的治理效能。全过程人民民主理念是习近平总书记在上海考察社区治理时首次提出,这既是对人民民主的科学总结,又是基于国家治理体系和治理能力现代化建设的高度对新时代中国民主政治改革点明了新方向。民主不是用来做摆设的"装饰品","而是要用来解决人民需要解决的问题的"①。"全过程人民民主"以实现国家有效治理为旨归,关注民主过程的完整性和民主领域的系统性,激发人民群众的政治主体意识和公共事务参与积极性。中国式民主制度优势转化为巨大的治理效能,将民主的价值充分调动出来。面对新冠疫情肆虐的重大突发性危机,中国共产党始终以人民为中心,将人民的生命权、健康权放在首位。全过程人民民主制度的治理效能凸显,其在社会治理和凝聚民心民力上发挥出远远超于西式民主的强大制度优势,蕴含着丰厚的民主价值内涵。而以美国为首的西方国家在应对新冠疫情时暴露出诸多经济、政治问题,政府担当缺乏,难以保障民众的基本生存权,凸显西方民主模式的内在缺陷。②

　　其二,贯通政治生活与日常生活的空间,民主成为一种生活方式。"全过程人民民主"通过完整的民主体系与有效的运行机制,实现政治民主、社会民主和生活民主的有机联结,良塑个体的生活方式。人民不仅拥有选举投票的权利,还拥有日常公共生活中持续参与的权利。在政治生活中各个权力主体之间是合作与共存的关系,在社会生活中公民、社会组织之间是和谐与互动的状态。政治生活与日常生活的两大空间能够相互联动,有效避免了西方国家出现的社会民主与政治民主的割裂状态,在满足人民自身合法权益的同时关照公共利益,公共生活品质得到改善和提升。譬如,从制定地方国

① 习近平在中央人大工作会议上发表重要讲话强调　坚持和完善人民代表大会制度　不断发展全过程人民民主. 人民日报,2021－10－15.
② 冯颜利. 全过程人民民主才是真正的民主. 当代世界,2021(4):40.

民经济和社会发展规划等重大决策,到社区物业、生活垃圾分类等具体事务,"全过程人民民主"要求决策部门采取"座谈会、听证会、实地走访、书面征求、问卷调查、民意调查"等多种方式广泛征求公众的意见,贯通政治生活与日常生活两大空间,提升民主参与的广度、深度和质量,[①]让民主成为人们的生活方式和行为习惯。

"全过程人民民主",促进政治生活与日常生活的两大空间的相互联动,有效避免了西方国家出现的社会民主与政治民主的分离割裂状态。当代西方政党由于深度嵌入国家机器,运作机制和职能设置日趋官僚化。政党的社会职能不断弱化,其社会回应性式微甚至缺失。社会群体的民主诉求难以进入公共议程通道,社会民主与政治民主无法形成有机的互动联结,最终呈现出断裂、疏离的状态。[②]

(二) 铸就完整的民主过程

马克思指出,民主制中的任何一个环节究其实质都是"整体人民的环节",不拥有与它本身意义不同的特殊意义。[③] "全过程人民民主"通过铸就完整的民主过程和制度程序,实现人民的整体利益,主要表现为:第一,民主环节的完整性。民主过程通过系列的环节实现,"全过程人民民主"在实际运行过程中通过选举、协商、决策、管理、监督一系列环节来体现人民当家作主的实质,实现了民主环节的"全链条化"[④]和完整性。在重视保障人民群众民主选举权利的同时,注重维护人民群众的民主决策、民主管理、民主监督的权利。第二,民主领域的完整性。全过程民主运行空间涉及多个领域和多个系统,它包括政治领域在内的更为广泛的社会领域,涉及政治事务、经济事务、文化事务等社会事务。全链条、多环节的民主活动在社会

---

① 孙应帅. 全过程人民民主的理论逻辑与实践路径. 人民论坛,2021(10):62—65.
② 汪晖. 代表性断裂与"后政党政治". 开放时代,2014(2).
③ 马克思恩格斯全集(第 3 卷). 北京:人民出版社,2002:39.
④ 辛向阳. 人民民主是全过程的民主. 光明日报,2020-05-29.

经济政治文化各领域展开,完整的民主过程确保了参与主体的广泛性、参与内容的多领域,提升了人民的政治效能感和美好生活需求不断满足的幸福感。

　　这表明,全过程人民民主通过完整的制度程序和参与领域,让人民当家作主不囿于投票选举代表,而是在经济、社会、政治、文化生活等多方面领域中体现,人民广泛地参与到国家和社会各项事务的管理。涉及重大立法的决策,都必须经过民主酝酿、民主决策,确保决策的科学性和民主性。新中国成立以来第一部以"法典"命名的法律《中华人民共和国民法典》编纂过程中公开征求意见达 10 次,42.5 万人提出百万余条建议,是开门立法、为民立法最为有力的诠释。2020年,中国人大在网上征求意见的法律草案有 42 件次,收到 135 万余条建议意见。[①] "十四五"规划编制中网上征求意见,收到群众的留言多达一百多万条。[②]

　　西方社会的民主限于选举环节在决策、管理、监督环节中鲜有民众的参与。即便是自主投票的选举环节中,由于受到统治精英和资本的操纵,导致选民选择与结果之间虚假性关联的形成,民主成为服务于精英阶层的手段,颠倒了民主的实质内容。民主过程的完整性,是中国民主区别和超越于西方"一次性民主""选举性民主"的鲜明特点,具有比西方民主更为广泛的优势特征。[③]

(三) 建立系统的民主机制

　　民主在确定价值取向后,其运作过程必须有系统的制度框架和运行机制作为有力支撑,并在动态中不断地调整与优化。马克思在民主理想建构过程中始终强调,民主的实现具有过程性,在《法兰西

---

① 王博勋. 让每一个人的智慧在立法中闪光. 中国人大,2021(9):21.
② 汪晓东等. 人民的信心和支持是我们国家奋进的力量. 人民日报(海外版),2021-03-03.
③ 储建国. 全过程人民民主的理论逻辑与核心内容. 国家治理,2021(1):2—9.

内战》中马克思指出,工人阶级不期望公社马上就能做出"奇迹"的想法是对的。工人阶级需要经过长期的斗争过程,这一过程是对环境和人都要加以改造的长期的历史过程。① 民主的实现需要一系列现实条件,马克思从经济、政治和主体等多方面阐析了无产阶级民主的实现条件,从民主实现的角度论述民主的过程性,全过程人民民主强调民主环节的完整性,铸就系统的民主机制,实现人民的整体利益,主要表现为:第一,民主环节的完整性。民主过程通过系列的环节实现,"全过程人民民主"在实际运行过程中通过选举、协商、决策、管理、监督等一系列环节来体现人民当家作主的实质,实现了民主环节的"全链条化"②和完整性。在重视保障人民群众民主选举权利的同时,注重维护人民群众的民主决策、民主管理、民主监督的权利。民主选举、民主协商、民主决策、民主管理、民主监督,这五大环节之间相互联系、彼此渗透,以人民群众的利益和要求作为出发点和归宿,形成内在的统一体。第二,民主机制的系统性。我国民主政治制度体系主要包括人民代表大会制度、中国共产党领导下的多党合作和政治协商制度、民族区域自治制度、基层群众自治制度以及社会主义协商民主制度。2021年3月,新修订的《中华人民共和国全国人民代表大会组织法》为全过程人民民主运行提供了坚实的法理依据和制度保障。全过程人民民主注重民主机制的系统性和整体性。不同的民主机制之间相互衔接并动态配合,有助于最大程度地发挥民主制度体系的规范行为、保障权利和协调关系等功能性作用,确保人民当家作主的真实性和广泛性。③ 党的十八大以来,我国社会主义民主政治制度化、规范化、程序化建设全面推进,并将系统的民主运作机制贯穿于国家治理体系中,为公共决策奠定扎实的理性基础和广泛

---

① 马克思恩格斯选(第 3 卷),人民出版社,2012:103.

② 辛向阳. 人民民主是全过程的民主. 光明日报,2020 - 05 - 29.

③ 张贤明. 全过程人民民主的推进之道. 理论导报,2021(9):59—60.

的民意基础。全过程人民民主通过完整的民主环节和制度程序,让人民当家作主不囿于投票选举代表,而是在经济、社会、政治、文化生活等多方面领域中体现,确保完整的民主参与实践,人民广泛地参与到国家和社会各项事务的管理,赋予人民民主过程性的深刻内涵,发展了马克思民主过程论思想。

反观西方社会,是以选举为主要形式的间接民主,民主限于选举环节,在决策、管理、监督环节中鲜有民众的参与。习近平总书记指出,"人民只有在投票时被唤醒、投票后就进入休眠期"①,这是形式主义的民主。即便是自主投票的选举环节,由于受到统治精英和资本的操纵,往往导致选民的选择与结果之间虚假性关联的形成。民主成为服务于精英阶层的手段,颠倒了民主的实质性内容。民主过程和民主机制的完整性,②是中国民主区别和超越于西方"一次性民主""选举性民主""间断式民主"的鲜明特点,具有比西方民主更为广泛的优势特征。

(四) 提出具体的评价标准

马克思强调物质资料的生产在社会历史中的基础性地位和决定性意义。能否和多大程度上有利于化解现实的生产力和生产关系之间的矛盾,是对特定社会政治价值进行评判的根本标准,③这也是对一个国家民主政治制度进行评价的根本标准。"社会生活在本质上是实践的"④,实践的具体性和社会历史性内在要求具体的多维度的民主评价标准的确立。

习近平总书记指出,评判一个国家的政治制度是否民主有效的

---

① 习近平谈治国理政(第 4 卷).北京:外文出版社,2022:259.
② 储建国.全过程人民民主理论逻辑与核心内容.国家治理,2021(1):9.
③ 解红晖,贾一曼.践行马克思主义政治价值观的内在逻辑.宁波大学学报(人文社科版),2022(2):12.
④ 马克思恩格斯文集(第 1 卷).北京:人民出版社,2009:501.

具体标准主要包括:国家领导和管理体系人才的选拔更替是否合法有序、人民群众表达利益诉求的渠道是否畅通、人民群众能否有效参与国家政治生活和能否依法管理国家和社会事务、国家决策的制定是否实现科学化和民主化、执政党对国家社会事务的领导是否合宪合法、公共权力能否被有效制约和监督。① 八大标准涵盖了社会公正、公民参与、政府效能等方面,为衡量民主成果提供了多维度的评价标准。该评价标准遵循人类民主政治发展的客观规律,是马克思民主政治评价根本标准的具体表现,实现了真理尺度和价值尺度的统一,是对西方社会基于个体主义建立的狭隘的民主评价标准的超越。

在中国共产党领导的全过程人民民主建设过程中,中国不仅确立了民主政治评价的具体标准,同时明确民主政治评判的主体是人民。习近平总书记强调,一个国家是否民主,只能由本国的人民来评价与判断,而不是"外部少数人指手画脚"地来充当评判者。② 一个国家民主政治是否有效,归根到底取决于它能否适应不同时期人民群众对美好生活的期盼。"人民是江山",人民是中国特色社会主义民主建设的重要参与者、实施者和推动者,也是中国特色社会主义民主建设的最终的和最有权威的评判者。民主政治评判主体的确立,有助于进一步深化对民主本质的认识,凸显人民的主体地位,使得中国特色社会主义民主区别并超越于历史上任何一种形态的民主。

自我标榜为普遍民主的资本主义社会的议会制民主,始终处在资本利益的捆绑下,其实质是维护占社会少数的大资本集团和大资本家的经济政治利益的制度安排。金钱购买政治选举活动,资本家实际掌控着国家政权,操控公共生活,他们是资本主义国家民主政治

---

① 习近平. 在庆祝全国人民代表大会成立 60 周年大会上的讲话. 人民日报,2014 - 09 - 06.

② 习近平. 在中央人大工作会议上的讲话. 求是,2022(5):4—10.

评判的主体。当这些少数政治精英的利益诉求得不到满足时,他们就会利用手中的"否决权",无视最大多数人的利益。西方民主沦为有钱人的政治工具和政治游戏,普通民众无法真正参与国家事务的管理,他们的政治效能感低下①。西方资本主义社会中普通民众不是民主政治评判的主体,更遑论拥有决定国家权力运行的权利。中国共产党领导下的全过程人民民主,让人民群众成为民主政治评判的主体,尊重最大多数人的利益和诉求,具有鲜明的人民性。

（五）扩展民主的空间范围

民主蕴含着人类联合的本质和意义。发展民主需要研究的内容,不能囿于探究有效的民主形式和民主制度,探究能够体现和促进人类联合本质的民主原则和文明形态,应是进一步发展民主需要关注的研究点。② 全过程人民民主的理念、制度、实践和价值,是民主探索过程中的中国方案和中国智慧,③促进了国家之间的合作,彰显人类联合的本质。全过程人民民主,是中国共产党领导中国人民创造的人类政治文明新形态,在世界政治发展史上具有重要的意义。

全过程人民民主运行涉及多个领域和多个系统,它包括政治领域在内的更为广泛的社会领域,涉及政治事务、经济事务、文化事务等社会事务。全链条、多环节的民主活动在社会经济政治文化各领域展开,完整的民主过程确保了参与主体的广泛性、参与内容的全面性,提升了人民的政治效能感和美好生活需求不断满足的幸福感。中国不但在本国全领域地积极发展人民民主,而且大力推动国际关系的民主化,彰显民主中蕴含的人类联合的积极意义,拓展了民主发展的范围。

---

① 李笑宇.全过程人民民主:运行机制与显著优势.科学社会主义,2021(5):121.

② 樊鹏.全过程人民民主:具有显著制度优势的高质量民主.政治学研究,2021(4):7.

③ 张伟军.中国新民主政治观:全过程人民民主的生成逻辑、运行机理及价值定位.统一战线学研究,2021(6):54.

习近平总书记指出,民主是全人类的共同价值,"不是少数国家的专利"①。促进和保障民主是国际社会的共同事业,各国人民都有根据自身实际追求符合自身发展需要的民主权利。中国特色社会主义民主政治用事实打破了所谓的"历史的终结"论,为广大发展中国家探求自身民主道路提供了信心。应对百年未有之大变局,中国提出人类命运共同体理念并率先力行,促进"相互尊重、公平正义、合作共赢的新型国际关系"的建立、中国推动共建"一带一路"业已成为国际广受欢迎的公共产品,②在新的征途上,中国共产党将继续携手一切爱好和平的国家和人民,"弘扬和平、发展、公平、正义、民主、自由的全人类共同价值"。③ 党的二十大报告再次明确表示,中国将一如既往地积极参与全球人权治理,推动人权事业全面发展。这些都是全过程人民民主建设过程中的重要成果。发展全过程人民民主,有助于推进国际关系民主化,实现世界和平稳定与可持续发展,创新国际治理模式,为民主开拓国际化的道路,进而扩展了民主领域,赋予民主发展的世界意义。

本章小结

人类进入阶级社会,国家成为阶级统治的工具,剥削阶级通过制造代表人民利益的种种"超阶级国家"精神幻象来实现对人民的现实统治。基于唯物史观,马克思科学廓清了国家权力的本质、国家与社会关系等问题上的重重迷雾,深刻洞见了"民主制"是现代国家制度和人类政治文明的发展方向,是"国家制度一切形式的猜破了的哑

---

① 习近平. 坚持和完善人民代表大会制度　不断发展全过程人民民主. 人民日报,2021 - 10 - 15.

② 中华人民共和国国务院新闻办公室. 中国的民主. 北京:人民出版社,2021:652.

③ 习近平. 在庆祝中国共产党成立 100 周年大会上的讲话. 人民日报,2021 - 07 - 02.

谜"①。在无产阶级革命过程中,巴黎公社初步显示出"由人民掌权的政府的趋势"②。如何建立真正代表人民利益的国家权力? 如何让人民真正进入国家? 这是马克思之后要解决的两个问题,也是人类政治领域中的两大难题,中国共产党及其领导下的中国人民为之进行了艰苦卓绝的百年探索,提供了中国的解决方案——建立真正代表人民根本利益的中华人民共和国,全过程人民民主让人民真正进入国家。马克思民主观在中国实践过程中的历史经验主要包括五个方面:

第一,民主本质及内涵的认识与深化。中国共产党自诞生以来,始终把实现人民当家作主作为政党政治实践的价值目标。人民当家作主的原则不仅贯穿于政治实践的全过程,还体现在社会生活的全领域,深化了对民主本质及内涵的认识。第二,创建无产阶级民主实现的首要政治条件。以暴力手段夺取国家政权,粉碎旧的国家机器,建立崭新的无产阶级国家政权。这是中国共产党在马克思主义理论的指导下,为实现无产阶级民主创造的首要政治条件。第三,奠立和夯牢无产阶级民主实现的经济基础。新中国成立后,中国共产党实施了系列卓有成效的举措:完成对生产资料私有制的社会主义改造、建立社会主义市场经济制度、以供给侧结构性改革为主线建设社会主义现代化经济体系,夯牢夯实无产阶级民主实现的经济基础。第四,不断深化无产阶级政党的领导意义。将中国共产党的领导贯穿于人民民主建设的全过程,完善价值引领机制,凸显民主的人民性。中国共产党的领导是全过程人民民主建设保持正确方向和高质量水平的坚实保障,深化了无产阶级政党的领导意义。第五,积极探索无产阶级民主实现的形式。人民代表大会制度、村(居)民自治为主要内容的直接民主是马克思人民代表理论和社会自治理论在中国践行

---

① 马克思恩格斯全集(第3卷).北京:人民出版社,2002:39.

② 马克思恩格斯选集(第3卷).北京:人民出版社,2012:107.

和发展的重要成果。全过程人民民主的推进,进一步丰富了民主的实现形式。

　　"全过程人民民主",是马克思民主观在中国共产党领导的社会主义民主政治实践过程中所作出的原创性贡献,具体包括:第一,"全过程人民民主"不仅通过规范政治制度实现民主的政治价值,还通过挖掘民主的治理效能,贯通政治生活与日常生活的空间,赋予民主更为丰富的价值。第二,"全过程人民民主"通过铸就完整的民主过程和制度程序,实现人民的整体利益,主要表现为民主环节的完整性、民主领域的完整性。第三,"全过程人民民主"注重民主机制的系统性和整体性。不同的民主体制机制之间相互衔接并动态配合,确保人民当家作主的真实性和广泛性。第四,"全过程人民民主"明确了评判一个国家政治制度是否民主有效的具体标准。它遵循民主政治发展的规律,实现了真理尺度和价值尺度的统一。第五,发展全过程人民民主,有助于推进国际关系民主化,实现世界和平、稳定与可持续发展,创新国际治理模式,扩展了民主的空间范围,赋予民主发展的世界意义。

第六章　我国城市社区直选现状分析

　　基于文本著作,全面系统地探究马克思的民主观,有助于为城市社区直选改革的进一步完善提供有力的理论支撑。城市基层社区直选是中国特色社会主义民主政治建设的有机组成部分,是城市基层民主建设和居民自治的首要环节。从 1998 年青岛正式拉开城市直接选举改革帷幕起,至今已有 24 年。实践是历史唯物主义的理论基石,马克思始终将社会生活的本质定位为人类的实践活动。马克思在《关于费尔巴哈的提纲》中开宗明义地指出,旧唯物主义和唯心主义的共同缺陷均在于不理解"真正的、现实的感性活动本身",并进而明确地指出:"社会生活在本质上是实践的"[①]。民主是人类社会的一种特殊的实践活动,并随着人类实践活动的变化而变化。本章尝试梳理城市社区直选改革实践的发展历程,进行阶段性划分和阶段性特征的总结,客观地评析城市社区直选实践取得的诸多成就和存在的不足,有助于深入挖掘马克思民主观与中国特色社会主义民主政治实践的内在契合性,激发马克思民主观在中国特色社会主义民主政治实践中的无限生机活力。

---

① 马克思恩格斯文集(第 1 卷).北京:人民出版社,2009:499—506.

一、我国城市社区直选①实践历程

中国城市社区居委会产生于 20 世纪 50 年代,是在废除国民党政权时期保甲制度的过程中逐步建立起来的城市基层群众组织。城市居委会作为居民组织具有自治性,是在 1952 年天津市开展民主建政运动中首次提出来的。1954 年 12 月 31 日,《城市居民委员会组织条例》(简称《条例》)在全国人大常委会会议上通过。《条例》规定了居委会的组织机构的性质、任务和工作原则等,指出居民委员会成员必须通过选举产生,并对居委会委员数等进行了规定。《条例》的出台与实施,为城市社区居委会在全国普遍建立和规范运作提供了必要的法律保障。② 自治性质的居委会逐渐得到了政治权威的认可,这标志着城市社区居委会选举正式开始。

(一)我国城市社区直选的最初萌生(1989—1997)

1953 年到 1956 年,新中国基本完成了社会主义改造,开始进入社会主义建设。我国民主政治建设步入了一个新的历史阶段,推动了城市居民委员会的发展。1958 年迎来了我国历史上城市基层组织的第一次大面积选举,居委会成员都是由选举③产生。但在随后的人民公社化、"文化大革命"等运动中城市社区居委会自治性质逐渐消失,政治化和行政化色彩趋于浓厚,随之居委会选举工作停止。随着"文革"结束、"拨乱反正"的全面进行,居委会的选举活动逐渐得到恢复。1982 年全国人大通过的修订宪法第 111 条是专门关于居民

---

① 社区直接选举(简称社区直选),是我国城市社区居民委员会选举方式改革的创新性做法,即由居住在本社区的具有选举权的居民通过一定程序以一人一票直接投票的形式选出社区委员会成员。

② 雷洁琼主编.转型中的城市基层社区组织.北京:北京大学出版社,2001:1—3.

③ 采用的是居民小组选举方式。

委员会选举的规定。1989 年 12 月全国人大常委会通过《中华人民共和国城市居民委员会组织法》(简称《居委会组织法》),随后各省、自治区、直辖市相继制定了实施办法。在宪法和法律的保驾护航下,居委会选举在全国恢复和展开。① 随着居委会的成长和发展,居委会选举逐渐迈入了制度化轨道。伴之居委会选举方式改革启动,中国居民委员会选举制度开始朝着直接选举、差额选举、规范选举、透明选举、民主选举的方向迈进,②社区直选是社区选举改革进程中的重要成果。

1. 村民自治催化着城市社区直选萌生

"十一届三中全会"以来中国实行改革开放,改革最早始于农村。"家庭联产承包责任制"瓦解了"文革"时期建立的以农村"人民公社"为代表的政权机关、经济组织、基层社会三种功能高度混合的体制。③ 1980 年全国第一个村民代表选举产生的村民委员会在广西宜州市屏南乡诞生,1986 年吉林省梨树县梨树乡村委会选举中率先推行"海选"方式。④ 1987 年全国人民代表大会通过了《中华人民共和国村民委员会组织法(试行)》,农村村委会开始逐渐脱离乡镇政府命令式垂直管辖而向村民自治的道路发展,村委会直选在全国推广。1998 年 11 月《中华人民共和国村民委员会组织法》正式颁布,推动着我国村委会直接选举工作规范化建设的进程。⑤ 村委会选举改革拉开了村民自治的帷幕,大大提高了农民的民主觉悟。它不仅对农村的稳定和发展产生积极的作用,还对城市基层民主发展起到了很好的引领作用。时任国家副主席的胡锦涛指出,农村已经摸索到了一

---

① 詹成付主编. 社区居委会选举工作进展报告. 北京:中国社会出版社,2006:1—3.

② 李猛,王冠杰等. 新中国选举制度发展历程. 北京:世界知识出版社,2013:302.

③ 黄卫平,陈家喜. 中国改革开放三十年民主选举的发展. 当代中国政治研究报告,2008 (1):34—76.

④ 闫健主编. 民主选举. 北京:中央编译出版社,2013:8—9.

⑤ 黄卫平. 中国基层民主发展 40 年. 社会科学研究,2018(6):13—27.

条较为可行的自治发展的道路,城市也应该有创新精神去尝试自治的发展路径,并要求民政部门要带头研究,帮忙找思路。[①] 农村村民自治改革的成就,坚定了党和政府的信心。城市可以尝试推行基层民主建设,借鉴农村自治的成功经验,这不仅会大大降低制度创新成本,还能把市民日益增长的政治参与要求诱导到基层的社区参与之中,满足居民参与需求的同时缓解国家行政管理体系的压力。

在村民自治的影响下,城市居民自治的步伐正式迈开。1999 年民政部在全国设立实验区推行城市基层改革,拟定了《全国社区建设实验区工作方案》,该方案第一次正式提出"社区自治"。社区自治开始成为城市社区改革中"关键词",实现城市社区的管理权的回归,而居委会直选则成为社区自治中的"关键词"。在民政部的大力推动和具体指导下,城市社区改革沿着自治的道路发展。[②] 民政部社区建设实验区认真把握与贯彻执行《居民委员会组织法》的基本精神,相继开展了居委会直选的试点工作。由全体居民投票产生居委会的做法,无疑是受了当时农村村委会产生办法的影响。在这之前,虽然《居民委员会组织法》中对居委会产生的三种方式中包括由全体居民选举产生方式,但在实际操作中这种方式没有运用过,城市居民没有直接选举的参与和经验。村民自治的影响和示范使得城市社区居委会直选与村委会选举实践始终密不可分,许多选举技术与方法(如秘密投票室)直接参照了村委会选举。[③] 可见,如火如荼的村民自治实践带动了城市居民自治的步伐,村民自治催化着城市社区直选的萌生。

2. 社区直接选举缘起于城市社区改革

除了农村自治发展带来的催化性影响,中国经济体制改革的深入给城市基层社会结构带来的巨大变迁,迫切要求着城市社区改革。

---

① 张明亮. 社区建设政策与规章. 北京:中国社会出版社,2004:94.

② 姚华,王亚南. 居委会直选的背景及政策的定型化. 东方论坛,2010(2):113—118.

③ 闫健主编. 民主选举. 北京:中央编译出版社,2013:14.

1)城市社会结构的开放度增强。随着城市经济成分多元结构的形成和新型经济组织的涌现,城市社会结构的开放度提高,伴之城市居民的流动性与异质性增强,其主要表现为大批外来务工人员。随着农村经济体制改革的深化,带来农业和农村经济快速发展的同时,产生了农村剩余劳动力。城市里大规模的市政基础建设、城市改造以及第三产业比重增加等,吸引了大批外来务工人员。1995 年在城市务工的农民就已达 8000 万,且每年以 10%左右的速度增长。① 2015 年国家统计局发布的国民经济运行数据显示,城镇常住人口比重达56.1%,合计 77116 万人,农民工总量 27747 万人,其中,外出农民工比高达 61%。② 全国城市居委会平均管辖外来人口 115 人,个别居委会管辖多达千人以上。③ 城乡相对封闭的局面被打破,社会迁徙的频率与方式发生巨大变化。进入城市的农村剩余劳动力形成了一个庞大的外来流动人口群体,城市居民的异质性在增强。与此同时,国企改革和政府体制改革在推进中,企业逐渐向自主经营的独立实体转变,单位制的解体促进了劳动力流动,个人与组织的关系从依附型向契约型转变。居民职业有了更多的变动和更多的不确定性,这些都加剧了城市人口的流动性和社会结构的开放度。2)城市居民的社会属性凸显。随着经济体制改革的深入进行,经济形式出现多样化,社区结构发生转变。计划经济体制比重的降低,大力推行的市场化改革使单位制逐渐松动,单位体制运行的经济基础削弱。政府和企事业单位释放原先承载的城市管理职能,国有企业改组、企业破产和机构撤销,加上民办企业和机构的出现,使得没有单位归属的人员数量急剧增加。此外,住房货币化为核心的住房体制改革的出台,又加快了传统单位制的解体,单位体制的社会整合功能日趋式微,改变

---

① 江流,陆学艺. 1996—1997 年中国社会形势分析. 北京:中国社会出版社,1997:194.
② 黄卫平等编. 当代中国政治研究报告. 北京:中国社会文献出版社,2017:18.
③ 赵秀玲主编. 中国基层治理发展报告(2016). 广州:广东人民出版社,2016:80.

着国家管理的微观基础。作为城市最基本的构成单位、处于单位体制补充地位的社区所担负的社会整合功能愈来愈凸现出来。住房货币体制的改革使得居民与社区之间的利益联系性纽带得以建立起来,①居民对于居住环境和安全秩序等有更高的要求。社区成为城市社会组合分散成员和优化整合资源的重要载体。越来越多的原归属于单位的城市居民成为"社会人",他们的行政管理、社会保障、思想疏导等问题亟待社区解决。但由于相应的社会服务机制还没有完全建立起来,全方位的社区工作突破了社区服务概念的内涵,社区难以承接"单位"所释放的多元化社会职能,传统城市管理模式受到严峻挑战。1991年民政部提出社区建设的理念,并将社区建设与加强基层政权结合起来。② 在社区建设的积极探索中形成了一些有代表性的社区建设模式,但仍不能从根本上解决城市基层社会管理薄弱和社区整合乏力的问题,城市社区基层管理体制改革势在必行,改革的重点就是将城市社区管理权回归到社区本身,确定社区管理权回归的组织载体是社区居民委员会。社区居民委员会是法定的居民自治组织,但在传统城市管理体制下其成员往往是街道任命或聘用,居民委员会没有能发挥其自治性功能。启动社区居委会选举改革,由社区居民通过直接选举方式产生居委会成员,重建城市基层组织体系,鼓励居民参与社区建设,充分开发利用社区资源,使社区真正成为治理主体。无疑,城市社区直选脱胎于城市社区改革。这次社区改革是由社会经济体制变化而引发的、由政府主动推动的中国城市基层结构的巨大社会变迁所导致。

（二）我国城市社区直选的正式启动(1998—2000)

随着城市基层管理体制改革的深入,村民自治的推进,中国城市

① 闫健主编. 民主选举. 北京:中央编译出版社,2013:13.
② 李猛,王冠杰等. 新中国选举制度发展历程. 北京:世界知识出版社,2013:303.

社区直接选举改革正式启动。1998 年青岛瑞昌路街道第二居委会和第六居委会首次进行居委会直接选举，[①]其中第六居委会的参选率达到 86.6%。两个社区居委会选举过程尚不严格，但具备了社区直接选举的一些特征（如居民联名提出候选人等），[②]是社区直接选举改革的雏形。它标志着城市社区选举改革正式拉开了帷幕，社区改革深入推进有了新的动力。民政部是推动社区选举改革的主要职能部门，具体指导全国社区直选试点工作的开展。通过合并居民委员会、突破单位限制、重新划分居委会范围等措施，促使形成新的城市社区居委会。社区成员身份多元化、社区居民数量适度扩大，夯实了民主选举和自治的组织成员基础，这是沈阳、上海等城市启动社区选举方式改革的主要背景。

1998 年沈阳市明确，加强居委会建设和提高居委会能力是社区管理体制改革的首要目标。1999 年沈阳市沈河区今生社区首次通过民主选举产生新一届社区当家人，旨在通过民主选举方式来激励社区人员素质的提高。沈阳市着重从社区定位、社区划分、社区组织体系三方面开展社区改革，居委会民主选举有助于构建和完善社区组织体系。沈阳社区改革思路在全国引起较大反响，民政部基层政权和社区建设司专门召开相关的专家论证会，总结沈阳社区改革经验。[③] 但沈阳居委会选举是户代表选举方式，还不是真正意义的社区直选，总体改革力度不大。

1999 年上海开展较大范围的社区直选试点工作。上海选举改革前先将几个居民委员会合并为社区居民委员会，通过扩大社区人员数量和社区地域范围，增加了民主选举和管理的可能性。卢湾区

---

① 王国华，孙兆军. 加强居委会建设的重要举措——青岛市市南区调整居委会规模、换届选举的做法. 中国民政，1998(10).
② 何晓玲. 社区建设模式与个案. 北京：中国社会出版社，2004：93.
③ 汤晋苏等. 沈阳模式专家论证会观点综述.（2008 - 07 - 20）http://www.21gwy.com/ms/sqzl/a/4882/414882.html.

长二社区是上海市首个居委会直选社区,之后五里街道的紫金社区,浦东街道的景安社区、浦兴街道的金桥湾社区、瑞金二路街道的陕南社区等社区居委会也相继启动社区居委会选举方式改革,并在试点社区建立了居民代表常任制,[①]其中尤以浦东新区的直选制度设计上较为规范,周家渡白莲泾居委会尝试了无候选人直接选举法,花木镇由六村采用了海选方式。浦东新区居委会选举的成功,标志着社区居委会发展历程上的一个转折,"从传统的权力主导性选举转向依法自治性的选举"[②]。上海社区直选中提出,提升居委会的自治功能是城市社区居委会选举改革的价值取向。

1999 年乌鲁木齐市第四次居委会换届选举结束,全市 95%的居(家)委会由居民直接选举产生,参选率达 79%。[③] 同年 12 月,北京石景山园北社区试点居委会直接选举改革。石景山社区选举改革中最大的特点是采用居民小组协商方式产生正式候选人,但候选人竞争不够,投票程序上仍存在不足。[④] 2000 年 5—6 月,南京市玄武区北苑社区和白下区游府西街社区启动直选试点工作,两个试点社区采取相同的选举实施方案,标志着我国社区居委会直接选举试验中程序规范化水平的提高,[⑤]但专家也指出存在的问题,最为突出的是居委会候选人问题。居委会候选人不是来自本社区,是外聘人员。居委会成员应当必须是本社区的居民,本社区的居民对社区较为了解,对社区事务也更具有责任感和使命感,有助于开展社区的沟通协调工作。南京社区选举试点存在不足,但仍要肯定与鼓励直接选举

---

① 何明锐. 对上海市八个直选居委会的调查. 当代建设,2001(3):34—35.

② 林尚立. 社区民主与治理:案例研究. 北京:社会科学文献出版社,2003:84.

③ 姜春云. 全国人大常委会执法检查组关于检查《中华人民共和国城市居民委员会组织法》实施情况的报告.(2000 - 10 - 28)http://www.npc.gov.cn/wxzl/gongbao/2000-10/28/content_1481427.htm.

④ 李凡. 中国选举制度改革. 上海:上海交通大学出版社,2005:34.

⑤ 李凡. 社区选举的发展和问题. 中国社会导刊,2002(7):17—20.

制度在社区的应用,使每个人都拥有选举权的社区直选,有利于推动基层民主的发展。① 2000 年 8 月底至 9 月中旬,全国人大常委会检查直选试点工作进展情况,旨在推进《居委会组织法》的贯彻执行。四个执法小组分赴江苏、上海、黑龙江、辽宁等 8 个省市自治区展开实地检查,认真总结并撰写检查报告递交国务院。报告中特别强调,城市居民委员会选举是扩大城市基层民主的重要形式,并对社区直选进一步开展提出改进性建议。② 该检查报告是民政部向中央和国务院提出在全国范围内推进社区建设等相关建议的经验基础。2000 年 12 月 16 日海南省在海口市新华区居仁坊社区首次试点居民委员会直接选举。社区有选民 701 人,参加投票 675 人,参选率 96%,周好明当选为居委会主任,海南省第一次有了全体居民直接选举产生的居委会。③

　　中国城市社区直选改革启动阶段的主要特征有:第一,社区直选试点的指定性。直选试点都是在民政部成立的社区建设实验区内进行,试点社区总体数量不多,社区直选经验较为有限。该阶段的居委会组成人员并非全部由选举产生,社会招聘是居委会组成人员产生的重要渠道。④ 第二,社区直选概念的模糊性。社区直选启动阶段是较为艰辛的摸索阶段,大城市设立一至两个社区选举改革试点,规模不大,摸索经验,其中多数还不是直接选举方式,譬如沈阳市的社区选举改革实际上采用的是户代表选举方式,这反映了对社区直选概念认识上的模糊性。第三,直选经验总结不及时性。直选试点社

---

① 史卫民,郭巍青等. 中国社区居民委员会选举研究. 北京:社会科学文献出版社,2009:244.

② 姜春云. 全国人大常委会执法检查组关于检查《中华人民共和国城市居民委员会组织法》实施情况的报告. (2000 - 10 - 28) http://www. npc. gov. cn/wxzl/gongbao/2000-10/28/content_1481427. htm.

③ 游海洋. 海南省首次出现居民直选居委会领导. (2000 - 12 - 16) http://www. xinhua-net. com//epublish/gb/paper10/20001216/class001000009/hwz267027. htm.

④ 李猛,王冠杰等. 新中国选举制度发展历程. 北京:世界知识出版社,2013:306.

区不太注重总结经验来巩固改革成果,最为典型的是拉开中国城市社区直选帷幕的青岛,其率先进行直选改革的两个社区即第二居委会和第六居委会,在试点直选成功后不久便在新一轮社区改制中与其他居委会合并,合并成的大社区并没有继续推行居委会直选。这导致青岛的两个社区之后鲜有人关注和提及,社区选举改革的宝贵成果没有得到很好的巩固与发展。第四,直选后社区体制多样性。居民以一人一票依法选举出来的委员会成员组成社区理事会成员,有的则是担当居民聘用人员等。总之,该阶段选举的规则和方法都比较简单,不够规范,但初步建立了我国城市社区选举的基本框架,①为城市社区直选的进一步发展奠定了基础。

(三) 我国城市社区直选的重大突破(2001—2005)

2000 年 11 月 19 日,中央办公厅和国务院办公厅转发民政部报送的关于推进城市社区建设的意见,同时联合下发了"中办发[2000]23 号"文件。② 该文件明确要求在全国范围内推动社区建设,倡导"扩大民主、居民自治"的基本原则,③确立社区居委会的根本性质是党领导下的群众性自治组织,要求依照《居民委员会组织法》精神推行居委会直选。2002 年 11 月,党的十六大报告中从政治体制改革的高度提出要扩大基层民主、完善城市居民自治,提高了社会各界特别是党政机关对社区自治建设的关注。④ 这些都为社区直选改革的推进营造了良好的政策环境。社区建设进一步深入开展,城市社区直选从试点走向大规模推进,中国城市社区直选改革实现了重大突破,主要体现在社区规模、社区数量、社区类型等方面,具体

---

① 李凡. 中国选举制度改革. 上海:上海交通大学出版社,2005:34.

② 张明亮. 社区建设政策与规章. 北京:中国社会出版社,2004:126.

③ 黄卫平、陈家喜. 中国改革开放三十年民主选举的发展. 当代中国政治研究报告,2008
(1):34—76.

④ 姚华,王亚南. 居委会直选的背景及政策的定型化. 东方论坛,2010(2):113—118.

而言：

　　首先是表现为规模上的突破，即实现了城市社区直选在一个省级范围内推行。2002 年初广西在全自治区范围内试点城市社区直选，这意味着广西"打破了以前的选举试点都是在民政部的试验区进行的先例"①。在省级范围内尽可能推动城市社区直接选举，广西在规模上实现了我国城市社区选举改革的重大突破，加快了城市基层民主建设和城市社区自治的进程。继广西之后，中国城市社区直选的规模开始扩大，不囿于民政部试验社区，广州、深圳、宁波等大中型城市相继启动城市社区直选改革，产生了重大的社会影响。广州市东山区农林街东园新村居民率先投下了历史性一票。全市主要街道办事处均设有社区直选试点，共有 40 多个社区进行了直接选举，选举中对候选人提名方式进行较为有益的尝试和摸索。② 2002 年沈阳市采取了混合的方式即户代表投票与居民直接选举相结合的方式。在已启动社区直选改革的 10 多个省份里，其中北京九道湾社区直选尤为引人关注，被认为是基层民主从农村走向城市的重要标志。③其次是数量和类型上的突破。从 1998 年到 2001 年，全国进行居委会选举改革的社区的数量总计 50 个左右，社区所在的城市仅四个，它们是青岛、上海、北京和南京。2002 年直选社区数量上突破显著，全国 10 多个省份里有近千个社区进行了居委会直接选举，对社区自治进程产生了深远的影响，2002 年堪称是中国城市社区直选的"丰收年"。直选社区数量的突破说明：城市居委会选举改革得到了社会各层面人士的认同与支持。特别要提的是，2002 年广西全自治区范围内推动社区直选试点的进程中，364 个试点社区所涉的城市有南宁、桂林等大中城市，武鸣等县城，还包括良江镇等县以下乡镇。这

① 李凡. 中国选举制度改革. 上海：上海交通大学出版社，2005：37.
② 肖萍，孙杰. 广州：首次由居民直接投票选举社区居委会. 新快报，2001 - 01 - 13(6).
③ 李凡. 中国城市社区直接选举改革. 西安：西北大学出版社，2003：16—18.

显明,我国直选社区类型呈现多样性,不同行政级别的城市的社区都开展了居委会直选试验。这些社区改革实践有助于从多层面、多级别地积累经验,为进一步推广城市社区直选做好充分的准备。[①] 2003 年迎来了我国城市社区直接选举的又一拨高潮,原计划举行的城市社区选举因"非典"顺延至下半年。浙江、山西、湖北、湖南、宁夏回族自治区、内蒙古自治区等省份启动社区选举改革。天津市开发区翠亨社区率先在全市进行首个居民委员会直接选举试点,居民参选率达 91%。[②] 为进一步规范直选和推广经验,2003 年 7 月民政部在南京开设了针对社区居委会选举的培训班,近 500 名学员来自 17 个省市的民政、区街和社区工作人员。这是民政部与联合国开发计划署合作项目的子项目。[③] 2004 年底,全国共有社区居委会 71375 个,其中 43053 个居委会进行了换届选举,采取直接选举方式的社区 9715 个,占比 23%,采取其他方式的社区共有 35053 个,占比 77%。[④] 从全国占比率看,2004 年推行居委会直选的社区与采取其他方式的社区相比,仍有较大的差距,但从时间纵向维度上看,与 2002 年的直选社区数量相比,其增长的速度是相当之快。2005 年 7 月吉林省社区居委会第六次换届选举启动,其中吉林市、通化市、四平市、松原市试行居委会直选。[⑤] 2004—2006 年,全国 25 个省份进行社区直选试点工作,占省份总数 81%,社区选举改革在全国渐成方向性引领。总之,这一阶段的数量上和类型上的重大突破,加快了城市社区选举改革的步伐,社区直接选举范围逐步扩大,引导城市选举制度的发展方向,提供城市居民社区参与的重要渠道。最

---

① 李凡. 中国选举制度改革. 上海:上海交通大学出版社,2005:42.

② 张彦华. 城市现代化进程中的基层民主建设. 天津行政学院学报,2003(2):77—80.

③ 徐玲. 中国致力推进社区居委会直选. 人民日报(海外版),2003 - 07 - 28(4).

④ 郑权. 中国社区基本情况调查报告. 社区,2005(11):17—20;黄卫平. 中国基层民主发展 40 年. 社会科学研究,2018(6):13—27.

⑤ 李宏宇. 吉林省部分社区首次试行直选社区主任. 吉林日报,2051 - 07 - 25(1).

后,选举制度趋向规范化。我国城市社区直选改革的启动阶段中选举规则不仅粗糙和简单,常常是不同的城市有不同的选举制度安排,甚至同一个城市里不同社区的选举方案存在很大差别。随着城市社区直选的推进,规范化趋势愈渐显明,其中代表性的标志是广西在探索社区选举方式改革进程中设计的选举制度。2002 年广西率先形成一个比较规范的选举制度(包括候选人提名方式、竞选、候选人与选民见面、封闭流程式投票方法等),并在全自治区推行。选举制度的规范化程度以及在省级范围内推行统一的选举制度,标志着我国城市社区选举制度规范化建设方面实现了突破。北京市九道湾社区全体居民通过了《九道湾自治章程》及相配置的自治制度,该自治章程的通过,意味着北京社区民主自治规范化建设向前迈出了关键的一步①。柳州市柳南社区直选时秘密划票间的设立、邀请外国选举专家团到现场观摩,②这是我国城市选举规范又一个象征性的标志。

　　城市社区直选取得的在社区规模、类型、规范化等方面的突破,是在社区选举改革路上积极探索与不懈努力的结果。它标志着城市居民委员会直接选举进入大范围探索阶段,越来越多的城市应用居委会直接选举的方式来推动城市基层民主,并引发社会各界人士关注度的增加,尤其是新闻媒体机构给予了很大的热情支持,如权威报刊《人民日报》对广西柳州社区直选的整版与跟踪的报道等,增加了社区选举改革的社会影响力。③ 社会的关注与城市基层民主发展互为因果,它们共同推动着我国城市社区选举稳步改革的进程。

---

① 蔡文华.北京首个居民自定自治章程表决　居委会主任旁听.北京青年报,2003 - 08 -
　　15(8).
② 李凡.中国城市社区直接选举改革.西安:西北大学出版社,2003:12—18.
③ 晏彦,蒙昭.广西城乡和谐社区建设纪实.广西日报,2005 - 12 - 5(2).

（四）我国城市社区直选的稳步推进(2006—至今)

2006年，全国有16个省份依法相继启动新一届社区居委会选举工作，以改革创新的积极姿态迎接"十一五"规划开局之年。2006年是村委会选举的"小年"，社会总体上对村委会选举的关注度略为降低，但城市社区自治逐渐深入人心。民政部出台通知，提倡社区居委会选举要遵循公开竞争原则，鼓励采取演讲、见面会、网络等多样化的富有时代气息的方式展开竞选，大力激发居民参与热情，并对投票秩序等程序提出规范性要求。① 城市社区中超过九成的选民参加了居委会选举投票，选民参选率提高，创新候选人提名方式，选举形式经历了由间接选举到直接选举，地域和身份的限制逐步减少，社区居委会选举的民主程度提升。② 黑龙江、上海、湖南、广西、重庆、西藏6个省份近一半的社区实行了居委会直选，但整体上我国城市社区选举改革的发展步伐有所放缓。全国23个省份的居民直选的平均比例24.35%，略高于2004年统计比例，比2001—2003年的平均比例(15.21%)提高9.14个百分点。③

党的十七大首次将基层群众自治制度写入大会报告，基层群众自治制度正式纳入中国特色政治制度范畴。④ 报告中特别强调要发展基层民主，让基层群众在日常生活场域中享有实实在在的民主权利。十七大会议精神助推着城市社区民主的发展进程。2007年我国城市社区选举中一人一票的直接选举范围有所扩大。杭州上城区

---

① 詹成付主编. 社区居委会选举工作进展报告. 北京：中国社会出版社，2006：183—191；
　黄卫平、陈家喜. 中国改革开放三十年民主选举的发展. 当代中国政治研究报告，2008
　(1)：34—76.

② 潘跃. 2006年基层民主质量新提升. 人民日报，2006-12-29(10).

③ 史卫民，郭巍青等. 中国社区居民委员会选举研究. 北京：中国社会科学出版社，2009：
　245.

④ 虞崇胜、孙龙桦. 中国式民主的有效实现形式与发展向度. 学习与实践，2011(1)：52—
　59.

实行 100%居委会直选,这是杭州市社区换届选举的第一站,选举中对"人户分离""暂住人员"等问题进行了积极探索和尝试,对杭州市其他社区的居委会选举改革起到表率作用。① 西安市开展的统一届次、统一部署、统一进行的城市社区居委会选举引起更多社会关注,近八成的社区进行居委会直选。② 宁波市在所有的城市社区居委会换届选举中推行直选方式,③将城市社区选举的参与程度提高到一个新的水平,这表明我国社区直选正在由点到面地向深层次推进。2008 年 8 月民政部副司长王金华在接受集体采访时分析了中国城市基层民主化程度相对滞后的原因,国家经济发展进程影响城市自治水平,《城市居委会组织法》的修订工作提上议事日程,并对城市社区直选范围的扩大进度提出明确的目标。

2007 年底,中国城市社区总数 80717,社区居委会成员约四万五千人,女性和党员所占比例均接近半数(分别为 48.2%、48.4%)。④ 通过选举方式改革产生的社区居委会成员性别比例较为合理,政治素质较高。2008 年 6 月深圳市第五届居委会换届选举工作圆满完成,其中盐田区和光明新区 100%直选,全市直选率达 92.82%,较上届居委会直选比例增幅接近一倍,是深圳市社区选举改革力度的生动表现。⑤ 陕西、重庆等省份相继拉开城市社区选举改革的帷幕,其中重庆市居委会选举改革进展最快,居民直选的比例达到 90%以上,⑥中国城市社区直选改革已在全国展开。

———————————

① 张小波,陈建明.上城率先实行社区居委会换届 100%直选.杭州日报,2007 - 05 - 23(2).
② 高雅.549 社区居委会换届选举.西安晚报,2007 - 07 - 09(5).
③ 孔令泉.选聘分离激活民主空间.民主法制时报,2008 - 01 - 27(6).
④ 李惠子,岳瑞芳等.民政部官员:城市社区直选覆盖面 2010 年前将达 50%.人民日报,2008 - 08 - 04(2).
⑤ 李舒瑜.全市居委会直选率达 92.8%.深圳日报,2008 - 07 - 08(2).
⑥ 史卫民,郭巍青等.中国社区居民委员会选举研究.北京:中国社会科学出版社,2009:436.

2009 年起,全国近一半的省份进行城市社区开展居委会换届选举工作。民政部稳步推动社区选举改革,努力实现"十一五"末直接选举覆盖面目标。2009 年 11 月,为全面贯彻落实中央重要部署,民政部发布关于大力推进和谐社区建设意见的文件,文件中要求扩大城市居民委员会直接选举的覆盖面。2010 年是"中办 23 号文件"发布 10 年,中办、国办联合印发《关于加强和改进城市社区居民委员会建设工作的意见》,意见中明确指出社区民主选举程序的规范建设和居委会直接选举覆盖面扩大的稳步性。① 2010 年完成选举的居委会数为 14878 个,参选人口数 39428845,其中登记选民数 32886240。② 2011 年 1 月成都市锦江区辖 64 个社区全面推行直选,对四川省城市社区直选改革起到了积极的引领和示范作用。③ 2012 年民政部召开全国社区建设经验交流会,学习与落实中共十八大精神。各地社区居委会直接选举比例有所提高,社区选举的程序注重规范,民主选举形式不断发展。天津、浙江、湖北、陕西等地探索流动人口参加社区居委会选举的办法,广东、青海等省尝试建立换届选举观察员制度④。山东省⑤等拟定城市社区居委会直选率目标。天津市探索社区居委会直接选举的分界别方式,提高社区居委会成员的代表性,较好地维护了社区里不同群体的利益。⑥

2014 年全国 7 个开展新一届居委会换届选举的省份都稳步推行直接选举,覆盖面比上一届提高 10% 以上。同时依托居民代表会议

---

① 新华社. 中办、国办联合印发《关于加强和改进城市社区居民委员会建设工作的意见. 人民日报,2010 - 11 - 01(1).

② 民政部编. 中国民政统计年鉴. 北京:中国统计出版社,2011:247.

③ 严斌."小巷总理"直选效应. 成都日报,2011 - 02 - 10(2).

④ 陈乙鼎. 全国社区建设经验交流会召开. 福州日报,2012 - 12 - 10(2).

⑤ 娄辰. 山东:2015 年城市社区居委会直选率要超 80%. (2012 - 09 - 12) http:///www. xinhuanet. com/gundong/detail_2012_09/12/17560670_0. shtml.

⑥ 民政厅. 创新社区服务管理　提升居民自治水平. (2012 - 12 - 13) http://mzt. fujian. gov. cn/xxgk/ztzl/jyjlh/jyjl/201212/t20121213_805405. htm.

等多种形式,各地广泛开展了城乡基层民主决策和民主协商活动。①
同年,民政部基层政权和社区建设司在山东省召开城市社区居民委
员会换届选举工作情况分析会,要求全国各地认真总结城市社区选
举经验,深化其规律性认识。2015 年民政部联合中组部、全国妇联
等部门,加强居委会换届选举工作中党和政府的指导,完善选举工作
制度化和规范化。② 山东省规范居委会选举,在省级范围内实现选
举届期、部署、指导和实施等方面的统一;北京积极创新流动人口参
与基层自治的方式。③ 城市社区居委会 100% 实现直接选举的城市
数量稳步增加,新增加的城市包括攀枝花市、黄山市、桦甸市等。④
2018 年 4 月全国基层政权建设和社区治理建设工作会议在郑州市
召开,民政部副部长顾朝曦指出,各级地方民政部门应以习近平新
时代中国特色社会主义思想为指导,创新群众自治,真正做到“扑
下身子”去指导居民委员会换届选举,加强社区治理,夯实政权
基础。⑤

　　总之,中国城市社区直选改革的稳步推进阶段呈现出一些特征:
第一,社区直选推进的总体进度放缓。如 2009 年,全国只有 1/3 的
省份城市居委会直接选举比例超过 25%。究其主要原因,社区居民
委员会选举有较强的“动员式选举”特征,自下而上的回应不足。第
二,选举民主与协商民主的尝试性结合。中国共产党十八大报告首

① 民政部. 社区治理篇——2014 年民政工作报告. (2014 - 12 - 07) http://mzzt. mca. gov. cn/article/qgmzgzsphy2015/gzbg/201412/20141200748865. shtml.

② 唐娟. 转型中国的基层选举民主发展研究. 上海:上海人民出版社,2018:256.

③ 民政部. 社区治理篇——2015 年民政工作报告. (2015 - 12 - 28) http://mzzt. mca. gov. cn/article/elyl/gzbg/201512/20151200878853. shtml.

④ 民政部. 2015 年社会服务发展统计公报. (2016 - 07 - 11) http://www. mca. gov. cn/article/zwgk/mzyw/201607/20160700001136. shtml.

⑤ 民政部. 顾朝曦副部长出席 2018 年全国基层政权建设和社区治理工作会议 (2018 - 04 - 11) http://www. mca. gov. cn/article/xw/mzyw/201804/20180400008421. shtml.

次提出社会主义协商民主,并将其确定为我国人民民主的重要形式,并从制度层面进行规划和部署。① 推进社区直选改革的城市侧重于各种形式的民主协商活动的开展并制度化,这将有助于提高城市社区直选绩效。第三,不设明确候选人的海选模式成为居委会直接选举的重要方式。江苏、湖南、河南、上海等省份进行海选试点,海选在全国范围内的居委会选举改革中开始普及。② 第四,社区居委会选举与村民委员选举的统一性有所增强。社区居民委员会与村民委员会同时举行选举,有助于降低选举组织工作成本和工作量。两类选举中的创新性做法,可以在统一的选举进程中相互借鉴和共同完善③,但要注意保持两者各自发展的个性,以防止降低社区居委会选举的重要性。

二、我国城市社区直选改革取得的成就

(一)社区直接选举制度的规范化建设

民主化必须以民主程序的制度化为基础。1982 年颁布的《中华人民共和国宪法》首次将居委会及其选举纳入国家根本法,1989 年底颁布的《居民委员会组织法》,为城市社区自治提供了一般法律依据。《居民委员会组织法》颁布后,各省份制订了实施办法。随着1998 年城市社区直选改革帷幕的拉开,以广西建立的选举制度为标志,城市社区直接选举规范化趋势开始呈现。各城市初步建立起以宪法为根本、以居委会组织法为基础、以各地实施办法和选举规则为

---

① 辛鸣.中国道路新赶考　改革开放再出发——十八届三中全会的重大突破与创新.时事报告,2013(12):28—35.

② 李猛,王冠杰等.新中国选举制度发展历程.北京:世界知识出版社,2013:324.

③ 史卫民,郭巍青等.中国社区居民委员会选举研究.北京:中国社会科学出版社,2009:366.

主要内容的城市社区居委会直选制度体系。但由于《居民委员会组织法》对居委会的选举程序没有详细规定,民政部没有统一规范安排,2003 年全国城市社区直选总体上仍处于地方层面的自我探索阶段。2004 年民政部基层政权和社区建设司出台《社区居民委员会直接选举规程》,同时辅以《〈社区居民委员会直接选举规程〉使用指南》。该规程共分为十章。该规程以中国城市社区选举改革实践为基础,规定社区居民委员会、社区居民代表和社区居民小组成立的相关要求,对选举登记、候选人条件、候选人提名、竞争性选举和投票方法等进行了规范,并针对特殊情况制定了相关规则,如单独选举、重新选举、辞职和补选等。《社区居民委员会直接选举规程》是中国城市社区选举改革过程中一个重要阶段性成果,是城市社区居民委员会直接选举在全国范围统一推行的规范性文件,是我国城市社区直选制度规范化建设的标志性成果。为进一步推进我国城市基层民主的制度化和规范化建设,民政部又相继出台了一系列的文件,先后发布《关于做好 2006 年社区居民委员会换届选举工作的通知》《关于做好 2009 年社区居民委员会换届选举工作的通知》,①明确规定了社区选举中划票、唱票、计票等具体程序,并就换届选举的后续工作做了较为详细的指导性部署。

　　为全面规范社区居民委员会的直接选举,2010 年宁波市首次制定了《宁波市社区居委会直接选举规程(试行)》。② 之后,成都市、苏州市、南京市等城市先后制定了《社区居委会直接选举工作规程》。2013 年浙江省民政厅制定并下发了《浙江省城市社区居民委员会选举规程(试行)》,这是我国第一个指导城市社区居民委员会选举的省

---

① 基层政权和社区建设司.民政部关于切实做好城市社区居民委员会换届选举工作的通知. (2009 - 02 - 06) http://www. mca. gov. cn/article/xw/tzgg/200902/20090215026382. shtml.

② 基层政权和社区建设司.宁波市社区居民委员会直接选举规程(试行). (2010 - 03 - 25) http://zqs. mca. gov. cn/article/sqjs/dfwj/201004/20100400068996. shtml.

级规范性文件。① 它意味着我国城市社区直选制度的规范化程度达到一个新的高度。2014 年山东省民政厅制定了《山东省城市社区居民委员会换届选举指导规程(试行)》,并实现全省居委会选举统一时间、统一部署、统一指导和统一实施。② 可见,我国城市社区直接选举制度规范化趋势愈发凸显,这是中国城市社区直选改革过程中的重要成果。

(二) 城市社区直选实践模式逐渐形成

经过多年的摸索与实践,我国城市社区直选的发展呈现出多样化的趋势。一方面表现为:参与直接选举社区类型的多样化。随着社区选举改革的深入和直接选举规模的扩大,在城市进行居委会直接选举的社区类型呈现多样化特征。参与直接选举的城市社区类型包括:单一单位型社区、混合型社区、城乡结合部社区、城镇型社区、蓝领型社区、乡镇型社区等。不同类型的社区中,选民的态度和投票行为会有所不同,存在的问题会有不同。分析不同社区直选存在问题背后的原因并探究相应对策,有助于从整体上把握城市选举改革和民主发展。总之,在不同类型社区开展居委会直选改革,有助于摸索和总结城市选举改革经验,有利于推进城市选举改革。另一方面则是城市社区直选模式的形成。从最初的选举制度不统一导致的制度应用的多元化。选举制度不统一,常会引起选举实践上的混乱。但在城市基层直接选举改革的早期阶段,不宜过于强调选举制度的统一,否则会不利于制度创新,限制基层民主的发展。社区直选制度应用的多元化主要表现为:各城市社区选举模式多种多样,鲜有重

---

① 陈建义.浙江制定全国首个省级层面的城市社区居民委员会选举规程.社会科学报, 2013 – 03 – 13(4).

② 基层政权和社区建设司.山东省民政厅印发《山东省城市社区居民委员会换届选举指导规程(试行)》.(2014 – 08 – 26) http://www.mca.gov.cn/article/zwgk/dfxx/ 201408/20140800691299.shtml.

复。随着城市社区选举规范化的建设,直接选举制度应用的多元化过渡到城市社区直选模式的多样化,几种具有代表性的各有特色的社区直选实践模式逐渐地形成,它们是广西模式、北京九道湾模式、宁波模式、深圳盐田模式等。

广西模式最大的特色是将社区直选试验重点放到中小城市,从发展战略的高度探索了一条新的城市社区直接选举发展路径,有力地推动了我国城市社区选举改革的进程,属于战略型直选模式。广西在中小城市开展社区选举试点,拉开了中小城市(包括城镇)社区直选的帷幕,打破以前的社区选举试点是民政部实验区的先例,增强了政府对促进城市基层民主建设的信心,大大加快了中国城市社区选举改革的进程。总之,广西通过多角度多层面的积极摸索,在认真总结经验的基础上,探索了一条中国城市社区直接选举的发展路径,具备战略的高度和深刻的启示:根据现实情况开展社区直接选举改革,稳步推进中国城市基层民主的发展。中国特色社会主义民主政治建设必须与现实条件相结合,才能在国家治理现代化的宏伟目标指引下不断深化推进。①

九道湾模式中最大的特色是非政府组织的介入,非政府组织的介入有助于实现直选制度制定主体的多元化、促进政府与公民社会的积极互动等。北京九道湾模式表明,非政府组织的介入不仅对于公民社会的建立起到很大的作用,还推动了社区直选规范化和民主选举程序化的建设。非政府组织在我国的社会政治生活中正在扮演着重要的角色,发挥着日益显著的作用,已经成为我国民主制度建设的一支新兴力量。② 九道湾社区直选模式的形成是政府机构与非政府组织之间良好合作的成果,属于合作型直选模式。

---

① 张力伟,陈科霖. 从"小豆选"见"大民主":中国基层民主的历史与经验. 理论导刊,2018(4):36—41.

② 任金秋,刘伟. 非政府组织在我国社会政治生活中的角色与作用. 内蒙古大学学报(人文版),2008(5):107—111.

　　宁波是全国首个城市社区全部实现直选的城市,是我国社区选举改革深入发展的重要标志。选聘分离体制和社区工作者职业化是宁波直选改革进程中最为突出的内容,规范社区选举程序和创新直选工作机制有力支撑着宁波直选模式的运作,公民社会组织的发展是宁波直选扎根最深厚的民主土壤。宁波模式中最大的特色是选聘分离体制,选聘分离体制是社区治理创新,宁波社区直选推动城市社区治理的创新,属于治理型直选模式。

　　盐田模式的最大特色是"会站分离"体制的建立。盐田模式形成的关键因素是城市化进程的推动,"会站分离"体制是盐田区对社区治理体制三次创新改革的成果。从居—企分离,到一会两站,最后会站分离体制的建立,其间始终贯穿着对如何处理政府与社区关系的探索。"会站分离"体制下,政府以工作站的形式将其职能延伸至社区,并在此基础上积极推动社区居委会的直接选举。盐田模式属于(行政)推动型社区直选模式。① 总之,城市社区直选实践模式的形成有助于进一步推动中国市基层民主选举改革。

　　(三) 为社区居民权利自主搭建了平台

　　在关于"请问您知道本社区居委会是直接选举产生的吗( )?"的问卷结果显示:933 名受访者中 98.2%的居民选择"知道"和"知道一些"。② 这说明,绝大多数居民对本社区居委会直接选举情况是了解和关注的,社区居委会直接选举已成为城市居民基层民主政治生活的组成部分。

　　在关于"您对当选的居委会成员是否满意( )?"的问卷结果显

---

① 解红晖. 我国城市社区直选实践模式研究. 宁波大学学报(人文版),2013(1):118—123.
② 数据来源于笔者主持的国家社科基金项目(项目名称:我国城市社区直选模式比较分析研究;项目批准号:13BZZ008)的结题报告。课题组于 2013 年 7 月至 2017 年 12 月,先后来到广西、北京、深圳、南京等地进行社区直选调研,主要调查社区居民对社区直选的认知、参与愿望、参与方式及其影响因素等,共设计了 20 个题目。

示:933 名受访者中 83.3%的居民选择了"对所有成员都满意""对大多数成员满意","对个别成员不满意"和"对所有成员不满意"的共占 16.7%,居民对当选的社区居委会成员总体上是满意的,①这是我国社区直接选举改革绩效最突出的表现。在中国民主政治发展进程中,基层民主建设是最广泛和最基础性的实践,是对民主传统较为缺乏的中国普通民众的"民众赋权"的最为可贵的实践启蒙。② 社区直接选举是城市基层民主建设的重要途径,随着社区选举制度的完善,社区居民的权利意识和主体意识不断形成。他们在选举的民主训练中逐渐确立了自身在社区生活和管理中的主体意识,明确了自身的权利与利益需求。主体意识是现代民主社会培育所需要的重要资源与动力能量。只有当个体成为公共生活中的主体,并拥有明确的权利意识和利益意识,个体才能真正参与到公共生活并积极主动地与他人发生交往与互动。社区居民日益增长的主体意识是城市社区选举改革深入的重要基础,在关于"请问您是否愿意参加居委会选举( )?"的问卷中,81.69%的居民选择非常愿意、愿意参加居委会选举。特别需要指出的是,在所有接受问卷调查的 933 名居民均没有选择不愿意和非常不愿意。在关于"您个人认为选民参加投票的原因是( )?"(选择重要的 2—3 项)的问卷中,选民参加投票的原因排序是:居民的基本权利(94.5%)、选出满意的当家人(72.1%)、受他人动员(26.3%)、别人投我也投(21.3%)、本人是候选人(1.5%)和亲友是候选人(0.5%)。94.5%的居民认为选民投票,因为这是居民的一项基本权利。③ 可见,我国城市居民普遍有民主权利意识,大多数居民有参与居委会选举的意愿。这说明,在社区选

---

① 数据来源于笔者主持的国家社科基金项目(项目名称:我国城市社区直选模式比较分析研究;项目批准号:13BZZ008)的结题报告。
② 林尚立.基层民主:国家建构民主的中国实践.江苏行政学院学报,2010(4):80—88.
③ 据来源于笔者主持的国家社科基金项目(项目名称:我国城市社区直选模式比较分析研究;项目批准号:13BZZ008)的结题报告。

举改革进程中城市居民的主体意识在增长,居民都普遍有意愿参与居委会选举活动,社区直接选举的出现为基层群众权利自主搭建了平台。

此外,在城市社区直选改革实践中,外来民工的民主选举权也逐步得到保障,政治参与的户籍歧视现象得到一定程度的纠正,外来民工在所居住社区应有的正当权利,如选举权和被选举权越来越受到尊重。北京九道湾社区在第一次直接选举实践中,就规定在社区常住一年以上的年满 18 周岁居民(无论户籍所在地)都享有选举权,①这是国内较早地实现了户籍与选民分离的城市社区直选规定。2004年民政部颁布的《社区居民委员会直接选举规程》的第三章的设计是:户口未迁入社区,但直接选举前在社区居住超过一年的选民,选举工作人员应予以登记。2007 年全部城市社区实现直选的宁波市在选民资格、候选资格方面要求更为宽松。在本社区居住半年或一年以上的农民工享有同样的投票权和被选举权。②宁波市江北区甬江街道梅堰社区就是外来人口集中居住的社区,首次社区居民委员会直选中产生了 5 人组成的新一届居民委员会,其中 2 名委员为外来人员。③深圳盐田区不仅鼓励外地户籍者参与社区投票选举"当家人",还鼓励他们参与居委会竞选,让更多常住的外地户籍者参与到社区管理中,盐田社区首次居委会直选中,当选的社区居委会成员中外来务工人员占比 4%。④

(四) 党内民主与社区自治的互动发展

社区党组织处于社区垂直网络的顶端,它不仅拥有着较多影响社区直选制度实施的权力资源,而且还可通过组织的形式将这些资

---

① 王义. 中国城市社区居民政治参与的特点. 攀登,2003(3):38—41.
② 陈绍友. 宁波市全面推行城市社区直选工作. 中国民政,2008(4):52.
③ 胡晓芸. 江北务工人员社区直选居委会目击. 宁波日报,2007 - 08 - 27(10).
④ 候伊莎. 透视盐田模式. 重庆:重庆出版社,2006:52.

源有效整合,从而提高城市社区直选制度绩效。因此,如何协调党的领导与社区自治,发挥社区党建在增强社区居委会自治功能方面的积极作用,是我国社区居委会直接选举进程中的一个难题。

在城市社区自治建设实践中,主要通过三个路径尝试性地破解该难题:一是提升党组织在社区选举改革中的影响力。积极推进社区党组织建设,赋予党组织在社区中的领导核心作用,特别体现在社区党支部领导居委会选举全过程,包括领导选举委员会、动员党员和积极分子参与投票等,大力提升了党在城市基层的组织影响,但有降低社区选举竞争性等弊端。[1] 据组织部关于完善街道社区党组织建设工作的相关文件精神,在指导各地社区居委会的选举工作时民政部主张:通过社区党组织与社区居委会的职位交叉性以加强党组织在社区的领导力,但它必须建立在尊重选民意愿和遵循民主选举进程的基础之上。第二是扩大党内基层民主,即通过扩大党内民主,促进社区民主,以期较好地应对选举带来的社区居委会与社区党支部的关系变化。[2] 一些城市社区党组织的直接选举改革应运而生。2005 年北京市石景山区古城街道十万平社区 73 名党员以投票方式直接差额选举出社区党总支书记。这是国内较早进行的城市社区党组织民主选举制度的一次探索与创新。[3] 在成都、深圳等城市尝试引入农村"公推直选"方法进行社区党组织选举改革。2007 年 12 月,青羊区 74 个社区成功完成"公推直选"。青羊区地处四川省成都市中心,有 17 万外来人。青羊区高度重视流动党员在社区党组织选举中的参与,目前社区党组织委员中有多名农民工。[4] 深圳市福田区

① Gui, Yang ets al. Cultivation of Grass-Roots Democracy: A Study of Direct Election of Residents Committees in Shanghai. China Information, 2006(1):7 - 31.

② 黄卫平. 中国改革开放三十年民主选举的发展. 当代中国政治研究报告,2008(00): 34—76.

③ 陈红梅. 社区党组织书记首次直选. 北京日报,2007 - 05 - 28(2).

④ 杜钰. 成都社区"公推直选"破题基层民主自治. 中国经济时报,2007 - 12 - 07(4).

下沙社区成功开展了"公推直选"试点工作,这是广东省推进基层民主政治建设的又一次积极探索。① 2009 年,南京的 363 个社区党组织都采用直选方式组建新的领导班子。这是国内首次大范围地推行社区党委直选,其示范效应和宏观层面的政治意义凸显。党内民主是社会主义民主政治体系中最为重要的组成部分。基层党委的直接选举不仅提高了执政党的合法性,而且在引领基层民主的发展发挥良好的作用,对城市基层自治实践中的难题做了很好的回应。② 第三是注重党内民主与基层民主的相互作用"两委联动、公推直选"的创新性模式,两委选举交叉联动,能较好地化解社区"两委"矛盾,实现党内民主与社区自治的互动发展。2013 年宁波市海曙区 67 个社区全面完成了社区党组织的选举。此次选举普遍建立"社区大党委"制,社区党员代表议事会选举,激发了广大党员的活力。党内民主与社区自治的互动发展,进一步地深化了城市基层民主。③

(五) 有助于推进我国基层民主的发展

社区是城市的基本细胞,是居民生活的主要场所,生活是政治的微观基础。④ 因此,社区是转型时期中国城市民主政治发展的重要社会载体,为民主社会发展提供基础性的公共空间的保障和支持。⑤ 中国城市的基层民主建设必须扎根于社区,其主要目标是实现居民自治。居民自治以社区居民委员会为主要组织载体,在选举、决策、管理、监督等多方面推行民主,最终的目的是实现社区居民的自我管理、自我教育、自我服务,其中民主选举是前提和基础。推行社区居

---

① 陶然.下沙试点社区党组织直选.南方都市报,2007－04－03(3).

② 高新民.从宏观视角解读"南京样本".中国党政干部论坛,2009,(12):12—16.

③ 沈朝晖等.海曙全面完成社区党组织换届全部采用"公推差选"方式.宁波日报,2013－05－27(6).

④ 黄卫平,汪永成等编.当代中国政治研究报告.北京:社会科学文献出版社,2017:65.

⑤ 徐勇等.基层民主发展的途径与机制.北京:北京师范大学出版社,2015:191.

委会直选是 20 世纪 90 年代初社区民主选举方式改革的重要内容。社区居委会成员产生方式发生了根本性变革,社区居委会成员不再由街道办事处任命或提名,也不是由居民小组选举产生,而是由社区全体居民依法直接选举。社区居民直接行使选举权,选出社区当家人,充分享受民主权利,激发参与公共事务的积极性。社区直选营建更为公平公正的选举氛围,在选举环节设计上充分尊重民意,增强了居民对社区归属感,这是社区间接选举难以达到的良好社会效应。社区居民不仅依法享有直接选出当家人的权利,还享有对不称职的社区居委会成员提出撤换、罢免建议等民主管理和民主监督的权利。居民在社区事务管理中的自主性增强,是城市基层民主建设的坚实基础。居委会直选是居民自治的基础,对我国各层级的选举参与面的扩大,实现公开公平公正,对整个社会民主的发展都有着启示意义。1998 年正式拉开帷幕、从民政部选举试点到全国范围内开展,作为社会主义国家特色民主选举之一的社区直选已走过二十年。这期间,城市社区直选与农村村委会选举的有机结合、对人大选举的示范效应、对党内民主的促进作用、对政府职能转变的推进功能等,表明了它对中国基层民主政治发展产生了不可忽视的重要影响,城市社区直选已成为中国政治体制改革浪潮中一道亮丽的风景线。

基层民主发展从来不是孤立单向地进行,它与社会体制改革有着紧密的联系,两者相互影响相互促进,形成了良性互动。体制改革的深入推进有助于拓展基层民主的发展空间;而基层民主的发展,又为体制改革进一步深化提供有力保障。正是基于对基层民主发展与社会体制改革两者互动关系的深刻把握,新时代中国特色社会主义事业继续向前推进的有战略高度的一项举措即是,将基层民主政治发展作为我国政治体制改革的推动性抓手。城市基层民主的发展主要是从社区选举改革开始,城市社区直选是城市基层民主最重要的体现,它是城市居民行使民主权利的重要途径。有学者指出,社区民主建设属于深层次改革,它不仅带来城市社会结构上的变化,还将对中国社会产生深远的影响。① 城市社区直选的示范性作用、对高层民主的影响、与党内民主的互动发展等,这些将有助于推进我国的民主政治发展进程。

三、我国城市社区直选改革存在的问题

从城市社区直选改革的过程和取得的成就,可以看到我国城市社区居委会直选制度从无到有,从简单粗糙到趋向规范,从借鉴到创新的发展历程。社区居委会直接选举逐步地成为我国基层民主政治改革的重要组成部分,它是城市居民民主权利彰显与社区自治建设的重要途径。相关调研结果显示,城市社区直选改革实践中仍存在着问题,需要正视并积极应对,以期进一步完善城市社区直选改革,推动我国城市社区民主的发展。

(一) 社区直选制度本身的缺陷

从我国城市社区直选改革历程看,注重选举制度建设,呈现出规范化趋势,一套符合实际情况的选举制度已建立了起来,但仍存在着一些问题,这也是整个基层民主建设中遇到的问题。② 社区直选制度涉及选举程序的许多环节,其中社区居委会候选人产生方式、竞选方式和投票过程是极为重要的三个环节。因此,下面主要分析这些重要环节中存在的规范化问题。

1. *居民委员会候选人产生方式的规范化问题* 居民委员会候选人产生方式包括两部分内容:初步候选人提名和正式候选人确定。

---

① 吕增奎编.民主的长征——海外学者论中国政治发展.北京:中央编译出版社,2012:305.

② 黄卫平.中国基层民主发展40年.社会科学研究,2018(6):13—27.

居民委员会候选人产生方式的规范化问题有：第一是初步候选人提名方式的不统一，具体表现为直选模式内部的不统一和直选模式之间的不统一。候选人提名是选举的早期环节，其过程的规范性非常重要，直接影响着社区选举的民主程度。1998 年，青岛市两个社区居委会的直选选举采用 10 名选民联名推荐方式产生初步候选人。1999 年，上海浦东新区采用无候选人的直接投票的方式。2000 年南京选举的提名方式是街道招聘推荐的提名方式。[①] 南京市规定候选人由本社区 15 人联名提名、各居民小组提名、各社区民间组织提名、驻社区单位提名等方式产生。[②] 在我国城市社区直选的主要实践模式中，广西最早尝试创新候选人提名方式。社区居民以 1 人 1 票直接提名并按差额和简单多数原则确定初步候选人，但在广西模式的实际运作中仍然保留了户代表联名、居民代表联名和社区居委会选举委员会提名方式。北京九道湾模式中初步候选人提名采取了两种方式：自己报名方式与 10 人以上居民联名方式产生。深圳盐田模式的初步候选人是由社区综合党委提出建议名单和选民无记名投票方式产生，在深圳其他城市社区直选中初步候选人还有其他三种方式：选民提名、户代表提名和居民小组代表提名。宁波模式采取的是候选人自我报名加 10 名选民联名支持的办法，该方式已成为宁波市社区直选规程的文件规定。[③] 采取户代表联名方式的社区直选中，广西要求户代表人数是 10 人，北京则要求户代表人数是 3 人。可见，除宁波模式外，其他社区直选模式内部居委会成员初步候选人提名方式都不统一，主要直选模式之间的初步候选人提名方式也不统一，不同的直选模式对社区居民委员会候选人提名方式存在着不同的规

---

① 李凡. 中国城市社区直接选举改革. 西安：西北大学出版社，2003：130.
② 唐娟. 转型中国的基层选举民主发展研究. 上海：上海人民出版社，2018：256.
③ 基层政权与社区建设司. 宁波市社区居民委员会直接选举规程（试行）. (2010 - 10 - 07) http://mzzt. mca. gov. cn/article/nzfxh2010/fgzcylcx/jczq/201007/ 20100700086565. shtml.

定。第二是正式候选人的确定方式有待规范,当初步候选人人数超过正式候选人名额时,必须进行筛选以确定正式候选人。目前主要社区直选模式采取的是直接确定方式和预选方式,存在的问题有:居民会议和居民代表会议程序没有统一和明确的规定,以及居民会议和居民代表会议的有效性(如多少人参加有效)说明缺失。通过居民会议或居民代表会议预选,要不要让初步候选人进行选举演说,让居民对初步候选人有充分的了解? 在规范正式候选人的确定方式仍需进一步探索,并在城市选举改革中加以实践与完善。

2. 居民委员会候选人竞选方式的规范化问题 竞选即竞争性选举,是民主选举的基本原则和重要标准,没有竞争的选举是徒具民主的形式。社区直选中竞选方式的规范化建设中问题主要表现为:第一是竞选活动内容较单薄,即竞选活动内容主要是介绍候选人,停留在宣传介绍的阶段。竞选活动一般安排在正式候选人产生之后,目前主要采取两种方式:组织介绍和自我介绍。组织介绍由居民选举委员会负责,向社会选民介绍正式候选人。自我介绍则由候选人本人在指定地点与选民见面,介绍自己,回答选民提问,并进行竞选演讲。① 调研结果显示,主要社区直选实践模式中都有对竞选活动的安排,包括候选人与选民见面、候选人自我介绍和组织介绍等,但竞选活动的重点是向选民全面客观地介绍候选人,没有充分体现竞争性原则,尚处于初级阶段。社区居民对于居委会候选人的了解情况不容乐观,受访者只有 13.1% 的居民"对所有的候选人都了解"②。第二是竞选制度化建设滞后。南京市社区选举前让候选人到社区进行工作"实践"两个月,最初安排的用意是让候选人多与选民交往,后来演变为"拉票"活动。③ 开展竞选活动,是有利于提高社区选举的

---

① 雷弢. "被选举权"合法性的实践再确认. 甘肃行政学院学报,2013(1):56—76.
② 数据来源于笔者主持的国家社科基金项目(项目名称:我国城市社区直选模式比较分析研究;项目批准号:13BZZ008)的结题报告。
③ 李凡. 社区选举的发展和问题. 中国社会导刊. 2006(7):17—20.

民主程度,但前提必须是公开的竞争选举。目前社区选举竞选制度化建设尚滞后,社区竞选活动还没有形成制度化安排,社区选举委员会成员对竞选现场监督还不得力。以宁波模式为例,对初步候选人和正式候选人竞选活动已进行了较为全面的规范,但还没有形成制度化安排。总体上,我国社区直选中竞选制度化建设尚滞后,社区竞选活动的制度化流程缺失,社区选举委员会成员对竞选现场监督还不得力,社区竞选活动中居民参与度不够。

　　3. **选民登记问题**　选民登记是宪法赋予公民选举权与被选举权的重要前置性程序,它不仅会影响到公民个人政治权利的有效获取和正确行使,还将影响选举活动的整个过程和选举结果。2004年广西南宁望州南社区在全国首次尝试"选民登记"方式。不同于传统"登记选民"的方式,"选民登记方式"要求选民在规定的时间内主动在选举登记点登记。如果选民未在规定的时间内完成,则视为自动放弃当届的选民资格。但在社区直选改革的具体实践中,城市社区推行"选民登记"方式推广的情况还不容乐观,选民登记中问题主要表现为两个方面:其一,"选民登记"混同于"登记选民"。在社区选举实践中,选民登记环节仍存在定义模糊,很多人对"选民登记"方式与"登记选民"方式两者之间的区别不清楚,往往将"选民登记"混同于"登记选民",这其中包括社区选举工作人员。其二,选民登记率不高。城市社区直选模式运行中的居民主动登记率总体不高,平均36%的居民去选民登记点登记,其中深圳盐田模式选民登记率为最低,仅为26.7%。[①] 这表明了一个冷峻的事实:我国城市社区居委会选举仍是处于"动员式"的选举形态,选民主动登记方式,对于提高选民参与居民委会直选的积极性的实际作用有限。[②]

---

① 数据来源于笔者主持的国家社科基金项目(项目名称:我国城市社区直选模式比较分析研究;项目批准号:13BZZ008)的结题报告。

② 史卫民,郭巍青等.中国社区居民委员会选举研究.北京:中国社会科学出版社,2009: 373.

4. 其他问题　如在选民登记过程中社区居民选举委员会审核环节的过多条件,已成为影响外来人口参与城市社区选举的障碍性因素。如深圳盐田模式要求外来人口提出书面申请,并提供需要审核的资料,包括:本人户口簿、身份证、居住证、连续居住一年以上证明材料、未在户籍所在地进行选民登记的证明等。[①] 此外,选民被排除在选举制度制订主体范畴之外。北京九道湾模式形成中,非政府组织的介入,一定程度上实现直选制度制订主体的多元化。但是社区选举制度涉及社区居民的利益,选民参与直选制度制订的平台和机制尚未建立下来。应建立和完善相应的制度化平台,将社区居民参与选举制度的制订纳入制度化的轨道上来。

(二) 社区直选制度执行力不够

社区直选制度执行力不够,主要是指社区直选中一些规则制度已经建立,但执行得不理想,流于形式。社区直选制度执行力不够在投票程序上表现得尤为明显。当前中国投票程序的问题主要体现在投票现场秩序、委托投票、秘密划票间使用、流动票箱等方面。

1. 流动票箱问题

流动票箱设置的目的是保障因疾病或交通不便等原因不能到现场投票的选民的合法民主权利。在主要城市社区直选模式的规定中,都对流动票箱的管理有明确的规定,每个流动票箱有 2 或 3 名工作人员负责,流动票箱数量要严格控制,但在社区居委会选举改革实际运行中,流动票箱使用过多。受访居民中有 23.7%居民选择了"使用流动票箱",其中广西模式中使用流动票箱比例最高为 39.0%,显著高于北京九道湾模式(5.1%)、深圳盐田模式(28.8%)和宁波模式

[①] 盐田区. 深圳市盐田区 2014 年居民委员会选举工作方案,[2014 - 01 - 06] http://www. yantian. gov. cn/cn/zwgk/ghjh/fzgh/201401/t20140116_5460592. htm.

(16.6%)（$X^2 = 163.175$，P＜0.001）。① 流动票箱使用过多，是广西柳州市柳南区社区直选试点到场的观摩专家发现的主要问题之一。② 流动票箱的使用过多，存在着较为明显的弊端：第一投票的隐私权得不到保护。在持有流动票箱的工作人员面前，选民无法实行秘密投票，最终造成许多投票选择不是基于选民的真实意愿，这将影响选举的结果和质量。第二是制造假票的可能性增加。流动票箱的监管不得力，很容易被用作制造假票的工具。在农村村委会选举和人大选举中此类问题也是颇多，流动票箱使用比较普遍，是各地投票保持较高投票率的原因，流动票箱的使用与追求高投票率具有较大相关性。

2. 秘密划票间（处）问题

秘密写票原则是民政部的《社区居民委员会直接选举规程》第一章第 2 条强调选举必须遵循的八大基本原则之一，该原则要求投票选举时须设立秘密写票处。③ 秘密写票原则，是确保选民按照自己意愿行使选举权的重要措施。它允许选民自由表达意愿，以保证公平和公正的选举。2006 年民政部对社区居委会换届工作的通知中也明确指出，要提供充足规范的秘密写票处。④ 在民政部的提倡和指导下，当前全国各地城市基层选举规则中都要求投置秘密划票处或秘密划票间，调研结果显示：仅有 27.9% 的受访者使用了秘密划票间，大多数选民没有使用这一设施，秘密划票间（处）使用率不高甚至形同虚设。⑤ 秘密划票间（处）使用率不高，究其原因主要有：1）引导

---

① 数据来源于笔者主持的国家社科基金项目（项目名称：我国城市社区直选模式比较分析研究；项目批准号：13BZZ008）的结题报告。

② 李凡. 中国城市社区直接选举改革. 西安：西北大学出版社，2003：136.

③ 詹成付主编. 社区居委会选举工作进展报告. 北京：中国社会出版社，2006：41.

④ 基层政权和社区建设司. 民政部关于做好 2006 年社区居民委员会换届选举工作的通知.（2006 - 09 - 19）http://mzzt. mca. gov. cn/article/qgmzgzsphy2006/gzbg/200609/20061200748865. shtml.

⑤ 数据来源于笔者主持的国家社科基金项目（项目名称：我国城市社区直选模式比较分析研究；项目批准号：13BZZ008）的结题报告。

不力。尽管一些城市通过将秘密划票间有机地嵌入到投票流程中引导选民,但并没有大力推广,总体上仍是引导不力。2)划票间距离设置得不合理。选票领取处和划票间之间的距离太长,加上未设置投票路线,导致一些选民放弃秘密划票间的使用。3)选民对秘密划票间的认识度不够。一些选民不知道现场有秘密划票间,还有选民仍不了解设置秘密划票间的意义或作用。

3. 委托投票问题

选举投票是公民行使民主政治权利的最直接的形式。在正常情况下选民一般应亲自参加投票活动。民政部《社区居民委员会直接选举规程》第 35 条规定的要求是:由于本人生病、外出或残疾等特殊原因在选举当日无法到达投票现场投票的选民,可以委托其所信任的人代写。每位选民不得接受超过 2 人的委托。[①] 我国城市直选的主要模式中,对选民接受委托票数的数目要求略宽些,每位选民接受委托人数不得超过 3 人,广西、宁波模式中还强调委托投票只限于家庭成员之间,深圳盐田模式、宁波模式中规定代写人不得违背委托人的意志。但在实际选举过程中出现的问题较多,没有严格遵守规定,有些选民接受委托票数超过 3 张,甚至有十几张。选民接受委托票数过多的问题,北京九道湾直选模式中最为凸显。北京九道湾社区在首次直选中对代票委托书没有做出严格要求,投票现场出现选民代票数过多现象,甚至有儿童代替父母亲投票的情况,代票问题没有得到有效控制。[②] 在与北京九道湾社区居民的深度访谈中,其中一户家里的女主人代替全家五人投票,以家庭为单位参加投票不是个案。[③]

造成社区直选制度执行力不够的原因是多方面的,选民参与不

---

① 詹成付主编. 社区居委会选举工作进展报告. 北京:中国社会出版社,2006:40.

② 李凡. 中国城市社区直接选举改革. 西安:西北大学出版社,2003:307.

③ 访谈资料来源于笔者主持的国家社科基金项目(项目批准号:13BZZ008)的结题报告。

积极、高投票率目标的设置、配套支持不够、行政干预等,还需要从历史的动态的视角进行分析。中国基层民主政治的现实发展不完全同步于(往往是滞后于)制度设置,选举文本制度的制定与贯彻落实之间存在时间差,具体操作的方式、落实的现实情况、民主文化传统的薄弱等都会大大影响着这个时间差的长度。①

(三) 城市居民直选参与仍不足

我国城市社区居委会直接选举改革产生了良好的政治效应和社会效应,调研结果表明,城市居民的主体意识和公民意识有较大的觉醒,对政府的依赖性有所减弱,但仍存在着不足。社区居民的主体意识和权利意识还没有完全转化成社区直选参与的主动性和积极性,居民社区选举参与仍显不足,主要表现为两个方面:其一是居民参与社区选举的质量不高,居民参与呈现出被动性。受访中有居民坦言自己是在社区工作人员的动员和说服下来投票。调研结果显明:47.6%的居民的居委会选举参与具有被动性,不是自主性的政治参与。在投票方式上,28.7%居民选择了"委托他人投票"。② 总之,社区居委会选举中的高投票率与居民的积极参与、社区民主真正开展起来不能画上等号。其二是社区选举中的"搭便车"现象。在社区选举的集体行动中,一些居民认为,社区参加投票的人数多,已有别人履行选举职责,自己就可以不参与选举,因为自己的投票行为不会对最后的选举结果产生实质性影响。居民对选举结果不感兴趣,是因为他们对选举权收益价值评估很低,认为即使不参加选举结果也不会对自身产生实质性的利益影响。③ 因此,他们对社区选举持有无所谓的态度。社区选举成为走场,我可以"搭便车",不承担选举职

① 黄卫平.中国基层民主发展 40 年.社会科学研究,2018(6):13—27.
② 数据来源于笔者主持的国家社科基金项目(项目名称:我国城市社区直选模式比较分析研究;项目批准号:13BZZ008)的结题报告.
③ 杨云彪.公民的选举.北京:中国大百科全书出版社,2009:33.

责。调查数据表明,21.3%的居民选择"别人投我也投"。这是社区选举集体困境形成的心理原因之一,导致许多变相的逃避行为。总之,自上而下的社区居民委员会的直接选举没有得到自下而上的积极回应,居民社区选举参与质量总体不高。社区党组织、居民委员会成员和社区积极分子形成的动员力量网络是确保选举开展的关键因素。社区单位和社区居民参与的被动性,甚至表现为一定程度的冷漠。居民自觉行为的缺乏使得城市社区直选改革凸显"国家在场"或"组织在场"特征,当前我国城市居民委员会选举来自社区内部的驱动力仍不足。直接选举制度的执行力不够,使得其与户代表选举方式差距不大,没有体现出高级民主的品质,选民的范围并没有实质性扩大,居民对民主选举的广泛诉求还没有形成。① 城市中真正关注社区选举的居民较少,热心参与选举的,选举前期工作中主动选民登记环节实际上仍是被动式登记选民。

(四) 社区工作者②队伍建设滞后

社区工作者的队伍建设有助于提高社区直选制度的绩效。随着城市社区直选的推进和政府职能的延伸,社区工作者队伍建设中存在的问题值得关注。第一,社区工作者超负荷工作。选聘分离体制下的专职社区工作者实际承担双重的任务,来自居委会的自治性任务和政府部门分配的行政性任务。处于义工的居委会委员无需坐班,大量事务性的工作交由专职社工执行。深圳盐田模式中,会站分离体制下的社区工作站是区建设委员会的社区工作和服务平台,主

---

① 熊易寒.社区选举:在政治冷漠与高投票率之间.社会,2009(3):202.

② 社区工作者与社会工作者的概念有不同,社会工作者是指取得中华人民共和国社会工作者职业水平证书,遵循助人自助的价值理念,拥有社会工作者专业知识和技能,在专门社会组织机构中从事专门社会组织工作的专业工作人员。社区工作者是指由聘用、财政资金供给,在社区协助社会管理、开展公共服务的专职工作人员,如宁波模式中居委会办公室的专职社工、盐田模式的社工站人员。

要负责完成政府各职能部门的行政事务,包括社区组织、社区卫生、社区治安、社区文化等社区建设内容,还需要协助社区居委会处理居民的事务,并接受社区居委会的协调和监督。社区工作站人员承担的是双重性任务,这些工作占去了社区工作者的大部分时间,他们往往很少有精力投入到服务居民的工作中,有时还要牺牲休息时间来加班。第二,双重任务冲突处理原则缺乏,即社区自治性工作与政府职能的社会管理工作发生冲突时社区工作者的相应处理原则缺乏。① 访谈中一名社工则不讳言地讲:若两种性质的任务冲突时首选的是"做政府的腿"。而多名社工则对什么是自治性事务语焉不明。在理念和政策等方面因素作用下,社区工作者目前的工作内容主要是行政性工作,服务居民和组织居民的社区自治功能没有得到很好的实现。政府职能部门也习惯于派活到社区,过多的行政事务使社区成为行政的"尾巴",占据居委会成员太多的精力和时间,影响居民自治和服务群众的工作。第三,社区工作者的职业认同感偏低。我国社区工作者的社会认知度低,职业声望不高。一些社区居民对该职业的认知仍刻板在计划经济时代的"居委会大妈"印象,许多政府人员对社区工作者的认知也是模糊不清,对于社区工作者队伍建设在基层社会自治中的基础性作用认识不够。课题组调研访谈中,宁波江东区百丈街道党工委负责人直言,社区工作者的定位依然是个问题,还未明确。② 大多数社区工作者对自己的职业缺乏应有的归属感和荣誉感。工作的价值理想,用他们的话讲是"奢望"。职业认同往往同职业精神联系在一起,出现极少数社区工作者应付完成任务,甚至消极怠工。较低的职业认同,使得社区工作者中年轻的或者高学历的并不把此工作当作终身追求,而是当作走向事业编制或

---

① 解红晖. 我国城市社区直选实践模式研究. 宁波大学学报(社科版),2013(1):118—123.

② 访谈资料来源于笔者主持的国家社科基金项目(项目名称:我国城市社区直选模式比较分析研究;项目批准号:13BZZ008)的结题报告。

更好岗位的跳板。社区工作者队伍中人才流失严重。

(五) 社区与政府的关系需理顺

政府与社区的良性互动关系的构建,有利于调整和改善社区治理结构,提高社区直选制度绩效。深圳盐田模式中的"会站分离"体制是探索理顺政府与社区关系的重要成果。因此,这里以深圳盐田模式为主要切入点,探究在城市社区直接选举改革进程中社区与政府关系的现状及存在的问题。第一,社会服务站的定位与归属问题。盐田模式中,社区工作站与社区居民委员会分开后成为政府沉入到社区的工作平台,社区服务站在社区居委会指导下承担社区服务职能。① 盐田模式形成中社区服务站的性质上定位是民办非企业的非营利性机构,其由街道社区服务中心管理,社区居委会主任兼任社区服务站站长,这不可避免地影响到社区居委会与街道办事处的关系,导致两者关系的"理还乱",使得社区与街道办事处的关系有可能恢复行政化的垂直管理态势,② 从而影响社区居委会自治能力的培育与发挥。社区服务站是在社区居委会和社区工作站的双重指导下工作,社区居委会、社区工作站和社区服务站三者的关系纠缠在一起。各主体之间的关系界定不清楚,实际运作的结果往往会因为行政权力的强势性使得自治权和公益利益难以得到保障。第二,社区居委会的自治能力仍显不足。盐田模式中居委会全体成员是兼职不坐班,领取任职补助。社区居委会享有经济自主,有独立账户进行社区事务的管理。但实际运行中社区居委会的账务能力仍有限,盐田区各社区基本上没有独立的经济组织或经济社团,向社区募集的经费很少,使得社区居委会经费来源基本上只有两个:社区服务站和政府

---

① 候伊莎.透视盐田模式.重庆:重庆出版社,2006:38.

② 马卫红、李芝兰等.中国城市社区治理改革研究:以深圳"盐田模式"为例.中国治理评论,2013(2):87—94.

拨付。社区服务站以民办非企业形式运作经营,大多数项目是低收益甚至无偿服务,收入不多。这使得社区居委会开展工作常常需要政府的拨款,甚至有些社区居委会人员的部分补贴还要靠政府的资助。直选后社区居委会运行中对于政府的依赖,严重影响了社区居委会自治能力的培养与提高。直选产生的居委会没有摆脱对上级政府的过于依赖,上级政府的支持是居委会工作的后盾,其重要性远高于居民的支持。宁波模式中的社区自治组织居委会的"虚化"或边缘化现象凸显。直接选举后社区居委会运行中其居民议事机构功能的行使属于义工性质,居委会委员不从事社区具体工作,每月一次的居委会委员会议、每月一次的社区居民接访活动等,居委会联系群众和服务社区的法定功能大大削弱。[①] 第三,社区工作站和居委会人员任职的交叉性。盐田社区直选模式实际运作和推广过程中,深圳城市社区工作站和社区居委会人员交叉任职现象凸显,有的其至是两个机构人员完全一致。[②] 社区工作站人员由政府招聘,承担政府及职能部门交办的行政性工作。社区工作站是政府在社区层面落实政策的平台,是回归社区居委会的群众性自治组织的机制性安排。交叉任职不仅妨碍了社区居委会直接选举的规范进行,影响了社区居委会自治能力的发展,一定程度上挫败了盐田模式中始终贯穿着对如何处理政府与社区关系的积极探索,最终将偏离城市社区自治组织建设的改革初衷。同样,宁波模式中的选聘分离体制也存在着类似的问题。

本章小结

我国城市社区直接选举实践已有二十多年,奠定了城市民主发

---

① 解红晖. 我国城市社区直选实践模式研究. 宁波大学学报(人文版),2013(1):118—123.
② 欧阳觅剑. 深圳社区居委会直选的城市化逻辑. 南风窗,2006(8):21—23.

展的基石,是我国基层民主政治改革的重要组成部分。本章主要梳理了我国城市社区直选实践历程和取得的成就,并在实证调研的基础上指出城市社区直选实践中存在着的问题。

城市社区直选实践历经最初萌生、正式启动、重大突破和稳步推进四个阶段。城市社区直选脱胎于城市社区改革,并在农村自治发展带来的催化性影响下萌生。城市社区直选改革的启动阶段初步建立了我国城市社区选举的基本框架,为城市社区直选改革的推进奠定了基础。2001 年起城市社区直选从试点走向大规模推进,中国城市社区直选改革实现了重大突破,主要体现在社区规模、社区数量、社区类型等方面。2006 年全国有 16 个省份依法相继启动新一届社区居委会选举工作,城市社区直接选举改革进入了稳步推进阶段。

二十多年城市社区直接选举实践取得了诸多积极的社会效应:社区直接选举制度规范化建设、城市社区直选实践模式逐渐形成、为社区居民权利自主搭建了平台、党内民主与社区自治的互动发展。城市居民在生活空间里获得了对民主政治最为真切的认知,城市居民的权利意识和主体意识在增强。城市社区直选的示范性作用、对高层民主的影响、与党内民主的互动发展等。从城市社区直选改革的历程和取得的成就可以看出,我国城市社区居委会直接选举改革逐步地成为我国基层民主政治改革的重要组成部分,成为我国城市居民民主权利彰显与社区自治建设的重要途径。

最后指出,城市社区直选改革实践中仍存在着问题,主要有:第一,社区直选制度本身的缺陷;第二,社区直选制度执行力不够;第三,城市居民直选参与仍不足;第四,社区工作者队伍建设滞后;第五,社区与政府的关系需理顺。这些问题需要正视并积极应对。

第七章　马克思民主观对进一步完善城市社区直选实践的启示

　　历史和实践充分证明,民主问题是关系到社会主义兴衰成败的重大问题。党的十八大报告中提出要始终高扬人民民主的光辉旗帜。十九大报告中习近平总书记再次强调要健全人民当家作主的制度体系,进一步发展社会主义民主政治,并作出"人民当家作主是社会主义民主政治的本质特征"①的科学论断。马克思民主观深刻地揭示了民主政治活动的规律,抓住民主现象的实质内容,为人民民主的出场奠定了理论根基,为中国探索和实践社会主义民主提供了理论基础,开拓了国家治理制度和治理体系建设在当代中国发展的新视阈。

　　城市居委会直接选举是我国城市基层民主发展的基石,是中国特色社会主义政治发展的重要组成部分。推进国家治理体系和治理能力现代化建设应从基层的治理抓起,固本培元,基层治理的核心是基层民主。我国城市社区直接选举实践已历经 20 余年,"十三五"时期是落实全面深化改革的关键时期,本章以城市社区作为马克思民主观应用的研究领域,在全面梳理和准确把握马克思民主观的思想

---

① 习近平. 决胜全面建成小康社会夺取新时代中国特色社会主义伟大胜利. 人民日报, 2017 - 10 - 28(1).

精髓的基础上,尝试探析马克思民主观对进一步完善我国城市社区直选改革实践的重要启示。正如著名学者邓纯东所指出的,将马克思民主观运用到新的历史条件下,是考量和完善中国特色社会主义民主政治建设的出发点。① 马克思民主观对我国城市社区选举改革实践深入发展的重要启示主要体现在以下五个方面:

一、把握和落实民主的实质内容,不断完善城市社区直选制度

马克思强调,真正民主制的国家是人民的自我规定,人民拥有完全的社会主体性,人民真正成为国家的主人。马克思把握住了民主的实质内容,实现了民主的内容与形式的内在统一,民主恢复了它原有的含义。在马克思民主观的视域中,人民主权不再是抽象的政治理论,而是现实的社会政治实践的成果,并通过一系列的民主制度表现出来。在国体方面,人民群众要居于国家政权的统治地位;在政体方面,要建立人民管理国家和社会事务的政权形式,要建立起代表人民利益的超越于资产阶级民主制度的议会制度和选举制度。社会主义民主还不是马克思所说的真正民主制,但它的建立为民主本质的实现创造了现实的可能性,人民主权有了根本的制度保证。民主不是社会主义的天然伴生物,在根本制度的保障下仍需要一系列具体的制度和体制来保障人民行使权利。正如习近平总书记在十九大报告中强调指出的,体现人民意志、保障人民权益、激发人民创造力是社会主义民主政治发展的目标,必须"用制度体系保证人民当家作主"。② 这一重要论断是马克思民主观的当代出场。

马克思批判了黑格尔抽象思辨的国家观,将民主主体从"天国"

---

① 邓纯东. 民主政治建设思想研究. 北京:人民日报出版社,2019:2.
② 习近平. 决胜全面建成小康社会夺取新时代中国特色社会主义伟大胜利. 人民日报,
　　2017 - 10 - 28(1).

拉回到"尘世"中的人身上,认为构建完善的国家形式并不是民主的最终意旨,而实现人类的自由与解放才是民主的终极目标,马克思深刻领悟到了民主的精神内涵及精神实质,并进一步丰富充实了民主的价值意蕴。以现实的人作为民主的主体,以人的全面自由发展作为终极价值,是马克思民主观的价值定向。在阐述巴黎公社的普选权时,马克思强调选举一定要体现选民的意愿,选举权不是为了定期决定一次由统治阶级中的哪一位成员担当"人民的假代表"①。选举权应成为无产阶级解放的工具,选举权必须服务于人民。在资本主义社会中,选举往往是陷阱,是政府的欺骗工具。② 马克思强调,"民主制只是人民的一个定在环节"③,人的全面自由与彻底解放离不开国家形式的完善,离不开民主政治具体制度的建构。因此,坚持马克思民主的价值定向,把握和落实民主的实质内容,必须不断完善城市社区直选制度,尊重和保障城市居民参与社区公共事务的民主权利。具体而言,可通过增量社区选举规则民主自治内涵、注重选举规则制定过程的民主性、充实和细化社区居委会选举规则、提高社区直接选举规则的激励性等一系列民主程序的规范化和制度化建设,推进城市社区选举改革的深入发展。

(一) 增量直选规则的民主自治内涵

社区直选制度涉及选举程序的许多环节,其中社区居委会成员候选人产生方式、竞选方式和投票过程是极为重要的环节。这些重要环节的民主化建设对其他环节产生良好的示范效应,共同推动着城市社区直选实践朝着更加程序化和民主化的方向发展。目前我国城市社区直选的一些选举规则不符合民主自治精神的要求,今后应

---

① 马克思恩格斯选集(第3卷).北京:人民出版社,2002:100.

② 马克思恩格斯全集(第2卷).北京:人民出版社,1957:602.

③ 马克思恩格斯全集(第3卷).北京:人民出版社,2002:40.

进一步坚持马克思民主观的价值定向,以改革创新的思维力破题,增量社区直选规则的民主自治精神。

1. 选民资格认定的规定　选民资格认定的焦点是外来人口的社区居住时限问题。我国城市社区直选实践中都采取了逐渐放松的政策,宁波模式中尝试了半年居住年限的规定。今后应明确将选民资格认定权交给社区,建立和健全外来人口的社会保障机制,以居住地登记为原则,充分保护外来人口的知情权、参与权、选举权、表达权和监督权,并鼓励他们积极地参与城市基层民主自治建设,促进社会公平正义,并通过政策制定、实施操作和宣传保障等方面合力推动解决。选民资格的居住年限是有违居委会组织法的精神,而且影响了社区直接选举的范围。居住年限未达要求的居民排除在社区民主选举之外,这和马克思民主观的价值目标是相违的。随着中国特色社会主义基层民主政治的发展,选民资格确认环节应逐步地取消对居民居住的时间限制,扩大选举权。选举权范围的扩大,将意味着社会"民主力量的增加"。①

2. 候选人产生方式的规定　目前城市社区直选模式中初步候选人提名方式不统一,应在自治民主原则的基础上,探索出更加适合我国国情的社区直选初步候选人的提名方式。首先明确指出乡镇人民政府、街道办事处、社区党组织以及上届社区居民委员会提名候选人等都不能列入"选举直接提名候选人"的范围。第二要确立以个人自愿报名为先,充分体现自愿和民主的基本原则。如宁波模式中的候选人提名方式,也可以采取个人报名＋居民代表联名支持的方式。② 此外,应进一步规范正式候选人的确定方式。以居民会议或居民代表会议方式来确定正式候选人产生时,需明确居民会议或居民代表会议方式的参与人数,并将居民代表的提问、初步候选人进行

---

① ［美］托克维尔. 论美国的民主(上卷). 董果良译. 北京:商务印书馆,1996:63.
② 解红晖. 城市社区直选的宁波模式研究. 社会工作,2010(7):41—44.

选举演说等以制度化的形式确立下来,逐渐在城市社区选举实践中
加以运用并不断完善。

3. 候选人竞选活动的规定　竞选是民主选举的基本原则和重
要标准,加强候选人竞选活动的制度建设,拓宽沟通的渠道,一方面
有助于选民更多地了解候选人,拉近候选人与社区居民的距离;另一
方面,有助于候选人清楚选民的意图和要求,对选民负责。今后可将
北京九道湾直选中的经验推广,明确投票当日停止一切竞选活动,有
助于提高竞选演说等活动的效果,[①]并借鉴和完善宁波模式中的候
选人产生之后或之前的候选人宣传和竞选制度。[②]　在介绍候选人环
节,应实现从以组织介绍为主的方式向候选人本人向选民进行自我
宣传介绍为主的方式的转变。逐步地增加选举候选人产生和宣传过
程的竞争性,丰富竞选活动的内容,[③]实现竞选方式的多样化,候选
人面对选民提问的答辩环节,应以选民的意见作为评价判断的主要
标准。允许候选人自主地开展竞选活动,候选人可通过走访选民、帮
助选民解决实际问题等方式展开多样化的竞选。它有助于调动选民
的参与热情,为社区选举营建良好的气氛。规范竞争程序,程序中应
有候选人之间的相互提问与选举辩论,可安排至少两个场次,设计不
同的主题,如关于社区未来发展等。拟制竞选辩论规则,完善竞选承
诺制度,并就发言时限、提问方式等加以规定,社区选举委员会成员
对竞选现场进行监督,从而真正开展候选人之间的公开有序的竞争。

4. 其他规定　如居委会候选人条件的规定,对居委会成员的要
求,除了《居委会组织法》规定的 3 项内容,可增加一些内容(如廉洁
奉公、热心社区事务、身体健康、有一定的组织管理能力等。遵循民
主自治原则,实现广泛参与和公平竞争,对候选人的限制性规定,如

---

① 李凡. 社区直选:值得关注的基层民主现象. 中国社会报,2002 - 08 - 31(2).
② 解红晖. 中国城市社区直选实践模式研究. 宁波大学学报(社科版),2013(1):118—123.
③ 李猛,王冠杰等. 新中国选举制度发展历程. 北京:世界知识出版社,2013:361—362.

年龄限制、学历限制等,不应列入程序化的规定中,这方面宁波模式做得比较好,充分体现选民的广泛参与公平竞争。①又如社区居委会选举委员会的产生方式的规定,选举委员会是组织社区选举的组织机构,选举委员会的产生机制是选举制度的重要内容。在盐田模式中,对社区居委会选举委员会的产生方式进行了创新性的可贵尝试。中立的执行机构是选举公平公正的保证,是统一规范的选举制度执行力提高的基础。今后在凸显选举委员会的中立性及其产生方式的民主自治性应进一步探索。宁波海曙区社区直选试点中要求选举委员会办公室人员由非本社区的社区工作者担任,②是较好解决选举中回避问题的可借鉴措施。

(二) 提升直选规则制定过程民主性

社区选举规则的内容要体现民主自治精神,社区选举规则的制定过程也要体现民主自治精神。因为"不论在多大程度上强调人民民主的价值与意义,只要将其付诸实践,其根本都必然在于人们能够决定自己的事务。"③北京九道湾社区直选规则是政府与非政府组织双方协商和妥协的结果,直选规则的制定主体包括政府及其职能部门、政府派出机构以及独立于政府部门的专家学者,较好地实现了社区选举规则制定主体的多元化,打破了传统的单一主体的社区选举规则的制定范式,但仍存在着不足。目前城市社区直选实践过程中,还没有建立选民参与直选制度制定的平台和机制,选举制度制定过程剥夺了社区居民的参与权,宁波模式和深圳盐田模式中专家学者的理念和建议在选举制度制定过程中起着咨询作用,但从严格意义上讲,专家学者还不是宁波模式和深圳盐田模式中社区选举规则的

① 解红晖.社区直选制度:推进城市基层民主建设的重要路径——"宁波模式"的实践与分析.三江论坛,2011(1):33—37.

② 傅剑锋.从宁波直选看选聘分离.社区,2004(3):4—6.

③ 林尚立.公民协商与中国基层民主发展.学术月刊,2007(1):13—20.

制定主体。

一项制度往往反映了多种力量,尤其是利益相关者之间的多次博弈结果。根据民主自治原则,选举制度的利益攸关者(组织或个人)都应参与到制定选举制度的过程,都可以成为选举制度的制定主体。社区选举制度关系着居民的选举权和被选举权,关系着能否代表居民利益的成员选择。社区选举制度涉及社区全体居民的利益,社区居民应该参与到社区选举制度的制定过程。因此,当前社区选举规则的制定过程要体现自治精神应从两方面着手:第一是专家咨询制度化,即在选举规则的制定中实现专家咨询的制度化和定期化。这是针对专家学者的建议在选举制度制定过程中起着咨询作用的社区直选模式而言。十八大提出要完善社会主义协商民主制度,基层协商是协商民主的主要形式之一,直接涉及广大基层群众的权益。①大力发展基层协商,内在要求社区选举规则制定过程中必须征求各方面的意见和建议,制定专家咨询制度,建立和完善咨询制度的反馈机制,并逐渐养成咨询习惯。第二是建立群众利益表达的制度平台,建立和畅通制度化的参与渠道。社区选举事关居民的选举权和被选举权,事关代表居民利益的成员的选择,在社区选举规则的制定过程中要保障社区居民的充分知情权和参与权,主动引导群众参与,并架构选民参与社区选举规则制定的工作机制和组织结构,进一步完善北京九道湾社区开创的居委会选举规则制定主体的多元化机制或复合式机制。

(三) 充实细化社区居委会直选规程

在厘清直选理念和遵循自治民主原则的基础上,注重实现社区居委会选举规则的充实与细化,使其具有可操作性,实现社区直选制

---

① 新华社. 中共中央办公厅印发《关于加强人民政协协商民主建设的实施意见》.(2015 - 05 - 25) http://www.gov.cn/zhengce/2015-06/25/content_2884439.htm.

度多方面的完善。社区居委会成员辞职、罢免等,可按照各省、自治区、直辖市的规定进行补充。在社区居委会选举中较少发生贿选事件,但是相关法律规定应及早制定,尤其关于选举违法的处理,应有明确的制度安排,健全选举监督机制。城市社区居委会直接选举规则的充实化和可行性,将有助于社区居民掌握和熟悉民主规则和程序,鼓励居民关注和参与社区居委会直接选举,实现民主选举规则的内化,真正成为社区居民的行为习惯和生活方式。

　　选举规则激励性缺乏,将加深社区选举与社区居民利益的弱关联性,导致社区选举的内部动力不足。[①] 通过激励性机制的建立,进一步充实和细化居委会选举规程,促使社区与居民的关系逐渐密切,居民利益与生活社区真正建立起关联,以满足城市居民不断增长的对美好生活的需求,这是社区选举发展的汩汩不息的强大的内在动力之源。今后可通过社区居民会议的民主评选,对于在社区选举中表现积极的居民给予一定的鼓励与嘉奖,以激发社区成员对居委会选举的关注。设立选举论坛、自治项目等,使城市居民主体意识、权利意识与社区管理联系起来,培养社区主人翁意识,并真正转变为行动,主动参与社区自治建设中。随着城市社区发展速度加快,对居民个人发展会产生越来越大的影响,城市居民对社区的需求会增加。如盐田区在人大选举时采取以行业协会划分选区的办法,通过选择性激励机制的建立来增加选民参选的积极性。[②]

(四) 提升社区直接选举规则执行力

　　马克思始终强调,民主权利不是抽象的政治伦理和空洞的法律条文,而是社会政治实践的具体存在。因此,居民参与社区公共事务

---

① 张涛,王向民等. 中国城市基层直接选举研究. 重庆:重庆出版社,2008.
② 杨云彪. 公民的选择:一个公共选择话题. 北京:中国大百科全书出版社,2009:249—250.

权利的真正实现,很大程度上体现在社区直选规则的执行力上。我国城市社区直选模式的运行中,选举规则基本得到执行,但有些规则执行时出现形式化的现象,城市社区直选规则的执行力亟待提高。社区直选制度执行力不够在投票程序表现得尤为明显,可通过以下措施提高社区直选规则的执行力:

针对委托投票问题。委托投票对于选民在选举期间外出等特殊情况下仍能行使选举权起到了积极作用。调研数据表明,城市社区直选模式运行中委托投票问题严重,其中北京九道湾社区居民委托他人投票率最高。广西、宁波模式对委托投票的对象进行了规定,深圳盐田模式、宁波模式有关于受托人不得违背委托人意志等规定,北京九道湾模式推进中选举规则修订时可参照之以规范委托投票。在严格规范委托投票的基础上,还需要以下具体措施解决城市社区直选中的委托代票过多的问题:第一,提前选举投票时间。社区居委会直选的常规办法是在早上九点举行选举大会后投票,这会使得一些早上需要上班的居民难以亲自投票,只能委托他人或放弃投票。可以将选举投票时间提前到七点半到八点,为上班的居民提供投票的时间可能性。第二,延长票箱关闭时间。下班时间关闭票箱的常规办法,同样会给上班族选民亲自投票带来困难。北京九道湾社区直选试点时将投票站关闭的时间延长到晚上 10 点以后,这为选民下班以后前来投票提供了方便。第三,严格执行投票日现场发放选票。投票当日居民持选民登记证取票的程序要严格执行,避免在选举日前发放选票人为增加委托投票可能性。① 第四,创新投票办法。积极利用新技术创新投票办法以减少委托投票,如针对一些选民确实有事不能来投票站投票,可经过严格的登记手续后在投票日前以电子选票等方式投票。

针对流动票箱问题。流动票箱是一种特殊的投票形式,设置流

---

① 李凡. 中国选举制度改革. 上海:上海交通大学出版社,2005:55—56.

动票箱的目的是保障因特殊原因不能到会场投票的选民的合法权利,但应用中存在着流动票箱使用过多等问题,其中广西直选模式中流动票箱问题最为凸显,使用流动票箱比例显著高于其他社区直选模式。① 今后应参照九道湾模式的做法,严格限制流动票箱使用的范围和比例,尽量减少大量使用流动票箱而给社区选举带来的负面影响。一定要规范使用流动票箱,切实尊重选民的民主权利。具体而言:第一,严格控制流动票箱的使用对象。流动票箱只限于由于患病等原因造成行动不便或居住分散且交通不方便的选民。严格控制流动票箱数以及流动票箱中投票数量。流动票箱的投票数量率限制为5%范围内,这是减少大量使用流动票箱给选举产生负面影响的较好办法。第二,加强对流动票箱的管理。流动票箱工作人员应向选民说明投票注意事项,并在选民写票时主动回避以保护选民的隐私权。流动票箱只限于上门接受投票事项,不得在选举场外开箱计算。每个流动票箱由不少于2名工作人员负责,使用流动票箱的选民需要以签名或盖手印等方式存档备查。第三,就目前城市居民普遍参与意识不足的现状,需要加强宣传教育,鼓励选民到主会场、投票站投票,减少流动票箱的使用。同时要在选举的公正性与高投票率之间、选举的过程与选举的结果之间、选举的数量与选举的质量之间做一个权衡。但长远的要求,应是取消流动票箱,彻底根除其隐患。

　　针对秘密划票问题。鉴于我国城市社区直选发展的总体现状,直接硬性要求所有选民需使用秘密划票间(处)的强制规定并不适合国情,这将不利于我国城市社区直选改革的稳步推进。应循序渐进,防止戒之过急。基于此,可从三个方面渐次又扎实地推进来解决该问题。第一步,加大宣传。访谈结果显示,仍有部分选民不知道设置秘密划票间(处)环节,一些选民则将无记名投票等同于秘密划票。

---

① 数据来源于笔者主持的国家社科基金项目(项目名称:我国城市社区直选模式比较分析研究;项目批准号:13BZZ008)的结题报告。

今后可通过社区宣传栏、印制直选宣传单、选民证背后说明、选举会场鲜明标识等方式宣传秘密划票的重要意义,鼓励选民使用秘密划票间(处),慎重行使自己的选举权。第二步,主动引导。即通过设计流水线的投票程序(如投票通道等)主动引导选民进入秘密划票间(处)。可在选民领取选票后走向投票箱的必经空间或路径上设立较为醒目的秘密划票间(处),秘密划票间里(处)配备有划票用的黑色水笔和候选人的简要介绍等,积极引导和鼓励选民使用秘密划票间(处)。① 第三步,配套规定。这是最后一步,它依赖于前两步措施的有效执行和实际效果。社区直选前,可开展前期调查问卷,确保社区选民清楚秘密划票间(处)的设置及意义后方可实施第三步,即制订硬性规定,要求所有选民必须进入秘密划票间(处)划票。

二、完善基层民主的实现条件,营建社区直选良好外部环境

如前所述,马克思十分关注人民民主的实现,指出民主是人类社会发展到一定阶段的产物,真正民主制的实现是一个漫长的历史过程。市民社会必须具备民主孕育、萌发、成长、结果的土壤和环境,②马克思从经济、政治和主体等多方面深入阐析了民主的实现条件。重建个人所有制,实现生产资料的共同占有,是实现无产阶级民主的最根本的经济条件。马克思从物质生产方式出发来研究民主,指出民主的产生首先需要的是作为长期历史发展的自然产物的"完全能感触得到物质的条件","自由王国只有建立在必然王国的基础上,才能繁荣"③。1865 年在给报刊编辑约·巴·施韦泽的信中,马克思批评蒲鲁东企图用某种先验的构想作为"解决社会问题"答案的做法

---

① 李凡. 中国选举制度改革. 上海:上海交通大学出版社,2005:56—57.
② 郭丽兰. 马克思民主理论何以建构. 学术论坛,2012(1):26—30.
③ 马克思恩格斯全集(第 25 卷)(下). 北京:人民出版社,2002:927.

时,再次强调批判性地认识历史运动的重要性,要求在这一批判性认识中尤其要关注历史运动中"本身就产生了解放的物质性条件"①。马克思认为,巴黎公社的"工人政府"奠定了真正民主制的基础,无产阶级成为统治阶级、采取民主与专政相统一的方式实行统治,建立真实和普遍的人民代表制并采取民主与专政相统一的方式实行统治,是实现无产阶级民主的政治条件。通过提高人民参与政治的行为能力和智力水平等,积极创造民主实现的主体性条件。马克思还非常重视法律在人民民主实现中的作用,指出法律是民主实现的重要保障性条件。

发展基层民主,切实保障基层群众参与公共事务的民主权利,是人民当家作主的最突出体现。基层民主是在我国社会主义民主政治实践中逐步发展起来的,党的十七大首次将基层群众自治制度写入大会的报告中,基层群众自治制度被列为我国特色社会主义建设过程中的四大基本政治制度之一,基层民主建设也因此成为中国全面改革深入推进的有力契入点。② 城市社区直选改革是推进城市基层民主建设的重要途径,是衡量社区民主与社区自治程度的首要标志。城市社区直选改革的深入推进,需要大力改善经济、政治、主体、法律等民主条件。在马克思民主观的视域下,可从以夯实城市社区直选的物质基础、全面加强党对社区直选改革的领导、注重提升社区居民的民主参与能力、营建社区直接选举的良好法律环境等方面进一步完善城市基层民主的实现条件,促进社区直选改革的深入发展。

(一)夯实城市社区直选改革的物质基础

经济基础决定着上层建筑的产生、性质和发展,是人类社会发展的基本规律。民主政治属于上层建筑,其发展状况和水平受到所处

---

① 马克思恩格斯选集(第3卷).北京:人民出版社,2002:16.
② 黄卫平.中国基层民主发展40年.社会科学研究,2018(6):13—27.

社会的经济发展状况的影响和制约。"物质生活的生产方式制约着整个社会生活、政治生活和精神生活的过程"①。马克思认为,市民社会中不断变化的需要、某个阶级的优势地位是影响现代国家意志的重要因素。② 民主是建立在经济基础之上的政治上层建筑并服务于特定阶级的经济利益。民主政治发展与经济社会发展的有机衔接和协调配合,成为中国特色社会主义现代化建设的重要经验与基本原则。中国特色社会主义进入新时代,社会的主要矛盾已转化为人民日益增长的美好生活需要和不平衡不充分发展之间的矛盾。社会主要矛盾发生了变化,但我国仍处于并将长期处于社会主义初级阶段的基本国情没有变。社会主义民主政治赖以发展的经济基础还比较弱,不平衡不充分的发展制约着中国社会主义民主政治建设的深入发展,影响着作为基层民主政治建设组成部分的社区直接选举改革的深入推进。可通过以下三个措施夯实城市社区直选改革的物质基础。

首先,应进一步推进经济建设,提升社会生产质量。通过积极创新实践方式,深化经济改革,优化产业结构,完善经济体系,改善社会生产质量,实现社会生产的平衡性、充分性与有序性,满足人民群众多元化、高水平、高层次的需求,提升居民参与社区直选的积极性。公民有了一定保障的物质生活,才有能力负担一个像样的民主政府所必须的信息成本与监督成本。③ 其次,大力完善社会主义市场经济体制。马克思指出,现代国家的意志究其根本是由生产力和交换关系的发展所决定。商品经济是为交换而生产的经济形式,它内在要求生产和交换的平等与竞争,属于天生平等派的商品经济是民主赖以依存的理想经济形态。缺乏平等竞争的经济的维护,即使已建

---

① 马克思恩格斯选集(第 2 卷).北京:人民出版社,1972:82—83.

② 马克思恩格斯文集(第 4 卷).北京:人民出版社,2009:306.

③ [德]柯武刚,史漫飞.制度经济学.韩朝华译.北京:商务印书馆,2008:405.

立起来的选举民主,也不可能稳定而有效地发挥作用。① 中共十九届四中全会将社会主义市场经济体制上升为我国的基本经济制度,这一举措,不仅标志着中国社会主义经济制度趋于成熟与定型,也标志着城市社区直选改革有着更为有利的经济环境。这一举措的切实贯彻与践行将会推动城市社区直选改革的深入发展。最后,切实保障与社区直选相关的经费,如选举经费和社区专职社工经费等。社区直选改革是推进基层民主政治建设的重要形式,各级党委政府对此应有高度的认识,将选举经费纳入各级财政预算,确保直接选举的必要开支。社区工作者队伍的加强,有助于直选后社区居委会的良性运作,提高社区直选绩效。今后加大财政支持,增加社区工作资源,改善社区工作者的办公条件,并将政策规定的社区工作者的工资福利待遇落到实处,尽快提高社区工作者的待遇。

(二) 全面加强党对社区直选改革的领导

政党是特定阶级利益的集中代表,是特定阶级政治力量中的领导者。政党在现代民主政治发展中扮演着积极的角色,是政治发展的特征之一。② 马克思历来重视无产阶级领导权问题,1879 年,针对伯恩施坦、赫希伯格等人撰文要求改变德国工人党,即社会民主党的性质,马克思与恩格斯以通告的形式告诫社会民主党领导奥古斯特·倍倍尔等人,明确要求党的领导权必须保证掌握在真正的无产阶级手中,必须让党内机会主义领导人"退出党,至少也应当放弃他们的显要职位"③,以防他们利用职务来反对党的无产阶级性质。保证党的领导权,是无产阶级解放事业顺利进行的保障性条件。因为,在无产阶级和资产阶级之间的各个阶段的斗争中,"共产党人始终代

---

① 吴雨欣. 选举民主的有效性与有限性. 北京:中国社会科学出版社,2018:72.
② 杨绪盟. 民主发展:规则及政党的角色. 北京:人民出版社,2016:177.
③ 马克思恩格斯全集(第 34 卷). 北京:人民出版社,1972:927.

表整个运动的利益"①。

中国共产党领导是中国特色社会主义制度最大的政治优势,也是社区直选民主实现的最突出的政治条件。中国民主的发展尤其离不开政党制度的支撑,中国民主发展的内在要求必须坚持党的领导。特别是党的十八大以来,以习近平为核心的党中央准确把握时代脉搏,紧跟实践新要求,明确指出中国共产党领导是中国特色社会主义最本质的特征,提出新理念新思想新部署,为基层群众自治制度建设提供了根本遵循。② 中国共产党代表中国最广大人民群众的根本利益,通过对社区选举法定程序的领导,顺应民意,实现党的宗旨,巩固党对基层社会的政治领导。党组织拥有的政治资源以及强大的社会动员力,是社区选举最好的宣传和动员机构。党领导下的国家与社会的协调与整合,政党制度的健全与发展,对中国民主的发展起了决定性的作用和影响。它通过培育社区居委会的职能,增加其在社区自治建设中的相对独立性,促进基层政府与社区自治组织之间的良性平等互动。

在马克思民主观的启示下,以习近平总书记系列重要讲话和指示精神为指引,全面加强党在城市社区选举改革中的领导作用,以"坚持党的领导、人民当家作主、依法治国有机统一"为首要的原则,推进社区党组织的民主建设,党务公开,畅通普通党员的参与渠道,拓宽党员参与的领域,包括党内事务、监督干部、提出批评、提供建设等。今后应在充分尊重社区民主自治的权力,进一步加强党组织的自身先进性和执政能力建设,不断提高社区党组织的领导能力和工作能力,真正成为社区基层组织建设的强大战略堡垒,更好地带领和组织辖区内党员在社区民主建设中发挥先锋示范作用,不断增强党

---

① 马克思恩格斯选集(第 1 卷).北京:人民出版社,2012:412.
② 中共民政部党组.党的十八大以来中国特色基层民主建设的显著成就.理论研究,2018(3):2—4.

组织的影响力、战斗力和凝聚力,切实发挥党组织在城市社区民主建设中的领导核心作用。注重将党的政治性、原则性有机地融合于满足群众不断增长的对美好生活的需求之中,如在社区公益性活动中作用的发挥等,可以赢得社区居民对党组织的认可与支持。加快完善党组织领导下的社区治理机制,①重构和整合城市社区公共空间,提升居民与基层政府政治互动的有效性,营建城市社区民主建设的良好的政治环境,从而提高城市的社区直选绩效。将社区党组织建设纳入社区民主的总目标,基层党建与社区建设的良性互动与有机结合,将成为我国民主政治发展新的生长点。

(三) 注重提升社区居民的民主参与能力

马克思指出,民主政治的发展是建立在独立的社会主体基础之上,社区直选的主体是社区居民。调研结果表明,我国城市社区居民日益增长的主体意识和权利意识还没有完全转化成社区参与的主动性,社区居民的民主参与能力仍不足。今后可从以下方面提升社区居民的民主参与能力。

首先,通过社区选举制度的完善与持续运作来提升居民的民主参与能力。深入地推进社区居委会选举方式改革,不断完善社区直选制度,同时加大宣传力度,鼓励居民积极地参加各级选举或党内选举等、增加居民的选举体验,催生他们的选举参与热情。在社区民主选举过程中居民的参与技能得到锻炼,更加珍惜手中的民主选举权利,提高对社区直选价值的认同感。总之,让社区居民民主参与力在生动的民主政治实践中不断提升,社区选举成为他们城市社会生活中的组成部分。其次,通过社区公共领域的建构提升居民的民主参与能力。公共领域是公民积极参与的空间或领域。在社区公共空间里,居民可自由地展示自己,居民之间形成良好的互动。他们彼此交

---

① 黄卫平,汪永成等编. 当代中国政治研究报告. 北京:社会科学文献出版社,2017:94.

流信息和分享资源,逐步提升社区群众利益表达能力,积极有效地参与社区事务治理,①在社区事务处理和公共服务中培养和提升社区居民的主体意识和自治能力。社区公共领域是居民参与社区自治的空间和平台,社区民间组织能够促进社区公共精神的成长,是社区公共领域建构的重要组织载体。明确社区居民自治组织的建设目标不应仅是居委会,而是社区公民社会组织的发展,建立各种各样的民间社团,培育居民自组织网络。广泛的社区自组织的建立可以降低直接选举成本,这是宁波模式得以良性运作的重要原因。今后可通过社区民间组织与基层政府之间的良性互动、提高社区民间组织的政治参与能力、创新社会组织管理体制、积极营建良好的公益环境等措施进一步培育与发展社区民间组织,促进广泛的社区自组织的建立与运作,建构和完善社区公共领域,提高社区居民的民主参与能力。最后,通过生活化的民主训练提升居民的民主参与能力。公民的政治参与是具体和现实的,将人民群众参与政治真正地落实到实处,既要落实到选举时的投票权,还要体现在日常社会生活中的参与权。正如习近平总书记指出:社会主义民主需要完整的制度程序和完整的参与实践。② 因此,需要在日常生活中点滴地渗透公民社会理念,在社区日常事务的处理中培养和提升社区居民的自治能力。

(四) 营建社区直接选举的良好法律环境

马克思非常重视法律在民主实现中的作用,认为法律是人民民主得以实现的不可或缺的保障性条件,法律是人民"自由的圣经"③。目前我国城市社区自治的进程中已构建起一套从宪法到地方法规的

① 徐勇等.基层民主发展的途径与机制.北京:北京师范大学出版社,2015:225.
② 习近平.在庆祝中国人民政治协商会议成立 65 周年大会上的讲话.人民日报,2014 - 09 - 22(1).
③ 马克思恩格斯全集(第 1 卷).北京:人民出版社,1995:176.

法律框架体系,但仍较为简单,存在着不足,部分法律规定滞后于城市社区选举改革深入发展的需要,影响社区选举的质量,城市选举的法律法规环境需要进一步改善。

《居委会组织法》是目前城市社区直选可以直接依据的法律,全文 23 条,其中第八条专门论及居委会选举,指出有三种选举方式。2018 修正版中居民委员会的任期从三年调整到五年。① 但总体上《居委会组织法》的规定仍过于抽象笼统,今后仍需要修订。当前《居委会组织法》的难以操作和实施,使得社区居委会选举具体实践中参照的是地方性规章或规程,直接造成了不同地区直选制度的较大差别,尤其需要提出的是,《居委会组织法》笼统地列出社区居委会成员产生的三种方式,没有明确规定社区居委会必须由直接选举产生,而在农村自治建设中,修订版的《村民委员会组织法》第 3 章中有明确的要求,村民委员会必须由村民通过直接选举方式产生,不利的法律法规环境妨碍了城市社区选举的发展。基于立法进度,目前需要做的是两方面的工作。一是注重法律的系统性建设,为未来的立法作必要的全面规划;二是注重调查研究,夯实《居委会组织法》修订的理论与事实基础。《居委会组织法》修订时要避免原则性规定的简单重复,而应对选举方式、选举人、提名候选人、预选、介绍候选人、投票程序、罢免、补选、选举违法等作出具体规定。在此基础上,各省、自治区、直辖市应当修订相应的实施办法。另外,可以配套制定《社区居民委员会选举办法》,以取代各地制定的选举规程或暂行办法。社区居民委员会选举中的一些更为具体的问题或要求,可在《社区居民委员会选举办法》中作出相应的明确规定。各省、自治区、直辖市《村民委员会选举办法》的制定提供了可供借鉴的范式和经验,在地方性立法方面可考虑展开《社区居民委员会选举办法》

---

① 全国人民代表大会. 中华人民共和国城市居民委员会组织法,[2019 - 01 - 07]http://www. npc. gov. cn/n pc/xinwen/2019-01/07/content_2070251. htm.

相关的制定工作。[①]

　　需要指出的是,实施居委会直接选举和社区自治是一项涉及许多方面的系统工程,良好法律环境的营建不能仅靠一两部法律来解决所有问题,还应建立和完善与《居委会组织法》相配套的规章制度、实施细则、实施办法等,如完善候选人提名制度等。各地应在新修订的《居委会组织法》的基础上,依据本地的实际情况,着手修订《居委会组织法》实施办法。[②] 同时在居委会直接选举实践中街道选举指导小组必须严格按照法律和选举程序行事,共同建设有利于社区选举改革的良好外部环境。要在选举中充分体现社区民主自治原则,不得直接提名任命、委派社区居委会成员,把握好推选社区居民代表,候选人的产生和正式选举三个关键环节,确保居民参与、选举和当选等合法权益,推动城市社区的直接选举的有序进行。要坚持实事求是和思想疏导相结合的原则,就地依法解决问题,对群众举报的违法违规行为要认真调查、及时纠正并向有关部门报告,从程序上切实保障居民民主选举权利。当前推进国家治理体系和治理能力现代化成为我国全面深化改革的总目标,民主和法治是衡量一个国家治理体系现代化的重要标准。因此,民主的制度化和法律化,是实现国家治理体系现代化和发展民主政治的必然要求。总之,今后应进一步完善相关法律法规,巩固城市社区直选的法律基础,为城市社区直接选举创造良好的外部环境,推动社区自治与法治社会的相互配合与有机衔接。[③]

　　其他,如加强社区工作者队伍的建设。社区工作者队伍建设有助于提高社区直选制度的绩效,是社区直选民主实现的基础性条件,可从以下方面加强社区工作者建设:第一,明确职业定位,增加社会

---

① 史卫民,郭巍青等.中国社区居民委员会选举研究.北京:中国社会科学出版社,2009:366—367.
② 李猛,王冠杰等.新中国选举制度发展历程.北京:世界知识出版社,2013:363.
③ 徐勇主编.中国城市居民自治有效实现形式研究.北京:中国社会科学出版社,2015:13—14.

认同。明确社区工作者致力于现代社区治理工作,他们是行政管理职能与社区自治功能之间实现统一的重要体现者。加大宣传力度,并从政府层面制订社区工作者人才发展规划,将其纳入区域人才发展战略加以统筹,提高社会对社区工作的认知和认同。第二,梳理社区工作,加强专业化建设。鉴于社区工作的复杂性和繁琐性,需要细分社区党委、社区居委会、社区工作站的功能并明确各自的职责。加强专业化建设培训,开设社会管理创新等专题班,重点引导和鼓励他们学习社区工作专业,积极构建与地方高校合作的平台,切实提高专业素质和理论修养,不断提高社区工作者的工作能力。第三,健全激励制度,激发工作积极性。深化社区工作者管理体制改革,实施分类管理,评估岗位设置。充分利用信息化管理系统,采用组织考核与居民评议相结合的方式,加强社区工作者的日常考核和年度考核,并将评估考核结果、绩效追踪信息与社区工作者奖励、晋升、连聘相挂钩,探索性实践社区工作者的淘汰机制,实现社区工作激励机制的系统化与常态化。最后,社区工作者自身要努力学习业务知识,不断提高自身的素质,培养社区工作情感。社区工作者与全体居民共同努力将社区建设成管理有序、服务完善、文明祥和的城市生活共同体。

三、构建和完善民主参与机制,提高城市居民的参与积极性

马克思强调,人民有权为自己建立新的国家制度,新的国家制度由人民来掌权。人民构成国家的基础,人民享有参与和支配国家政治和社会生活的民主权利。1843 年马克思在《黑格尔法哲学批判》文稿中指出,在合理的国家中,所有人都希望有参与立法的权利,成为积极的国家成员,获得政治的存在,因为政治存在是对自己存在的有力表明和积极确定。① 在《法兰西内战》一文中,马克思指出巴黎

---

① 马克思恩格斯全集(第 3 卷).北京:人民出版社,2002:147.

公社的实质是工人阶级的政府。① 人民通过普选权、监督制等积极参与公社管理,真正地成为政府的主人。马克思非常重视人民群众的民主参与,民主是公众参与国家和社会的基本形式,是人类实现全面自由发展这一理想的手段和工具。

马克思十分重视民众的表达权、知情权和参与权。表达权、知情权和参与权是公民的基本政治权利。表达权主要是指公民在法律范围内表达自己的思想观点和评论公共事务的权利;知情权主要是指公民获得政治信息、了解政治和公共事务运作的权利;参与权,主要是指公民广泛参与国家政治、经济、文化等社会事务管理的权利;其中表达权、知情权是参与权的基础。在《莱茵报》期间,马克思为了捍卫民众的表达权与封建专制政权进行了不懈的斗争。针对1841年出台的书报检查令,马克思撰写政论辛辣地勾勒出该法令的专横可耻的面目,"检查令指望增强民族感情,但它本身却是建立在玷辱民族的观点之上"②,斥其是对新闻出版自由和民众表达权的无理限制和粗暴干涉,是普鲁士政府文化专制主义的典型表现。1842年,针对第六届莱茵省等级会议关于新闻出版自由的辩论,马克思写了三篇文章,坚决维护民众对宗教等社会问题进行探讨的权利和自由,强调自由报刊的人民性,指出普鲁士当局以人类不成熟为由反对新闻出版自由,是站不住脚的纯属无赖的借口,因为"一切发展中的事物都是不完善的"。③ 扩大选举权和被选举权,普遍参与、保障表达权、知情权和参与权等一直是马克思民主观的核心内容。

如前所述,目前我国居民社区居委会选举参与的总体质量还不高,居民社区选举参与仍不足,居民公共事务参与的效能感偏低。在马克思民主观的启示下,可以从增加社区与居民之间利益关联、完善

---

① 马克思恩格斯选集(第3卷).北京:人民出版社,2012:102.
② 马克思恩格斯全集(第1卷).北京:人民出版社,1995:123.
③ 马克思恩格斯全集(第1卷).北京:人民出版社,1995:164.

基层民主决策和监督机制、建立信息对称机制保障居民知情权等方面入手,构建和完善民主参与机制,彰显人民主体地位,促进居民积极参与社区自治建设,提高社区居委会选举改革绩效。

(一) 增加社区与居民之间利益关联

马克思指出,需要与私人利益,是将人与社会真正连接起来的天然的唯一纽带,①利益相关是居民自治的强大内生动力。通过增强社区与居民之间的利益关系,充分调动社区居民参与的积极性和主动性。党的十九大对我国主要矛盾的转变作出了重要的判断。因此,明确城市社区建设的价值取向,即不断满足城市社区居民日益增长的美好生活的需要。社区建设中要抓住居民"最关心最直接最现实的利益问题",突出人的地位。②改善社区居住环境,深层次提供基本公共服务,③满足居民的合理需求。充分利用社区资金,推进社区文化基础设施的建设。经常举办形式多样的社区活动,搭建文化活动平台,增进社区居民之间的交流和联系,改善社区的横向网络。通过建立和加深社区与居民之间的利益关联,增强社区认同感和凝聚力,提高社区居民的参与意识和参与度。④ 总之,社区居民参与意识和参与能力的培养,是一个长期的系统工程,它依赖于居民在社区活动中获得的认同感与归属感,依赖于社区与居民之间的利益关联的切实增强。

(二) 完善基层民主决策和监督机制

通过建立基层民主决策机制和民主监督机制,增加政治参与的

---

① 马克思恩格斯全集(第 1 卷). 北京:人民出版社,1956:439.
② 于显洋主编. 社区概论. 北京:中国人民大学出版社,2016:279.
③ 娄成武,谷民崇. 城市社区自治:我国政治民主化发展的必然路径. 理论探讨,2014(3):141—144.
④ 于燕燕. 新时代社区居委会角色亟需重新定位. 中国民政,2018,(15):56.

效能感,培养社区居民的共同意识和公共精神,提高居民政治参与能力,减少社区选举"搭便车"现象。一个有效的民主决策过程是基层群众一次集体生活的过程,这是培养居民共同体意识、增强社区归属感和认同感的过程。因为"只有通过参与决策才能促进人类发展,强化政治效能感。"①这一过程将有助于减弱普通民众对权力中心的疏离感与陌生感,培养他们对集体问题的关注,最终成为对政治事务有敏锐兴趣和有见识的积极公民,这是民主社会培育中共同体形成的基础与条件。通过民主决策,基层群众能够习惯于通过协商合作的方式处理与自己利益相关的事务,学会通过主体之间的互动来实现公共生活的合作、组织与参与。基层民主决策是协商与合作的过程,是在基层社会反复演练、潜移默化地提高基层群众的协商合作能力,促进民主社会的发育。有效的监督体系和及时的反馈机制是民主社会不可或缺的要素。基层民主监督实践中,基层群众作为监督的主体通过对决策执行过程的监督和反馈来制约公权力,公民意识和公民能力在这一过程中得到锻炼。如居民委员会违背民意,基层群众就可以通过合法的程序对其进行罢免。群众监督的有效性取决于法律法规的保障,民主监督为法律监督垫牢地基,法律监督为民主监督保驾护航。基层民主监督的过程是基层群众增强法制观念和法律意识的过程。建立和创新与基层社会生活紧密结合的民主管理方式,提高基层民主管理的受众面,从而激发群众关注社区事务和自主参与社区直选的热情,提高城市基层群众的民主能力。②

(三) 建立信息对称机制保障知情权

马克思非常重视保障民众的表达权、知情权和参与权,知情权是参与权、表达权的基础。首先要进一步提高人们对居委会民主选举

---

① 〔英〕戴维·赫尔德. 民主的模式. 燕继荣等译. 北京:中央编译出版社,2008:339.
② 徐勇等. 基层民主发展的途径与机制. 北京:北京师范大学出版社,2015:186—188.

改革重要性的认识,明确社区直接选举的内涵与要求。它是由居住在本社区的所有 18 岁以上的具有选举权的居民通过一人一票以直接投票形式选举社区委员会成员,是社区民主选举的最高形式。继续宣传贯彻居委会组织法,利用一切可利用的宣传手段和工具,特别是微信、微博等新媒体工具,采用居民容易接受的方式进行宣传普及。通过培训教育,使各级干部理解社区居委会直接选举在基层民主建设和社区自治中的重要意义,提高他们做好社区居委会直接选举的责任感和自觉性,让社区居民充分意识到选举是公民的权利和义务。保障选民的知情权,建立全方位的信息宣传机制,提高他们参与社区居委会直选的积极性,大力激发社区选举的内在动力。在此基础上,可通过建立与完善信息对称机制,保障选民的知情权,激活居民选举参与的主观能动性。民主的实现与信息的对称有着密不可分的联系。公民参与选举,最为密切关联的因素是利益因素。社区参与是不同主体通过共同参与进行利益重组和资源整合的系统过程。实现利益是公民参与社区事务的主要动力。社区是城市居民生活的重要空间和场域,社区的发展与人们的生活质量提高有密切关系。社区选举是居民挑选利益代理人的过程,代理人在处理社区事务时能否维护自己的利益是居民的关注点与讨论话题。因此,选民和候选人之间信息的对称性是居民主动参与与理性选择的前提。选民对候选人的信息及候选人对于社区未来发展的设想与筹划有充分了解,才能选出愿意干事也有能力干事的社区当家人,真正用好法律所授予的选择权。现代社会信息的广泛沟通与交流对民主机制和民主制度的运行将产生越来越大的影响。选举组织者应承担起加快信息传播机制的步伐,最大程度地实现信息对称。可通过全方位多样化的信息宣传机制,如推动电子政务的发展。[①] 通过完善候选人竞选机制,让选民更多地了解候选人,更多地了解社区直选的意义,更

---

① 邱梦华. 城市基层社会组织发展研究. 上海:上海交通大学出版社,2018:235.

多地了解直选程序设置(如秘密划票处等)的意义。直接选举的基础在于选民的积极参与,而促进选民的积极参与在于让选民了解选举的相关信息和保障选民的知情权。① 因此,尽可能地实现信息对称是社区直选应依据的一条公理,是促进居民参与选举的重要路径,是对马克思民主观思想原则的基本遵循。

四、明晰社区直选的政府职能,加快理顺社区与政府的关系

1851 年 5 月 5 日马克思在给恩格斯的信中谈到对比·约·蒲鲁东的《十九世纪革命的总观念》一书的看法时,指出,"民主是政府进化的最后表现"②。马克思认为,家庭的习俗和治理家庭的经验是政府的观念来源,政府的观念与契约的观念处于对立之中。在君主制国家,代表君主利益的国家凌驾于人民之上,政府成为维护统治阶级利益的工具。人民的主体性完全缺失,沦为君主的附属品。在真正民主制的国家,国家不再是一种凌驾于人民之上的专制统治工具,而是成为人民彰显个体主体性、进行自我规定和实现自我价值的中介和途径,成为人民存在的定在环节。马克思通过比较不同的政治共同体,明确指出"真正民主制"是实现了人的现实规定性的新型的国家制度,国家的基础是人民,民主的本质是人民当家作主。国家和政府的权力来自人民并且属于人民,这是政府存在的合法性基础。在《法兰西内战》中,马克思对巴黎公社大加赞扬,称赞其彻底摧毁了资产阶级的等级制,"骑在人民头上作威作福的老爷们"消失了,取而代之的是通过普选产生的、为公社工作的勤务员。这些勤务员领取的是与工作等量的工资额度,他们在履行公社的管理职能时受到民众的监督与制约。公社以真正的民主制来代替虚伪的民主制,公社是

---

① 许义平,何晓玲. 现代社区制度实证研究. 北京:中国社会出版社,2008:59.
② 马克思恩格斯全集(第 27 卷). 北京:人民出版社,1972:371.

对工人阶级和人民群众负责的政府,是使劳动获得经济上解放的政治形式。文中,马克思大量使用"负责"一词,如"代表对选民负责""随时可以撤换的负责机关""严格的负责官吏"等,表明了巴黎公社在民主建设中所应担当的责任,履行社会公共职能是国家政府职能的基础,民主是政府的基本责任。在巴黎公社经验的基础上,结合人类社会发展规律,马克思提出"廉价政府"的概念,并对未来政府进行了构想。"公社能使农民免除血税,能给他们一个廉价政府"①。"廉价政府"的最突出特征就是以尽可能少的成本来实现最优化的公共事务的管理。马克思认为,未来的国家要精简政府机构和行政人员,规模要小;限制政府铺张浪费和贪污腐败,支出要小;缩小管理范围、少干预经济社会事务,权力要小。可见,马克思提出的"廉价政府"的意义还体现在政府在民主实现过程中的作用。

社会主义社会的政府是人民的政府,是人民选举出来的政府,权力属于全体人民。政府行使权力的目的是公共利益,在最大程度上为公民权利的享有和行使提供公共服务和经济性、政治性、社会性与文化性的条件,最终是为了保障人民权利的实现。在我国社区居委会选举改革的进程中,各个城市开展社区直接选举试点,最初主要是为了满足政府对城市资源优化配置的需求,提高行政效率,改善社会管理。中国城市社区居民委员会直接选举改革的动力主要来自外部,政府支持是社区直选的主要推动力。调研结果显示,城市社区直接选举改革进程中社区与政府关系呈现出"理还乱",社区与街道办事处的关系有恢复行政化的垂直管理态势,②影响着社区居委会自治能力的培育,不利于社区自身力量和社会的积极性和主动性的发挥。当前城市社区自治建设离不开政府的指导和支持,但要明晰社

---

① 马克思恩格斯选集(第3卷).北京:人民出版社,2012:105.
② 马卫红,李芝兰等.中国城市社区治理改革研究:以深圳"盐田模式"为例.中国治理评论,2013(2):87—94.

区直选改革中的政府职能,公共权力服务社区,政府着重于培育公民社会,改善社区基础设施,提供优质公共服务,培育公民和社会组织的自治能力,引导和吸引社区居民积极参与社区自治建设。适当放权,不过多干预管理范围之外的事务,分享治权,把更多的主导权交给市场和社会。政府在社区民主建设中要廉洁自律,扮演好引导者和服务者的角色。总之,今后需要进一步明晰政府角色,合理定位政府在社区直选改革中的职能。这将有助于提高社区居委会的自治能力,理顺社区与政府之间的关系,推进自治权与行政权的良性互动。

(一) 合理定位政府在社区直选中角色

政府是推动现阶段中国城市基层民主发展不可或缺的动力,但需明确自身职责,掌握好"推动"的限度与性质。中国社区建设的特点决定了现阶段政府不仅要关注社区管理中有限的行政因素,还要为居民参与管理和监督创造条件,[①]很多社会问题的根源往往在于政府缺位或越位。马克思在分析巴黎公社时提出的"廉价政府""责任政府""防止国家和国家机关由社会公仆变为社会主人"等对于当前合理界定社区直选改革中的政府职能有着重要的启示。必须审视社区行政化的逻辑,理顺政府与社区居委会的关系。政府需要掌握好"推动"的度,寻找行政权与自治权之间的"平衡之点"和"合理边界",实现在社区层面管理的功能性转变:从行政管理向服务指导的转变,从政策和规定上引导政府职能的转变,侧重于社区的宏观管理和制度政策的供给,淡化社区自治的行政管理色彩,防范政府行政管理的社区组织覆盖化而形成过度的干预。[②] 正如十九大报告所强调的,"转变政府职能,深化简权放权",建立以公众社会为本位的服务型政府。

---

① 王杰秀,闫晓英.城市社区治理创新的成效与启示.中国民政,2014(7):37—41.
② 荀关玉等.政府的意愿能力与社区自治组织的发展.理论前沿,2009(10):35—36.

在城市社区直选改革进程中,政府"推动"不是"干预"社区自治事务,政府需要引导与规范社会组织的参与。城市基层社会组织大量涌现,他们在提供社会服务和组织居民社会参与方面有优势。基层政府予以重视并积极引导,注重培育公民社会组织,发挥社会组织在基层治理现代化方面的积极作用,进而提高社区自治能力,社区民主自治程度的高低依赖于政府角色的合理定位。政府职能转变的一个重要特点是放权,尤其是给予基层和人民群众更多的自主性和自治权。[①] 今后政府应逐渐转变社区选举改革中的角色职能,不能长期担当社区直选制度的主要供给者,有选择性地退出直接控制的社会领域。政府应着重于提供适合基层民主发展的制度空间,赋权给社区,有计划地培育社区居委会和民间组织的自治能力,促进居民主体意识的行动化,积极地参与社区的公共事务,[②]认真执行社区居民议事决策制度、社区准入制度等民主制度,不干预具体的社区选举事务。随着城市直选改革的深入,政府的角色要发生转换:从强化到退出;由主导到合作角色的过渡,以制度化手段建立和规范政府退出机制,社区直选范式发生转变。社区建设内在包含着公共产品的提供,这决定了政府在社区自治过程中的作用,即在宏观层面的行政推动,以间接的方式参与社区的公共事务。作为第一推动力的政府有责任在社区自治中继续地发挥作用,退出中介入,介入中合作。政府在社区自治建设过程中要做的主要工作是搭建社区自治平台,建立和完善平等沟通的协商机制,注重手段与方式的合理化,[③]拓展社区民主发展的制度空间。提供公共服务供给,增强社区凝聚力,让社区民主良性地运转起来。

---

① 赵秀玲主编.中国基层治理发展报告(2016).广州:广东人民出版社,2016:11.

② 房宁主编.中国政治参与报告(2016).北京:社会科学文献出版社,2016:19.

③ Zekeri AA. Adoption of Economic Development Strategies in Small Towns and Rural Areas:Effects of Past Community Action. Journals of Rural Studies, 1994(2):185 - 195.

　　总之,应动态和准确地把握政府在社区民主建设中的职能定位,随着社区直选改革的深入,推动政府角色的转变,拓展社区民主发展的空间,逐步建立政府和社区自治组织间有效沟通和相互合作的长效机制实现基层民主建构逻辑的转变,不断提高我国城市的社区直选制度绩效。

(二) 不断提高社区居委会的自治能力

　　首先明确界定居委会的自治维度。政府要还权于社区,下放行政权力,扩大居委会的社区事务决策面,给予一定的财务权和监督权。需要有清晰的制度设计来保障居委会的自治权,防止社区居委会变得空心化和边缘化,实现街道办事处、政府职能部门与社区居委会三者关系的合理化。街道办事处和政府各职能部门应调整机构,转变职能,提供指导与服务工作,为社区居委会解决相关的问题,而不是下达各种任务指标影响居委会自身服务功能的发育和提升。①政府要放权给社区居委会,落实居委会工作责任,突出街道的指导服务功能和社区居委会的自主管理功能,既要防止社区居委会的行政化趋势,又要防止社区居委会的边缘化趋势。譬如,深圳盐田模式中社区服务站的定位与归属问题,应是盐田社区管理体制改革深化推进中要解决的根本问题,这是进一步理顺社区居委会与街道办事处之间关系的关键所在。在宁波模式中,要实施选聘分离体制的前提是要促进政府管理与居民自治之间的分工。

　　二是强化社区居委会的自治职能,即通过建立社区自治平台和机制,强化社区居委会的枢纽、议事等职能,给予居委会监督和评估行政事务的职能。除合同约定之外的行政事项,若需进入社区或委托社区委员会完成或协助完成,都要经居委会协调准许后才能进入,并按权责对应,费事并移,专款专用等原则,向社区提供必要的人力、

---

① 于建伟,黄观鸿等.中国基层群众自治制度.北京:中国民主法制出版社,2017:58—59.

物力和财力资源。居委会对社区服务中心的运营机构进行监督和评估,包括日常工作的监督和年度工作的评估。居委会作为群众性自治组织,肩负对社区服务中心的监督和评估职责。重塑居委会的职能,①变直接服务为借力服务,主要强化议事、监督等职能。社区居委会下设专门议事机构——社区管理委员会、社区公共服务委员会、市政建设委员会,成员由相关领域专业且有公益心的居民担任。政府从"为民做主"到"由民做主",最大程度地实现居民自治,构建以居委会为枢纽的社区多元化参与平台,使居委会真正回归群众自治组织的法律地位,解决居委会边缘化和空心化问题。在众多社区组织中,居委会是沟通协调的中心,担当指导、培育、协调功能,同时建立健全社区社会组织的登记和自主管理制度。课题组在北京城市社区调研时一位居委会主任真切交谈了她对社区自治的感受。"社区工作真不是轻松的活,不容易。我最大的感受是:要真正推动居民自治,居委会要引导与带动居民参与到社区建设中。要做到这点,你要有做群众工作的办法,要不断充电,跟得上形势,会使用新的信息技术,更重要的是能用心,解决社区问题。在实际工作中凝聚人心,让居民能够信任你,跟着你,居民能够积极参加居委会选举。只有这样,居委会才能带得动居民参与社区自治,推进社区民主建设。但说老实话,有时候我还是会觉得力不从心。"②

再次,理清社区居委会与业委会等组织的关系。社区居委会是社区自治的主要载体,作为新型城市社区组织的业委会已日益成为居民参与社区事务的重要平台和组织载体。业主委员会选举中的居民参与积极性、选举过程中竞争激烈程度等方面超过了社区居委会选举,冲击着居民委员会作为社区自治主体的地位,甚至有些社区

---

① 徐勇等编.中国城市居民自治有效实现形式研究.北京:中国社会科学出版社,2015:191.

② 访谈资料来源于笔者主持的国家社科基金项目(项目名称:我国城市社区直选模式比较分析研究;项目批准号:13BZZ008)的结题报告。

业委会呈现出功能性取代社区居民委员会的趋势。① 今后,在实践中要主动吸纳业主委员会参与到社区居委会直接选举活动,实现将体制外的利益表达和参与诉求的有序释放,②这将有助于推动城市居委会直选持续运作,夯实居民委员会社区自治主体性地位。理念上,确认社区居委会是整个基层社会网络的主要组织载体,代表着社区全体居民的公共利益,是政府权力下放后唯一得到国家法律认可的权威性自治性组织。业主委员会主要代表着业主的私有经济利益,不是社区全体成员的利益代理。物业公司就其实质是经济盈利性的组织。因此,社区居委会仍然是中国城市居民基层组织的核心,业主委员会和物业公司等应处于居委会的指导与管理之中,确立社区居委会在社区自治中的主体组织地位。③

　　最后要策略构建居委会行动模式。中国城市居民自治的组织张力与组织悖论决定了社区居委会的合法性资源在于能利用工具性的行政资源为居民的一些公共福利事项提供服务,代表居民的利益。居委会是法定的居民群众自治组织,与俱乐部形式和公共行政组织不同,它紧密联系着行政体系,但不具有公权力的强制性实施能力。居委会需要从政府那里获得工具性的资源。居委会工作开展需要的行政资源,如行政权威等来自国家行政体系。政府提供这些资源,居委会有属地化的行政协助之功能。居委会制度的策略性模糊,尤其是居委会、政府和社区之间的这种资源依赖结构,正是理解居委会策略行动模式的切入点。④ 此外,居委会在调解社区矛盾时,要照顾好各方的利益,公正公允地处理社区问题。居委会要充分利用好各种社区组织和志愿者的力量,推进社区自治建设。如上海古美路街道

① 张振,杨建等.业主委员会培育与社区多中心治理模式建构.中州学刊,2015(9):78—82.
② 黄卫平.中国选举民主:从广度到深度.吉林大学社会科学学报,2008(3):29—35.
③ 于燕燕.新时代社区居委会角色亟需重新定位.人民论坛,2018(15):58.
④ 刘春荣.社区治理与中国政治的边际革新.上海:上海人民出版社,2018:169.

古龙一村居委会的共同协商应急预案等。①

(三) 推进自治权与行政权的良性互动

社区民主建设中政府角色的正确定位,社区居委会自治能力得到提高,在此基础上,实现社区自治组织与基层政府之间的良性互动。首先要充分发挥基层党组织的协调职能,从政治上促进自治权与行政权的良性互动。建构和完善党领导基层群众自治的工作机制,协调好基层组织的各种工作关系,推动自治权与行政权积极的良性互动。2018 年习近平总书记在武汉调研时强调指出,社区是基层基础,社区建设的关键是社区党组织的建设。② 应以党的基层组织建设作为龙头,带动其他各类的基层组织建设。不断扩大党内民主,推动人民民主的发展。

其次,是改善城市社区的治理结构,从机制上促进自治权与行政权之间的良性互动。通过创新社区管理体制来重组社区治理结构内部主体的关系,重新分解或组合社区各主体的权力与责任,实现社区主体权力与责任的明晰化和合理化,解决权力与责任的叠合、交叉和空白等问题,优化城市社区治理的整体结构。合理分配社区资源,规范社区内外的权力运用,从机制上促进政府与社区自治组织之间新的互动范式的形成,构建主体间的和谐关系,实现政府与社区自治组织的有效沟通、相互协调和彼此制约,使政府和社区自治组织能够在社区治理中建立合作博弈,治理各方必须基于对其他方的利益和可能行为的考量做出决策,未得到其他方的同意和支持的任何一方做出的决策,都有可能将社区自治组织引上非良性的发展之路。"社区

---

① 上海市民政局基政处,上海市街镇工作协会. 社区自治案例精选与剖析. 上海:华东理工大学出版社,2017:36—37.

② 霍小光. 习近平在湖北考察. (2018 - 04 - 26) http://www. xinhuanet. com/2018-04/26/c_1122749285. htm.

居委会的自治功能的发挥依赖于政府与社区自治组织双方合作博弈的真正建立"。① 通过双方合作博弈实现利益均衡,增加社区居委会的相对独立性,推动直选后的社区居委会良性运作持续运作,不断提高社区直选绩效。如深圳盐田模式和宁波模式中会站分离体制和选聘分离体制等旨在分化传统的社区居委会功能,但运行中仍出现一些问题,今后应进一步深化社会专业分工,完善社区治理结构,促进政府行政管理与居民自治的合理分工,实现选聘分离体制和会站分离体制的精致化。

再次,实现行政管理和居民自治的再平衡。社区居委会民选委员实行坐班制,保证三分之一的居委会成员有时间参与社区的日常工作。居委会建设政策中不仅提倡为居委会减负,更是强调增能,以避免居委会在社区自治事务中流失其影响力,实现民主选举与社区事务决策的衔接与渗透,实现"会站分离"和"选聘分离",提高社区直选的价值。基层政府要真正改变将社区自治组织作为政府内部机构的观点,从运行机制上改进政府工作进社区的方式。基层政府应积极转变职能甚至将部分职能让渡到社区,减少对居民委员会成员的任命及其日常工作的控制和干预。我国政治体制改革选择了渐进改革的发展模式,即改革在维持原有政治统治的稳定性和连续性的前提下,对政治体制进行调整和完善。因此,我国城市社区直选范式的转变和社区自治不是一蹴而就的事业,遵循从强势的自上而下模式→弱势的自上而下的→自下而上与自下而下的双向合作模式的演进过程。明确政府和社会的关系,促进政府角色的转变,推进社区自治组织与基层政府的积极互动,促进社区直选的运作与发展,形成政府与社会合作模式是未来城市社区民主改革与发展的方向。②

最后,政府与非政府组织之间合作的常态化机制的建立与完善。

---

① 苟关玉等. 政府的意愿能力与社区自治组织的发展. 理论前沿,2009(10):35—36.
② 解红晖. 城市基层政府与社区自治组织的良性互动关系. 社会科学家,2013(3):45—48.

北京九道湾社区第一次居委会直接选举,非政府组织北京新民教育研究中心自始至终地发挥了重要的作用,北京九道湾模式的形成是政府与非政府组织合作的成果。课题组调研了解到,在 2009、2012、2015 年的三届居委会换届选举中几乎没有新民教育研究中心的参与,并没有发挥太多的作用。① 需要积极探索政府与非政府组织之间合作的常态化机制的建立,加强政府与非政府组织的有效沟通,同时非政府组织也要加强自身的民主化建设,增强组织的凝聚力,赢得政府的信任。

五、提升基层民主的层次水平,稳步实施渐进式的发展策略

在民主理想的建构和实践中,马克思始终明确民主实现的过程性和长期性。正如马克思在《法兰西内战》一文中所指出,工人阶级没有期待也不能让巴黎公社立马"做出奇迹",巴黎公社不是凭一纸法令的推行就可以建成,巴黎公社不是乌托邦。工人阶级必须通过长期卓绝的斗争,必须经历着"一个把环境和人都加以改造的历史过程",从而创造出民主的更高形式。② 马克思还指出,民主的实现需要一系列的现实条件,不同的具体的民主的实现条件,决定着不同的民主发展水平和层次,决定民主发展过程的阶段性。因此,各国的民主政治建设一定要和本国的实际条件相结合,同本国的生产力发展水平、政治文化条件相适应,稳步地推进民主的层次水平。

社区居委会直选是我国基层民主政治建设的内容,具有基础性和外围性特征,它的推行带来我国城市社区管理体制的深刻变化,彰显了社区居民的民主权利,并为城市的繁荣和稳定作出了独特贡

---

① 资料来源于笔者主持的国家社科基金项目(项目名称:我国城市社区直选模式比较分析研究;项目批准号:13BZZ008)的结题报告。
② 马克思恩格斯选集(第 3 卷). 北京:人民出版社,2002:103.

献。① 1998 年我国城市社区直接选举改革正式拉开帷幕,至今已有二十多年,期间经历了四个发展阶段,自 2006 年以来城市社区直接选举改革开始进入稳步推进阶段,整体进程放缓。在对城市社区直选主要模式的分析中得出,我国城市社区选举创新性改革取得了一定成功,产生了很强的政治和社会效应,许多居民参与了社区居委会的选举,但也存在着一些问题与困难,社区内部的动力仍不足,自上而下的推动没有得到自下而上的积极回应。在马克思民主观的启示下,应首先明确城市社区选举改革的总目标,在总目标拟定的基础上,确定城市社区选举改革发展的阶段性的目标,从而稳步地实施渐进式的发展策略,不断提高城市基层民主的层次水平。

社区自治是我国社区建设坚持的最终方向,实现直接选举是居委会选举的必然趋势。② 它有利于夯实党的社会基础,明确政府权威的基层来源,关系着全面建成小康社会目标的实现,具有重要的政治功能。当前社区选举改革需要宏观政治体制的支持,随着中国政治体制改革的深入,随着公共领域的形成,社区直选改革推进的制约因素会逐渐减少。社区居委会是法定的基层群众自治性组织,社区居委会直接选举对于推进城市基层民主和社区自治具有相当的重大意义,应当在社区继续地推进下去。因此,我国社区选举改革的最终方向和总目标是城市社区直选自然地纳入中国基层民主发展的进程与计划,成为未来城市社区制度化的民主措施,内化到社区日常事务的管理,真正成为居民的一种行为方式和生活习惯。在城市社区选举改革总目标的指引下,确定阶段性目标,选择渐进式的发展策略,并且要清醒这一改革道路的长期性。我国城市社区选举改革的阶段性目标包括:

---

① 李猛,王冠杰等. 新中国选举制度发展历程. 北京:世界知识出版社,2013:353.
② 于建伟,黄观鸿等. 中国基层群众自治制度. 北京:中国图书集团出版社,2017:93.

（一）完善城市社区直选规程的规范化建设

社区选举程序的规范化建设不仅是社区选举和社区民主发展的基本条件，而且决定了社区选举的实效性和社区民主的可持续发展。从城市社区直选模式的比较分析中得出，广西模式、北京九道湾模式、宁波模式、深圳盐田模式的共同特征之一是指导思想上的一致相同，依法规范，积极创新，主要体现为三个方面：一是规范选举程序。这些城市均依照《居民委员会组织法》及实施办法等相关法律法规，并结合实际情况制定出一套社区居委会直选程序和方案。整个选举过程分为筹备阶段、选举阶段、总结阶段，在此基础上，明确部署每个阶段，制定切实可行的选举工作方案。二是注重社区直选的培训和指导，如广西在全国较早地提出分层培训，全自治区推行社区居委会直选试点前的准备阶段中就开展了三个层次的培训工作。三是试点先行，总结经验并统一进行。如宁波直选是从海曙区开始，海曙区以联南、平桥和澄浪社区为试点对居委会进行直接选举。社区直选试点的成功，使海曙区决定全面实施社区居委会直接选举，海曙区成为我国第一个城市社区全面实行直选的行政区，①是我国社区直选取得深入发展的重要标志之一。依据海曙区直选成功经验，宁波市于2007 年底在所有城市社区居委会实施直接选举。总之，这些城市社区选举规范化建设走在其他城市社区的前面，起到了很好的示范引领作用，代表着我国城市社区选举发展中规范化建设的水平。② 正如学者唐娟所指出，建立规范化的城市社区选举规程是我国城市社区选举改革实践政治效应最重要的表现。③ 不过，城市社区直选模式运行中还存在着一些规范化问题，需要进一步的改进与完善。总

---

① 何伟. 宁波海曙：59 个居委会全部直选. 人民日报，2003 - 12 - 09(6).
② 解红晖. 我国城市社区直选模式比较分析研究. 上海：上海三联书店，2020：146—150.
③ 唐娟. 转型期中国的基层选举民主发展研究. 上海：上海人民出版社，2018：256.

之,这一阶段的任务基本完成。

(二) 注重城市社区直选推进策略的合理化

城市社区居委会直接选举改革仍是政府的政策推动,具有较强的动员式选举特征,自上而下的推动没有得到自下而上的积极回应。北京、上海等省份对社区居民直接选举改革提出具体比例的要求,且要求每届直接选举的比例呈递增趋势。例如,2012 年北京市第七届社区居委会选举中市民政局提出的 20%的直选目标,2015 年是 40%的直选目标。但课题组调研发现,这些直选指标的完成主要是将户代表选举方式也笼统归入到直选目标,访谈中一位北京社区居委会成员明确表示,这个指标是必须完成的"任务"。① 全国其他城市的情况亦然。社区选举自上而下地计划、部署、组织和动员,拟定指标(如参选率、社区居委会成员的构成要求等),使选举成为各级组织和群众必须完成的政治任务,社区居委会选举创新和改革进程明显放缓。社区直选中较高的居民参选率,主要不是选民自觉行动的结果。在缺乏居民的自主意识与自主行为、社区直选内在动力不足的情况下,强行地(如以指标的形式)推行从间接选举向直接选举方式的过渡,希望尽快地在社区居委会选举中普及直接选举的设想,不仅不可行,而且背离了马克思对民主实现过程性的科学揭示,违背了民主本身的发展规律。在社区居民的直选要求不强烈的状态下,不宜将选举方式规定得过于严苛化,不能拔苗助长,不应有"代民做主"的强制性行为。② 基于此,需要对现有的城市社区居民委员会选举改革策略进行调整。今后应实现城市社区推进策略的合理化,具体而言:继续保持直接选举与间接选举并存的选举方式,即继续采用居民(居民

---

① 资料来源于笔者主持的国家社科基金项目(项目名称:我国城市社区直选模式比较分析研究;项目批准号:13BZZ008)的结题报告。

② 史卫民,郭巍青等.中国社区居民委员会选举研究.北京:中国社会科学出版社,2009:371.

小组)代表选举、户代表选举和选民直接选举三种方式；已经采用居委会直接选举的社区应着力于发挥其民主功能，改善社区选举培育基层民主力量的效果，提高城市社区直选制度绩效。以民主稳妥的方式推进社区居民委员会选举方式由间接选举向直接选举的过渡，如可将选举方式的选择权交给社区。社区居委会的选举方式不是上级组织的硬性规定而是社区居民的自主选择，基于基层民主的理性选择应成为未来社区居民委员会选举改革推进策略合理化的重点要求。这一阶段的任务正是当下城市社区自治建设要担当和完成的任务。

（三）促进社区居民直选参与习惯真正养成

城市社区居民参与积极性是社区直选改革的强大的内源性动力。居民关心社区事务，他们充分认识到参与社区选举是公民对社会的一种责任，也是公民的权利。社区直接选举不能只是政府单方面的推动，还要来自社会推动民主生长的力量，来自社区居民对民主的诉求。正是这两方面的合力，构成了推动城市基层民主茁壮成长的实际动力。今后应通过建立社区民主决策机制和民主监督机制，提高居民自治参与的效能感，塑造社区文化，培养社区居民的共同意识。重视社区功能的开发，发展社区服务，社区居委会行动策略的选择代表居民的切身利益，赢得居民的支持和合作等提高城市社区与居民之间的利益关联度。通过建立和完善有广泛的社区自组织作为支撑的公共领域，提升社区居民的自治能力。社区自治水平提高，并携手法治与德治，共同构建城市基层社会的善治体系。[1] 概言之，社区直选成为我国城市社区民主的主要内容，成为城市居民的"行为准则"，[2]并最终成为城市居民的生活方式和行为习惯，实现整个社会生活的民主化。

---

① 人民日报评论员.让"枫桥经验"在新时代发扬光大.人民日报,2018－11－13(01).
② 吴雨欣.选举民主的有效性与有限性.北京：中国社会科学出版社,2018:96.

本章小结

马克思民主观深刻地揭示了民主政治活动的规律,为社会主义民主政治建设提供了世界观和方法论的指导。城市社区直选是我国民主政治建设的内容,马克思民主观对进一步完善我国城市社区直选改革实践的原则性启示主要包括五个方面:

第一,把握和落实民主实质内容,不断完善城市社区直选制度。可通过增量社区选举规则民主自治内涵、注重选举规则制定过程的民主性、充实和细化社区居委会选举规则、提高社区直接选举规则的激励性等一系列民主程序的规范化和制度化建设,尊重和保障城市居民参与社区公共事务的民主权利,切实落实民主的实质内容。

第二,完善基层民主的实现条件,营建社区直选的良好外部环境。马克思十分关注人民民主的实现,从经济、政治和主体等多方面深入阐析了民主的实现条件。在马克思民主观的视域下,可从以夯实城市社区直选的物质基础、全面加强党对社区直选改革的领导、注重提升社区居民的民主参与能力、营建社区直接选举的良好法律环境等方面进一步完善城市基层民主的实现条件,

第三,构建和完善民主参与机制,提高城市居民的参与积极性。马克思强调,民主是公众参与国家和社会的基本形式,是人类实现全面自由发展这一理想的手段和工具。可从增加社区与居民之间利益关联、完善基层民主决策和监督机制、建立信息对称机制保障居民知情权等方面入手,构建和完善民主参与机制,彰显人民主体地位。

第四,明晰社区直选的政府职能,加快理顺社区与政府的关系。马克思通过政治共同体比较分析得出,真正民主制是实现人的现实规定性的新型国家制度,"民主是政府进化的最后表现"[①]。政府在

---

① 马克思恩格斯全集(第 27 卷).北京:人民出版社,1972:371.

社区民主建设中要廉洁自律,扮演好引导者和服务者的角色。合理定位政府在社区直选改革中的职能,理顺社区与政府之间的关系,提高社区居委会的自治能力,推进自治权与行政权的良性互动。

　　第五,提升基层民主的层次水平,稳步实施渐进式的发展策略。在民主理想的建构和实践中,马克思始终明确民主实现的过程性和长期性。不同的具体的民主的实现条件,决定着不同的民主发展水平和层次,决定着民主发展过程的阶段性。今后应首先明确城市社区选举改革的总目标,在总目标拟定的基础上,确定城市社区选举改革发展的阶段性的目标,从而稳步地实施渐进式的发展策略

　　本章针对每一条原则性启示提出了较为具体的实践措施,有助于推进我国城市社区直选改革的深入发展,彰显马克思民主观的应用价值和当代意义。

结　语

　　民主是国家制度,民主是价值观念,民主更是政治实践。生动的城市基层民主政治实践是了解我国社会民主政治走向及如何完善已有的政治实践的重要契入点。[①] 系统梳理马克思的民主观,为进一步深化我国城市直选改革实践汲取丰富的思想养分,发挥着科学理论在实践中的指导作用。辩证唯物主义认为,认识和实践的辩证关系是循环往复以至无穷的发展过程,20 多年的中国城市社区直选改革也在深化和发展着马克思的民主观。马克思民主观将随着变化了的中国城市社区直选改革实践而不断丰富和发展。正如习近平总书记所强调指出的,我们必须按照已经认识的规律和科学规律办事,同时要"在实践中加深对规律的认识,而不是脚踩西瓜皮,滑到哪里算哪里"[②],最终实现理论创新与实践创新的良性互动与共同发展。我国城市社区直选改革中的大胆创新与出现的一些新情况,推动着马克思民主观的不断发展。

　　第一,拓宽对民主价值的相关认识

　　在对不同国家制度进行比较分析中马克思得出,在民主制国家

[①] 郑永年. 地方民主、国家建设与中国政治发展模式——对中国政治民主化的现实估计. 当代中国研究,1997(2).

[②] 习近平关于全面深化改革论述摘编. 北京:中央文献出版社,2014:43.

中,国家是人民的定在环节,每一个环节"都不具有与它本身的意义不同的意义"①,人民具有完全的主体性,通过自我规定来满足自身需求。民主是社会成员广泛参与国家社会公共事务的路径,是协调处理个体与共同体、个体与他人关系的有效机制。民主个体在公共领域中表达利益诉求、追求主体性的过程,民主是人民群众追求自由精神的体现,每个人的自由全面发展是民主的最高价值。在我国社区直选改革实践中,一些城市探索性地构建社区直选的制度载体,这些制度载体的搭建推动了社区治理的创新,表明了民主不仅是个体实现自我认同和利益诉求的路径,而且成为促进社会善治的运行机制,有助于个体利益与公共利益的结合点和平衡点的形成,较好地体现了民主的价值理性和工具理性的有机统一。

创新直选制度载体,以社区直选宁波模式中的选聘分离体制最为典型。2003年宁波海曙区首创选聘分离体制,这一体制逐渐在宁波城市社区推广。选聘分离体制是为社区直选搭建的制度载体,是将社区居委会的"选举"和专职社区工作者的"聘用"两者分开的制度。选聘分离体制下的社区居委会成员由居民依据法律法规差额直选产生,选聘分离体制下的居委会成员没有薪资,是"义工",主要负责社区大事的讨论和决策等。社区的日常事务由职业社会工作者来做,他们不像直选前的居委会干部往往忙于行政日常事务而无暇于自治工作。选聘分离体制下,居委会成员着眼于为社区居民服务,社区的日常事务由居委会招聘的职业社会工作者来做。社区居委会被赋权聘用专职社区工作者,专职社区工作者的费用是由政府的专项财政拨款支付。选聘分离体制在赋权社区居委会的过程中有效整合社区内各种资源,提高社区服务质量,降低政府的行政成本,完善社区治理结构,推进了城市社区管理体制的改革。② 选聘分离体制在

---

① 马克思恩格斯全集(第3卷).北京:人民出版社,2002:39.
② 解红晖.城市社区直选的宁波模式研究.社会工作,2010(7):41—44.

社区治理方面取得的成功,得到了民政部和有关专家的高度认可。他们一致认为,选聘分离体制的社区治理价值对其他城市有很好的借鉴作用。① 之后,湖北宜昌市②等在城市社区居委会选举改革中推行选聘分离体制。2016 年"选聘分离"体制在海宁农村实施,③表明选聘分离体制对改革现行农村管理服务体制、提升农村管理服务水平具有较强的现实意义。"社区直选引发社区制度之变"④,从根本上促进了社区自治环境的改变,推动着社区朝着民主化和理性化方向发展,有助于新时代党组织领导的自治、法治、德治相结合的城乡基层治理体系的建构,彰显了民主制度在社会善治中的重要作用。民主是个体在公共领域中实现自我的机制,也是公共领域良性运行机制的有机组成部分。总之,城市社区直选改革中的实践探索丰富着民主的社会属性,拓宽了对民主价值的认识。

第二,深化对党内民主与基层民主关系的认识

马克思重视民主原则的实际应用。党内民主思想是马克思民主观的具体运用和现实展开,在参与创建共产主义者同盟和第一国际期间,马克思都将党内民主视为政党建设的重要原则。1847 年 6 月马克思恩格斯合拟的《共产主义者同盟章程》是第一个共产党党章,章程内容充分体现了党内民主的原则,对各级领导人的产生、党的权力中心、党中央委员会的职权、各级党的领导机构定期汇报工作机制等党内民主制原则进行了明确的规定。⑤ 1864 年马克思为国际工人协会起草宣言和章程两个重要的文件,并提出工人协会要成为真正

① 陈伟光.宁波:城市社区居委会全部直选.人民日报,2008－01－15(10).
② 蔡建国.实行选聘分离构建新型社区管理体制.红旗文稿,2005(3):45—49.
③ 中共海宁市委组织部."选聘分离"体制在海宁农村的实践与探索,(2013－01－23)　http://www.zjdj.com.cn/zt/hcb/hcbtp/201608/t20160825_1870875.shtml.
④ 许义平.社区直选引发制度之变.中国社会报,2005－05－01(T00).
⑤ 马克思恩格斯全集(第 4 卷).北京:人民出版社,1958;572—577.

的无产阶级战斗组织,而不是"清谈家"的团体。① 在推行国际组织路线时,政党要坚决地遵循民主原则,必须"根据民主的原则进行管理"②。马克思认为,党内最广泛的民主有利于拓展党员的知识和提升党员的精神力量。马克思还把党内民主视为教育普通群众的工具,可以促进工人们的独立思考。但由于所处的时代,马克思对党内民主与基层民主关系没有太多阐述。

中国特色社会主义政治发展道路是党和人民群众在历史中的智慧选择。中国共产党作为执政党,在整个国家政治生活体系中处于领导核心的地位。党内民主是党的生命,是社会主义民主政治最为重要的组成部分。党内民主的发展完善,必然产生全国范围的引领效应。发展党内民主,有助于国家稳定与现代化目标的实现。党内民主的发展关系到整个政治体系的改革及其成败。党的十七大将基层群众自治写入大会报告中,对基层民主的发展进行了系统的国家层面的战略性规划,党内民主的自身发展逻辑与民主成长的社会逻辑开始形成有机的结合。社区直选是推进城市基层民主建设的重要途径,在社区居委会直选改革进程中,社区党组织选举方式选举改革也逐渐启动。2005 年北京市石景山区古城街道十万平社区党总支书记通过直接差额选举的产生,拉开了城市社区党组织民主选举改革的帷幕。③ 在成都、深圳等城市也尝试进行了社区党组织选举改革。④ 2009 年南京的 363 个社区党组织都采用直选方式组建新的领导班子,成为国内首次大范围地推行社区党委直选的城市。"两委联动、公推直选"是 2008 年广西在村委会选举时的创新模式,即村党支部、村委员会同步换届,实现了两委选举程序的交叉与联动。全体党

---

① 马克思恩格斯全集(第 33 卷).北京:人民出版社,2004:436.
② 马克思恩格斯全集(第 44 卷).北京:人民出版社,2001:709.
③ 陈红梅.社区党组织书记首次直选.北京日报,2007 - 05 - 28(2).
④ 陶然.下沙试点社区党组织直选.南方都市报,2007 - 04 - 03(3).

员和村民同时分别推荐村党支部、村委员会成员初步候选人。村党支部、村委员会正式候选人确定后,村委会成员由全体选民直接差额选举产生,村支部由全体党员直接差额选举产生。2011 年广西第四届城市社区居委会选举中借鉴了这一创新性模式。"两委联动、公推直选"的创新性模式运作中,两委选举交叉联动,有助于降低选举成本,减少选举环节,提高选民选举积极性,并较好地化解社区"两委"矛盾,实现党内民主与社区自治的互动发展。

在权力组织的逻辑结构上,党内民主对应的是国家民主,社区直选、居民自治属于社会民主的范畴,是处于人民民主的大框架下。社会民主必然要同国家层面的民主有着制度上的对接和互动。国家民主和社会民主的合理对接有助于缓解社区承接的体制矛盾无法解决的压力,拓宽居民利益表态空间,促进社区发展建设。[1] 我国城市社区直选改革进程中,党内民主主动向基层民主的渗透,并引领基层民主的发展,激发城市社区直选的内生动力;基层民主推动党内民主制度的创新,增强社区党支部的群众基础。党内民主与群众自治形成的有效衔接与良性互动,有助于促进国家民主与社会民主的合理对接。可见,在城市社区直选改革过程中,党内民主与基层民主的互动正在不断延伸和扎实推进,[2]党内民主与基层民主的互动演进呈现出一种开放性和常态性的态势。无疑,这一态势将深化对党内民主与社会民主、人民民主关系的认识,丰富着马克思的民主观。

第三,深化对选举民主与协商民主关系的认识

马克思没有关于协商民主的直接阐述,但在《共产党宣言》《国际工人协会成立宣言》等文章中多次强调协商民主的重要性。[3] 马克

① 郑维伟. 民主理论与中国政治发展. 上海:上海社会科学院出版社,2016:89.
② 彭穗宁. 党内民主与基层民主良性互动的四川实践. 重庆社会科学,2019(2):18—22.
③ 陈丽,聂月岩. 马克思关于协商民主的重要观点及其当代价值. 武汉科技大学学报(社科版),2018(3):253—258.

思认为,"忽视在各国工人间应当存在的兄弟团结",①是 19 世纪 50、60 年代无产阶级运动遭到挫折的原因之一。无产阶段在未来的解放斗争中应始终如兄弟般地并肩作战,获得知识指导,学会协商,否则无产阶级在解放斗争中所做出的努力就会付之东流,最终遭到共同失败的严厉惩罚。马克思关注无产阶级政党的团结,指出"应当通过争论消除确实存在的分歧,应当做到各方都能接受"②。无产阶级政党应学会推进与其他党派之间的协商合作,尤其是在"还很软弱不能独立行动的时候"③。推进协商民主,有助于无产阶级政党汇聚多方的革命力量,共同战胜强大的敌人,实现无产阶级的革命目标。可见,马克思对协商民主的重要性、如何开展协商民主等进行了初步的探索,为我国社会主义协商民主建设指明了方向。

　　2007 年 11 月,国务院新闻办公室发表《中国的政党》白皮书,白皮书中第一次确认了选举民主与协商民主的概念。④ 中国共产党十八大报告首次提出社会主义协商民主是我国人民民主的重要形式,并从制度层面进行了规划和部署。⑤ 中共十九大报告中习近平总书记再次强调指出协商民主在中国特色社会主义民主政治建设中的独特地位。中国的社区自治不是基层的自发发展的产物,而是政府有目的和有计划推动的结果。政府和政党的支持与推动是社区选举改革发展的重要外部推动力。要实现社区选举的可持续发展,仅外在动力还不够,必须探寻新的动力机制。就民主进程看,民主包括两个层面的内容,即选举民主与协商民主。城市社区直选改革进程中,一些城市开始进行了选举民主与协商民主的尝试性结合。推行社区直

---

① 马克思恩格斯选集(第 3 卷).北京:人民出版社,2012:10.
② 马克思恩格斯选集(第 4 卷).北京:人民出版社,2012:656.
③ 马克思恩格斯选集(第 1 卷).北京:人民出版社,2012:280.
④ 房宁.民主的中国经验.北京:中国社会科学出版社,2013:114.
⑤ 辛鸣.中国道路新赶考　改革开放再出发——十八届三中全会的重大突破与创新.时事报告,2013(12):28—35.

选改革的一些城市探索了多种形式的民主协商活动并逐渐制度化，较好地提高了城市社区直选绩效，其中最为代表性的是上海社区直选实践中以民主协商方式确定正式候选人，即"两上两下"的候选人产生过程。具体而言，选举委员会将候选人条件、名额和产生方式等进行公示。接着召开第一次居民会议，居民会议以楼或幢为单位，采取居民10人以上联名方式提名初步人选。选举委员会召开候选人座谈会听取候选人的意愿后，形成全部候选人的名单。此名单要经过第二次居民会议的充分讨论后确定小组层面上候选人名单。选举委员会汇总各居民小组提交的名单，召开居委会会议征求意见，同时进行候选人的资格审查，最后，选举委员会在综合意见的基础上提出正式候选人名单。选举委员会层面上的正式候选人名单还要在居民代表会议上讨论，以民主协商方式最终确定正式候选人名单。① 为了促进中国式民主的发展，在民主传统缺乏的历史背景下，人民民主与党内民主、选举民主与协商民主、高层民主与基层民主必须结合起来。② "民主是一项进行时的工程，而不是一项已经取得的成就。"③ 上海社区直选改革中尝试性地将选举民主与协商民主结合起来，有助于提升选举民主的品质。

选举民主侧重于形式的合法性，协商民主注重通过协商、沟通与理解最大限度地缩小分歧，达成和加强共识，协商民主有助于确保实质的合法性。"民主的程序形式是聚合社会需求、聚拢社会利益的有效途径，民主的实质内容则是民众满意、凝聚社会人心的根本所在"④。选举加协商的互补性民主制度可以弥补选举民主的不足。广泛的民主协商实践，会以"吸纳式"方式柔性地应对公民自发的政

① 李凡. 中国城市社区直接选举改革. 西安：西北大学出版社，2003：222—223.
② 宁超，郭小聪. 论新时代协商民主与选举民主的协同发展. 湖北社会科学，2018(12)：36—41.
③ ［英］安东尼·阿伯拉斯特. 民主. 孙荣飞等译. 长春：吉林人民出版社，2006：154.
④ 罗许成. 民主形态论——马克思的权力阐释视角. 北京：中国社会科学出版社，2019：83.

治参与行为,一方面有助于提高公民政治参与能力,激发公民参与民主选举的内在动力,获得民主建设的社会支持力;另一方面,有助于规避选举民主可能带来的政治风险。① 无疑,城市社区直选改革进程中将选举民主与协商民主结合起来的宝贵尝试,有助于进一步深化对选举民主与协商民主关系的认识。

　　总之,本书尝试梳理了马克思民主观的理论渊源、形成过程和主要内容等,并以中国城市社区直选改革作为实践应用研究,汲取马克思民主观的诸多原则性启示,彰显马克思民主观的当代价值。本书共分为七章,其中崔文可同学参与了第一章、第二章的写作,撰写书稿约五万字;周欣倩同学参与了第三章、第四章的写作,撰写书稿约五万字。事实上,马克思民主观的内容非常丰富,这也有待于今后进一步扎实马克思民主观的文本研究,建构马克思民主观的完整思想体系。基层群众自治制度是我国民主政治建设过程中的四大基本政治制度之一,城市社区直选是城市基层民主建设的基础。生动的中国城市社区直选实践推动着马克思民主观的深化与发展,本文对此仅进行了初步的思考,这将成为今后值得深入研究的课题。

---

① 汪仲启.互动与聚合:当代中国基层民主发展的动力与边界.学术月刊,2019(3):82 - 94.

参考文献

1.1 经典著作

［1］马克思恩格斯全集(第 1、2、3、6、10、21、23、25、30 卷)［M］.北京:人民出版社,1995—2005.

［2］马克思恩格斯文集(第 1—10 卷)［M］.北京:人民出版社,2009.

［3］马克思恩格斯选集第 1—4 卷［M］.北京:人民出版社,2012.

［4］马列著作选编［M］.北京:中共中央党校出版社,2002.

［5］毛泽东选集第 1—4 卷［M］.北京:人民出版社,1991.

［6］邓小平文选第 1—3 卷［M］.北京:人民出版社,1993.

1.2 文件汇编

［1］十五大以来重要文献选编［M］.北京:人民出版社,2000.

［2］十六大以来重要文献选编［M］.北京:人民出版社,2005.

［3］十八大以来重要文献选编［M］.北京:中央文献出版社,2014.

［4］若干重大决策与事件的回顾［M］.北京:中共党史出版社,2008.

［5］深入学习习近平总书记重要讲话读本［M］.北京:人民出版社,2013.

［6］习近平总书记系列重要讲话读本［M］.北京:人民出版社,2016.

［7］中华人民共和国国务院新闻办公室.中国的民主［M］.北京:人民出版社,2021.

1.3 专著

［1］［古希腊］亚里士多德.政治学［M］.吴寿彭译.北京:商务印书馆,1965.

［2］［古希腊］柏拉图.理想国［M］.吴献书译.北京:商务印书馆,1957.

［3］［法］孟德斯鸠.论法的精神［M］.张雁深译.北京:商务印书馆,1961.

［4］［英］约翰·洛克.政府论［M］.叶启芳等译.北京:商务印书馆,2011.

［5］［德］黑格尔.法哲学原理［M］.范扬译.北京：商务印书馆,2009.

［6］［法］圣西门选集［M］.董果良等译.北京：商务印书馆,1962.

［7］［法］卢梭.社会契约论［M］.李平沤译.北京：商务印书馆,2006.

［7］［西］斯宾诺莎.神学政治论［M］.温锡增译.北京：商务印书馆,1963.

［8］［法］马布利选集［M］.何清新译.北京：商务印书馆,1981.

［9］［英］托马斯·莫尔.乌托邦［M］.戴镏玲译.北京：商务印书馆,2011.

［10］［美］马尔库塞.理性和革命：黑格尔和社会理论的兴起［M］.程志民译.上海人民出版社,2007.

［11］［匈］捷尔吉·卢卡奇.民主化的进程［M］.张翼星等译.北京：中国人民大学出版社,2015.

［12］［英］约翰·密尔.论自由［M］.许宝骙译.北京：商务印书馆,2010.

［13］［英］戴维·赫尔德.民主的模式［M］.燕继荣译.北京：中央编译出版社,2008.

［14］［美］塞缪尔·亨廷顿.民主的危机［M］.马殿军译.北京：求实出版社,1989.

［15］［美］托克维尔.论美国的民主［M］.董果良译.北京：商务印书馆,2013.

［16］［美］乔·萨托利.民主新论［M］.冯克利等译.上海：上海人民出版社,2015.

［17］［美］罗伯特·达尔.论民主［M］.李风华译.北京：中国人民大学出版社,2012.

［18］［美］詹姆斯·菲什金.协商民主论争［M］.张晓敏译.北京：中央编译出版社,2009.

［19］［美］罗伯特·帕特南.使民主运转起来：现代意大利的公民传统［M］.王列等译.南昌：江西人民出版社,2001.

［20］［美］弗朗西斯·福山.历史的终结［M］.黄胜强等译.北京：东方出版社,1998.

［21］［美］罗伯特·威布.自治——美国民主的文化史［M］.李振广译.北京：商务印书馆,2007.

［22］［美］约瑟夫·熊彼特.资本主义、社会主义和民主［M］.吴良健译.北京：商务印书馆,2007.

［23］［英］杰弗里·托马斯.政治哲学导论［M］.顾肃等译.北京：中国人民大学出版社,2006.

［24］［美］曼瑟尔·奥尔森.集体行动的逻辑［M］.陈郁等译.上海：上海三联书店,1995.

［25］［美］安东尼·奥罗姆.政治社会学导论［M］.张华青译.上海：上海人民出

版社,2006.

[26] [美]科恩.论民主[M].聂崇信等译.北京:商务印书馆,2004.

[27] [苏]罗伊·麦德维杰夫.论社会主义民主[M].史正苏译.北京:商务印书馆,1982.

[28] [美]弗朗西斯·福山.政治秩序与政治衰败:从工业革命到民主全球化[M].毛俊杰译.桂林:广西师范大学出版社,2015.

[29] [英]戴维·麦克莱伦.马克思传[M].王珍译.北京:中国人民大学出版社,2010.

[30] [英]戴维·麦克莱伦.马克思主义以前的马克思[M].李兴国译.北京:社科文献出版社,1992.

[31] [英]伯尔基.马克思主义的起源[M].伍庆等译.上海:华东师范大学出版社,2007.

[32] [美]汉娜·阿伦特.马克思主义与西方政治思想传统[M].孙传钊译.南京:江苏人民出版社,2012.

[33] [法]雅克·泰克西埃.马克思恩格斯论革命与民主[M].姜志辉译.北京:社会科学文献出版社,2012.

[34] [法]让·马克·科雷格、克洛德·埃梅里.选举制度[M].张新木译.北京:商务印书馆,1996.

[35] [德]斐迪南·藤尼斯.共同体与社会[M].林荣远译.北京:北京大学出版社,2010.

[36] [匈]捷尔吉·卢卡奇.民主化的进程[M].张翼星,夏璐译.北京:中国人民大学出版社,2016.

[37] [美]埃莉诺·奥斯特罗姆.公共事物的治理之道:集体行动制度的演进[M].余逊达等译.上海:上海译文出版社,2012.

[38] 习近平.习近平谈治国理政(第3卷)[M].北京:外文出版社,2020.

[39] 李铁映.论民主[M].北京:人民出版社,2001.

[40] 俞可平.民主是个好东西[M].北京:社会科学文献出版社,2006.

[41] 王浦劬.政治学基础(第四版)[M].北京:北京大学出版社,2018.

[42] 冯钺.民主的起源及实践[M].北京:中国社会科学出版社,2015.

[43] 佟德志.民主的否定之否定——近代西方政治思想的历史与逻辑[M].天津:天津人民出版社,2015.

[44] 王沪宁.政治的逻辑——马克思主义政治学原理[M].上海:上海人民出版社,2016.

[45] 徐大同.西方政治思想史[M].天津:天津教育出版社,2005.

[46] 冯钺.民主的起源及实践[M].北京:中国社会科学出版社,2015.

［47］赵甲明等.马克思主义基本原理专题研究［M］.北京:社会科学文献出版社,2009.

［48］佟德志.民主的否定之否定——近代西方政治思想的历史与逻辑［M］.天津:天津人民出版社,2015.

［49］李延明,刘青建,杨海蛟.马克思、恩格斯政治学说研究［M］.北京:人民出版社,2002.

［50］赵建平.社会主义民主价值论［M］.上海:上海人民出版社,2010.

［51］李佃来.公共领域生活世界——哈贝马斯市民社会理论研究［M］.北京:人民出版社,2006.

［52］包刚升.民主崩溃的政治学［M］.北京:商务印书馆,2014.

［53］吴恩裕.马克思的政治思想［M］.北京:商务印书馆,2017.

［54］陈刚.马克思的自由观［M］.郑州:河南人民出版社,1996.

［55］郭丽兰.马克思民主观的文本研究［M］.北京:人民出版社,2014.

［56］周志平.马克思民主思想研究［M］.广州:中国出版集团,2019.

［57］史卫民等.直接选举:制度与过程［M］.北京:中国社会科学出版社,1999.

［58］王剑敏.城市社区政治发展［M］.北京:社会科学文献出版社,2006.

［59］陈庆立编著.中国选举制度［M］.北京:中国民主法制出版社,2017.

［60］黄卫平,汪永成等编.当代中国政治研究报告［M］.北京:社会科学文献出版社,2017.

［61］唐忠新.现代城市社区建设概论［M］.上海:上海交通大学出版社,2008.

［62］徐勇.中国城市居民自治有效实现形式研究［M］.北京:中国社会科学出版社,2015.

［63］张涛等.中国城市基层直接选举研究［M］.重庆:重庆出版社,2008.

［64］王玉明.选举论［M］.北京:中国政治大学出版社,1992.

［65］史为民.公选与直选［M］.北京:中国社会科学出版社,2002.

［66］许义平等.现代社区制度实证研究［M］.北京:社会科学出版社,2008.

［67］李凡主编.中国城市社区直接选举改革［M］.西安:西北大学出版社,2003.

［68］俞可平主编.民主选举［M］.北京:中央编辑出版社,2013.

［69］王六京.中国公民参与制度化研究［M］.武汉:武汉大学出版社,2011.

［70］何增科等.城乡公民参与和政治合法性［M］.北京:中央编译出版社,2007.

［71］刘春荣.社区治理与中国政治的边际革新［M］.上海:上海人民出版社,2018.

［72］陈建国.业主选择与城市社区自主治理［M］.北京:.社会科学文献出版社,2014.

1.4 期刊

［1］习近平. 在中央人大工作会议上的讲话[J]. 求是,2022(3):4-10.

［2］姜辉等. 树立科学的马克思主义民主观[J]. 政治学研究,2010(3):3-9.

［3］俞可平. 马克思论民主的一般概念、普遍价值和共同形式[J]. 马克思主义与现实,2007(3):4-13.

［4］马蒙,白平浩. 马克思主义国家与民主理论的经典表达[J]. 科学社会主义,2018(8):131-136.

［5］周石峰,冉凌宇. 资本主义代议制民主政治制度的元批判——马克思《路易·波拿巴的雾月十八日》新释[J]. 理论与改革,2020(1):7-13.

［6］方博. 去政治的政治哲学方案——马克思的"真正的民主制"[J]. 学术月刊,2018(3):57-65.

［7］鲁品越. 全过程民主:人类民主政治的新形态[J]. 马克思主义研究,2021(1):80-90.

［8］樊鹏. 全过程人民民主:具有显著制度优势的高质量民主[J]. 政治学研究,2021(4):3-10.

［9］郁建兴. 马克思与自由主义民主[J]. 哲学研究,2002(2):3-11.

［10］郭丽兰. 马克思现代新型民主观的思想雏形[J]. 中共中央党校学报(人文版),2009(5):26-29.

［11］郁建兴. 马克思无产阶级专政和民主学说新论[J]. 毛泽东邓小平理论研究,2002,(1):79-87.

［12］张涛. 马克思的民主观及其当代启示[J]. 马克思主义研究,2008(5):60-66.

［13］任志安. 对马克思民主理论的新思考[J]. 求实,2008(12).

［14］邓大才. 走向善治之路:自治、法治与德治的选择与组合[J]. 社会科学研究,2018(4).

［15］王菲易. 马克思的民主现:革命后社会的政体[J]. 理论探讨,2007(2).

［16］郭丽兰. 《资本论》中的民主观[J]. 哲学动态,2008(11).

［17］王一喆. 论马克思从批判到建构的民主思想[J]. 洛阳师范学院学报,2015(4):29-31.

［18］林颐. 马克思的民主理论与当代中国民主政治建设——读《黑格尔法哲学批判》[J]. 理论与现代化,2014(2):36-41.

［19］王僮. 探析马克思的民主思想——读《法兰西内战》[J]. 大庆社会科学,2015(2):69-70.

［20］钟晓雄. 论《共产党宣言》中的民主观及其现代价值[J]. 法制与社会,2008(22):362-363.

［21］杨春志,胡明远.马克思民主思想:从浪漫主义到理想主义与现实主义的统一［J］.社会科学战线,2009(9):49-51.

［22］徐圣龙.由民主向革命的转向——1848年之前马克思民主思想的一个侧面［J］.探索与争鸣,2016(3):100-104.

［23］尹昕.马克思民主思想的经济向度［J］.中共中央党校学报,2014(3):28-30.

［24］邹诗鹏.马克思何以在激进民主主义上逗留?——再现马克思《德法年鉴》时期的政治哲学思想［J］.哲学研究,2012(5):3-13+128.

［25］周海乐.巴黎公社的革命实践和马克思的民主理论［J］.江西社会科学,1982(1):135-141+129.

［26］谢亚洲.西方民主的现代困境:从马克思到后马克思主义［J］.甘肃社会科学,2018(06):14-20.

［27］刘奔.从"活的历史"研究中掌握活的马克思主义——纪念马克思《路易·波拿巴的雾月十八》发表140周年［J］.哲学研究,1992(6):3-11+64.

［28］栾亚丽,宋严.马克思的后政治民主模式的构想［J］.江苏行政学院学报,2006(1):82-86.

［29］李淑梅.马克思关于巴黎公社民主的思想及其当代价值［J］.西南大学学报:社会科学版,2016(6):26-32.

［30］郭丽兰.马克思民主理论何以建构［J］.学术论坛,2010(1):26-30.

［30］林尚立.建构民主的政治逻辑——从马克思的民主理论出发［J］.学术探讨,2011(5):5-18+284.

［30］汪海燕,刘宁宁.马克思民主思想的建构逻辑［J］.辽宁大学学报:哲学社会科学版,2018(1):28-32.

［31］夏金梅.马克思民主思想的西方政治传统与中国民主建设［J］.中共福建省委党校学报,2011(4):43-49.

［32］刘洪刚,赵洁伟."真正的民主制":马克思民主思想的初步建构——重读《黑格尔法哲学批判》［J］.宁夏党校学报,2018(3):51-56.

［33］张越华.马克思民主理论生成理路［J］.前沿,2012(5):66-67.

［34］郭佩惠.浅议马克思民主主体的生成［J］.云南行政学院学报,2014(2):31-33.

［35］郑宇.马克思民主思想发展历程研究［J］.理论界,2013(103):5-8.

［36］魏功祥.浅析马克思民主思想对中国的影响［J］.党史博采:下,2014(11):39-39.

［37］吴大兵,卢思华.论马克思民主政治建设思想及当代价值［J］.求实,2010(10):4-7.

[38] 郭丽兰.马克思民主观的经济学视阈——兼论《资本论》中的民主思想[J].武汉大学学报:人文科学版,2010(2):174-179.

[39] 姜丽华.对马克思民主思想的再思考[J].湖北省社会主义学院学报,2012(3):55-58.

[40] 欧阳康,陈仕平.马克思民主思想及对当前中国民主建设的启示[J].马克思主义与现实,2009(4):28-32.

[41] 孟雪静.民主——马克思政治哲学的一种价值诉求[J].中共青岛行政学院学报,2016(2):51-54.

[42] 方章东.马克思主义民主观的实践意义[J].中国矿业大学学报(社科版),2006,8(4):13-17.

[43] 刘海军.关于马克思民主观及其当代价值的思考——基于当代民主理论建构的视角[J].中共乐山市委党校学报,2015(1):45-48.

[44] 王聪.马克思民主思想研究的回顾与展望[J].云南行政学院学报,2012(2):85-88.

[45] 魏功祥.浅析马克思民主思想对中国的影响[J].党史博采:下,2014(11):39-39.

[46] 范冬云."最高哲学诉求"关怀下的马克思民主思想[J].河北理工大学学报:社会科学版,2006,6(1):5-7+15.

[47] 贾泽松.马克思的民主思想及其理论启示[J].山东农业工程学院学报,2019(3)89-93.

[48] 张凯.马克思民主理论及其现实意义[J].沈阳师范大学学报,2014(1):44-46.

[49] 王国宏.马克思民主思想及其当代价值[J].中共福建省委党校学报,2006(5):6-10.

[50] 靳晓霞.马克思恩格斯的选举思想及其启示——关于选举性质、民主条件、选举结果和选举意义[J].马克思主义研究,2012(7):110-116.

[51] 郁建兴.马克思国家理论与现时代[J].河北学刊,2005(3):119-124.

[52] 许耀桐.马克思恩格斯社会主义民主思想的形成和创立——纪念马克思诞辰200周年[J].新视野,2018(5):5-13.

[53] 刘俊杰.马克思恩格斯民主制思想的再阐释[J].中南大学学报:社会科学版,2018,24(6):34-40.

[54] 熊光清.马克思、恩格斯的民主理论分析[J].福州大学学报:哲学社会科学版,2018,32(2):5-9.

[55] 孙永芬.历史地透析马克思恩格斯的民主思想[J].科学社会主义,2008(1):58-61.

［56］刘俊杰.马克思恩格斯民主制思想的再阐释［J］.中南大学学报:社会科学版,2018,24(6):34-40.

［57］徐东礼.马克思、恩格斯的民主观［J］.山东社会科学,2003(5):105-108.

［58］张陶,刘俊杰.基于人民主权的马克思恩格斯民主思想及其现实意义［J］.理论与改革,2015(1):27-30.

［59］陈雪雪.马克思主义民主思想多维论析［J］.长江论坛,2019(4):24-27.

［60］杨向荣,薛诚.从马克思主义"真正的民主"看当代中国民主建设［J］.云南行政学院学报,2010(06):49-52.

［61］段微晓.马克思主义民主观再审视［J］.求实,2009(11):11-14.

［62］白双翎.马克思主义民主的主要特征及启示［J］.学术论坛,2016,38(4):6-9.

［63］赵开开,郑曙村.马克思主义民主观的新成果:习近平民主思想创新［J］.新疆社科论坛,2015(5):5-8.

［64］杨吉兴.马克思主义与时俱进理论品质的集中体现——论毛泽东邓小平人民民主专政思想的创新［J］.山东社会科学,2003(1):121-123.

［65］张松茂.论邓小平对马克思主义民主观的继承与发展［J］.天津大学学报(社会科学版),2001,(01):1-6.

［66］张秉夫.论马克思主义民主观的创立［J］.社会主义研究,1991(4):28-30.

［67］吴敏燕.吕贝尔的马克思民主观评析［J］.江汉论坛,2010(2):57-59.

［68］周凡,牛世璇.走向一种批判的政治哲学——论米格勒·阿班枢对马克思早期民主思想的解读［J］.福建论坛:人文社会科学版,2017(11):69-75.

［69］韩秋红.西方马克思主义民主理论的困境及批判——以卢卡奇和哈贝马斯为例［J］.马克思主义理论学科研究,2019,5(3):62-73.

［70］于欣.西方马克思主义民主理论与实践的困境［J］.学术交流,2018(11):181-184.

［71］武宏阳.民主政治的后现代策略——当代国外马克思主义三大民主思想评析［J］.理论月刊,2012(5):22-26.

［72］徐勇.民主:一种利益均衡的机制——深化对民主理念的认识［J］.河北学刊,2008,28(2):1-5.

［73］单提平.分工、民主与人的全面发展——论马克思对弗格森《市民社会史》的解读主旨［J］.现代哲学,2010(6):10-16.

［74］辛向阳.民主的辩证法:马克思主义创始人的民主思想［J］.国外社会科学,2013(4):19-23.

［75］石剑峰,王绍光.民主如何才是一个好东西［J］.浙江人大,2009(11):30-31.

［76］李鹏程.对民主概念的文化合理性的哲学考察——对三类民主概念的探讨

[J].哲学研究,2004(6):52-59.

[77] 徐圣龙,王国宏.马克思民主思想及其当代价值[J].探索与争鸣,2016(3):100-104.

[78] 王东,郭丽兰.马克思民主观的发展轨迹[J].马克思主义与现实,2008(1):63-68.

[79] 王学先,刘亦闻,周晓阳.论马克思对民主的多维审视[J].社科纵横:新理论版,2012(1):13-14.

[80] 孙代尧,刘洪刚.在民主理想与现实之间?——重解马克思的无产阶级专政理论[J].贵州师范大学学报:社会科学版,2013(1):36-41.

[81] 黄卫平.中国选举民主:从广度到深度[J].吉林大学学报社会科学版,2008,48(3):29-35.

[82] 吴猛,汪智汉.城市社区居委会选举失范问题探析[J].北京行政学院学报,2011(5):14-18.

[83] 杨宏山.城市社区自主治理能力提升的新路径[J].人民论坛,2021(14):33-35.

[84] 田雪梅.城市基层民主发展的组织载体困境——兼论国家在社区自治演进中的作用[J].探索与争鸣,2008(10):43-45.

[85] 刘迟,刘伟红.模糊的边界:社区组织自治权力的退缩[J].兰州学刊,2008(8):93-96+41.

[86] 梁莹.基层政府回应中草根社区自治组织的成长[J].探索,2012(4):79-85.

[87] 郭凌云.中国城市大都市社区自治组织的特点、现状状及培育策略[J].学术前沿论丛,2011(5):223-229.

[88] 毛满长.候选人社会资本视角下的社区直选探析——以W市J社区为个案[J].云南行政学院学报,2010(1):61-64.

[89] 王世强.党建何以引领社区自治?——逻辑、机制与发展路径[J].天津行政学院学报,2021,23(6):55-64.

[90] 邓淑华,黄燕,廖文华.从城市社区直选看我国城市社区管理模式发展[J].求实,2006(z2):26-27.

[91] 魏琳娜.目标与资源:关于完善我国选举制度的几点思考[J].求实,2006(10):76-77.

[92] 姚华,王亚南.居委会直选的背景及政策的定型化[J].东方论坛:青岛大学学报,2010(2):113-118.

[93] 厉云飞,黄瑞瑞.选聘分离:我国城市社区治理的体制创新——以宁波海曙区为例[J].宁波大学学报:人文科学版,2009,22(6):94-98.

［94］荀关玉,顾永清.政府的意愿能力与社区自治组织的发展[J].理论前沿, 2008(10):35 - 36.

［95］毛满长.社区治理结构与社区直选民主制度绩效[J].理论与改革,2008 (5):14 - 17.

［96］邓大才.走向善治之路:自治、法治与德治的选择与组合——以乡村治理 体系为研究对象[J].社会科学研究,2018(4):32 - 38.

［97］郭炜.我国选举制度现状分析[J].黑龙江社会科学,2009(4):52 - 54.

［98］陈伟东,张大维.选聘分离:社区治理转型与管理体制创新——以宜昌市 伍家岗区为研究个案[J].当代世界与社会主义,2008(3):139 - 144.

［99］耿敬,姚华.行政权力的生产与再生产——以上海市 J 居委会直选过程为 个案[J].社会学研究,2011(3):153 - 178 + 245.

［100］陈伟东,吴猛.社区自组织与直选成本——以武汉市柴东社区和宁波市澄 浪社区为个案[J].当代世界社会主义问题,2005(2):11 - 18.

［101］陈文新.中国城市社区居委会直接选举:发展历程与现实困境[J].学习与 实践,2008(3):77 - 83.

［102］黄卫平.中国基层民主发展 40 年[J].社会科学研究,2018(6):13 - 27.

［103］林尚立.基层民主:国家建构民主的中国实践[J].江苏行政学院学报, 2010(4):80 - 88 + 102.

［104］马卫红,李芝兰,游腾飞.中国城市社区治理改革研究:以深圳"盐田模式" 为例[J].中国治理评论,2013,(02):87 - 104.

［105］吴猛.社区居委会直选中政府干预问题的政治生态学阐释[J].社会主义 研究,2014(2):94 - 100.

［106］汪仲启.互动与聚合:当代中国基层民主发展的动力与边界[J].学术月 刊,2019,51(3):82 - 94.

［107］于燕燕.复合共治:社区治理最佳路径[J].人民论坛:中旬刊,2016(11): 120 - 120.

［108］杨淑琴,王柳丽.国家权力的介入与社区概念嬗变——对中国城市社区建 设实践的理论反思[J].学术界,2010(6):167 - 173 + 287.

［109］王丽萍,方然.参与还是不参与:中国公民政治参与的社会心理分析—— 基于一项调查的考察与分析[J].政治学研究,2010(2):95 - 108.

［110］周清华.社区直选:基层民主建设的历史性再跨跃[J].前沿,2006(5): 224 - 226.

［111］俞可平.推进国家治理体系和治理能力现代化[J].前线,2014(1):5 - 8 + 13.

［112］刘雨果.关于基层民主政治建设的思考[J].中央社会主义学院学报,2009

(4):90－92.

[113] 周鸿陵.基层民主的先声[J].民主与科学,2005,(06):17－18.

1.5　报纸

[1] 习近平.决胜全面建成小康社会夺取新时代中国特色社会主义伟大胜利[N].人民日报,2017－10－28(1).

[2] 习近平.纪念马克思诞辰 200 周年大会在京举行习近平发表重要讲话.[N].北京:人民日报,2018－05－04(1).

[3] 天津市人大常委会党组理论学习中心组.发展全过程人民民主——马克思主义人民思想的重大突破[N].天津日报,2021－08－07(3).

[4] 辛向阳.人民民主是全过程的民主[N].光明日报,2020－05－29(2).

[5] 新华社.中国共产党第十八届中央委员会第三次全体会议公报[N].人民日报,2013－11－12(1).

[6] 李惠子,岳瑞芳等.民政部官员:城市社区直选覆盖面 2010 年前将达 50%[N].人民日报,2008－08－04(2).

[7] 新华社.中共中央、国务院关于加强和完善城乡社区治理的意见[N].人民日报,2017－06－12(1).

[8] 汪晓东等.人民的信心和支持是我们国家奋进的力量——习近平总书记擘画"十四五"发展综述[N].人民日报(海外版),2021－03－03(1).

1.6　英文文献

[1] Peter Worsley. Marx and Marxism [M]. London: Routledge, 2002.

[2] Alan Hunt. Marxism and Democracy [M]. London: Lawrence and Wishart Limited, 1980.

[3] Jonathan Wolff, Why read Marx today [M]. Oxford: Oxford University Press, 2002.

[4] Maximilien Rubel. Marx and American Democracy, in Marx and the Western World. Ed. N. Lobkowic [M]. z. Notre Dame, Ind. : Notre Dame University Press, 1967.

[5] Applleby Paul H. Morality and Administration in Democratic Government [M]. Baton rouge: Louisiana Atate University Press, 1952.

[6] Applleby Paul H. Morality and Administration in Democratic Government [M]. Baton rouge: Louisiana Atate University Press, 1952.

[7] Robert Paul A Dahl. On Democracy [M]. Connecticut: Yale University Press, 1952.

[8] Sik, Jeong Kyu. Reconstruction of Urban Space in Northeast China and chan-
ges in Social Governance System [M]. The Manchurian Studies
Association, 2020.

[9] Verba·Sidney, Norman H·Nie and jae·kim. 1978. Participation and Political
Equality. A Seven-Nation Comparison [M]. Cambridge: Cambridge Universi-
ty Press, 1994.

[10] Kutsar D, Trumm A. New democracy: Boundaries and resources for develop-
ment. Social [M]. Development and Societies in Transition, 2019.

[11] Bruce W. Ethics Administration. Public [J]. Administration Review, 1992,1.

[12] Karneev A. N. Elements and channels of bottom-up feedback in contemporary
China's political system. World Economy and International Relations, 2021,65
(7).

[13] Derleth, J. William. Community Development in China: Harbinger of a Civil
society [J]. Urban Affair Quarterly, 2002(18).

[14] Rhodes R A W. The New Governance: Governing without Governmen [J].
Political Studies, 2019,15(4).

图书在版编目(CIP)数据

马克思民主观及对我国城市社区直选改革深入的启示/解红晖著.—上海:上海三联书店,2025.3
ISBN 978 - 7 - 5426 - 8270 - 3

Ⅰ.①马… Ⅱ.①解… Ⅲ.①马克思主义-民主-研究②城市-社区-选举制度-研究-中国 Ⅳ.①A811.64②D669.3

中国国家版本馆 CIP 数据核字(2023)第 190413 号

马克思民主观及对我国城市社区直选改革深入的启示

著　　者 / 解红晖

责任编辑 / 郑秀艳
装帧设计 / 一本好书
监　　制 / 姚　军
责任校对 / 王凌霄

出版发行 / 上海三联书店
　　　　　(200041)中国上海市静安区威海路 755 号 30 楼
邮　　箱 / sdxsanlian@sina.com
联系电话 / 编辑部:021 - 22895517
　　　　　 发行部:021 - 22895559
印　　刷 / 上海盛通时代印刷有限公司

版　　次 / 2025 年 3 月第 1 版
印　　次 / 2025 年 3 月第 1 次印刷
开　　本 / 890 mm × 1240 mm　1/32
字　　数 / 300 千字
印　　张 / 10
书　　号 / ISBN 978 - 7 - 5426 - 8270 - 3/A·24
定　　价 / 80.00 元

敬启读者,如发现本书有印装质量问题,请与印刷厂联系 021 - 37910000